北史

四部備要

史部

中華書局據武英殿本校刊

桐鄉 陸費逵 總勘
杭縣 高時顯 吳汝霖 輯校
杭縣 丁輔之 監造

北史卷四十五

唐　李延壽　撰

列傳第三十三

裴叔業　夏侯道遷　李元護　席法友　王世弼
江悅之　淳于誕　沈文秀　張讜　李苗
劉藻　傅永　傅豎眼　張烈　李叔彪
路恃慶　房亮　曹世表　潘永基　朱元旭

裴叔業河東聞喜人魏冀州刺史徽之後也五世祖苞晉秦州刺史祖邕自河東居于襄陽父順宗兄叔寶仕宋齊並有名位叔業少有氣幹頗以將略自許宋元徽末歷官爲羽林監齊高帝驃騎行參軍齊受命累遷爲寧蠻長史廣平太守叔業早與齊明帝同事明帝輔政以爲心腹使領軍奄襲諸蕃鎮盡心用命及卽位以爲給事黃門侍郎封武昌縣伯孝文南次鍾離拜叔業爲徐州刺史以水軍入淮帝令郎中裴聿往與之語叔業盛飾左右服翫以夸之聿曰伯

父儀服誠爲美麗但恨不晝游爾齊帝崩廢帝卽位誅大臣都下屢有變發叔業登壽春城北望肥水謂部下曰卿等欲富貴乎我言富貴亦可辦爾未幾見徙南兗州刺史會陳顯達圍建鄴叔業遣司馬李元護應之及顯達敗而還叔業慮內難未已不願爲南兗州齊廢主嬖臣茹法珍王咺之等疑其有異去來者竝云叔業北入叔業兄子植颺瑜粲等棄母奔壽陽法珍等以其旣在壃埸且欲羈縻之白齊主遣中書舍人裴穆慰誘之許不須回換叔業雖得停而憂懼不已時梁武帝爲雍州刺史叔業遣親人馬文範以自安之計訪之梁武帝曰雍州若能堅據襄陽輒當戮力自保若不爾回面向北不失河南公梁武報曰唯應送家還都以安慰之自然無患若意外相逼當勒馬二萬人直出橫江以斷其後則天下事一舉可定若欲北向彼必遣人相代以河北一地相處河南公寧復可得如此則南歸望絕矣叔業沉疑未決遣信詣豫州刺史薛真度訪入北之宜真度答書盛陳朝廷風化叔業乃遣子芬之及兄女夫韋伯昕奉表內附景明元年正月宣武詔授叔業使持節散騎常侍都督豫州刺史征南

將軍封蘭陵郡公又賜叔業璽書遣彭城王勰尚書令王肅赴接軍未度淮叔業病卒李元護席法友等推叔業兄子植監州事詔贈叔業驃騎大將軍開府儀同三司諡忠武公給東園温明祕器子蒨之字文德仕齊隨郡王左常侍先卒子譚紹封譚麤險好殺所乘牛馬爲小驚逸手自殺之然孝事諸叔盡於子道國祿歲入每以分贍世以此稱之位輔國將軍中散大夫卒贈南豫州刺史諡曰敬子測字伯源襲歷通直散騎侍郎天平中走於關中蒨之弟芬之字文馥長者好施篤愛諸弟仕齊位羽林監入魏以父勳封上蔡伯爲東秦州刺史在州有清靜稱後徙封山茌縣遷岐州刺史爲隴賊所圍城陷賊以送上邽爲莫折念生所害贈青州刺史芬之弟藹之字幼重性輕率好琴書其內弟柳諧善鼓琴藹之師而微不及也位汝陽太守叔業長兄子彥先少有志尚叔業以壽春入魏彥先封雍丘縣子位勃海相卒諡曰惠恭彥先子約字元儉性頗剛鯁後襲爵冀州大乘賊起敕爲别將行勃海郡事城陷見害長子英起武定末洛州刺史英起弟威起卒於齊王府中兵參軍贈鴻臚少卿彥先弟絢揚州中

從事時揚州霖雨水入城刺史李崇居城上繫船憑焉絢率城南人數千家汎
舟南走高原謂崇還北遂與別駕鄭祖起等送子十四人於梁崇勒水軍討之
衆潰見獲投水而死植字文遠叔業兄叔寶子也少而好學覽綜經史尤長釋
典善談理義隨叔業在壽春叔業卒席法友柳玄達等共舉植監州祕叔業喪
問教命處分皆出於植於是開門納魏軍詔以植爲兗州刺史崇義縣侯入爲
大鴻臚卿後以長子昕南叛有司處之大辟詔特恕其罪以表勳誠尋除授揚
州大中正出爲瀛州刺史再遷度支尚書加金紫光祿大夫植性非柱石所爲
無恆兗州之還也表請解官隱於嵩山宣武不許深以爲怪然公私集論自言
人門不後王肅怪朝廷處之不高及爲尚書志意頗滿欲以政事爲己任謂人
曰非我須尚書尚書亦須我辭氣激揚見於言色及入參議論時對衆官面有
譏毀又表毀征南將軍田益宗言華夷異類不應在百世衣冠之上率多侵侮
皆此類也侍中于忠黃門元昭覽之切齒寢而不奏韋伯昕告植欲謀廢黜尚
書又奏羊祉告植姑子皇甫仲達云受植子旨遂詐稱被詔率合部曲欲圖領

軍于忠時忠專權既構成其禍又矯詔殺之朝野稱寃臨終神志自若遺令子
弟命盡之後剪落鬚髮被以法服以沙門禮葬於嵩高之陰初植與僕射郭祚
都水使者韋儁等同時見害後祚儁事雪加贈而植追復封爵而已植故吏勃
海刁沖上疏訟之於是贈尚書僕射揚州刺史乃改葬植母夏侯道遷姊也性
甚剛峻於諸子皆如嚴君長成後非衣帢不見小有罪過必束帶伏門經五三
日乃引見之督以嚴訓唯少子衍得以常服見之旦夕温凊植在瀛州也其母
年踰七十以身爲婢自施三寶布衣麻菲手執箕箒於沙門寺掃灑植弟瑜粲
衍並亦奴僕之服泣涕而從有感道俗諸子各以布帛數百贖免其母於是出
家爲比丘入嵩高積歲乃還家植既長嫡母又年老其在州數歲以妻子自隨
雖自州送祿奉母及贍諸弟而各別資財同居異爨一門數竈蓋亦染江南之
俗也論者譏焉植弟颺壯果有謀略在齊以軍功位驍騎將軍入魏爲南司州
刺史封義安縣伯詔命未至爲賊所殺進爵爲侯宣武以颺勳効未立而卒其
子烱不得襲封明帝初烱行貨於執事乃封城平縣伯烱字休光小字黃頭頗

有文學善事權門領軍元乂納其金帛除鎮遠將軍散騎常侍揚州大中正進爵爲侯改封高城尋兼尚書右丞出爲東郡太守爲城人所害贈散騎常侍青州刺史諡曰簡颺弟瑜字文琬封下密縣子試守滎陽郡坐虐暴殺人免官後徙封灌津子卒於勃海太守贈豫州刺史諡曰定瑜弟粲字文亮封舒縣子沉重善風儀頗以驕豪爲失歷正平恆農二郡太守高陽王雍曾以事屬粲粲不從雍甚爲恨後因九日馬射敕畿內太守皆赴京師雍時爲州牧粲脩謁雍含怒待之粲神情閑邁舉止抑揚雍目之不覺解顏及坐定謂粲曰可更爲一行粲便下席爲行從容而出坐事免後宣武聞粲善自標置欲觀其風度令傳詔就家急召之須臾間使者相屬合家恇懼不測所以粲更恬然神色不變帝歎異之時僕射高肇以外戚之貴勢傾一時朝士見者咸望塵拜謁粲候肇唯長揖而已及還家人尤責之粲曰何可自同凡俗也又曾詣清河王懌下車始進便屬暴雨粲容步舒雅不以霑濡改節懌乃令人持蓋覆之歎謂左右曰何代無奇人性好釋學親昇講座雖持義未精而風韻可重但不涉經史終爲知音

所輕後爲揚州大中正中書令明帝釋奠以爲侍講轉金紫光祿大夫元顥入洛以粲爲西兗州刺史尋爲濮陽太守崔巨倫所逐棄州入嵩高山節閔帝初復爲中書令後正月晦帝出臨洛濱粲起御前再拜上壽酒帝曰昔北海入朝鼇竊神器爾日卿戒之以酒令欲我飲何異於往情粲曰北海志在沉湎故諫其所失陛下齊聖温克臣敢獻微誠帝曰甚愧來譽仍爲命酌孝武初出爲驃騎大將軍膠州刺史屬時亢旱土人勸令禱於海神粲憚違衆人乃爲祈請直據胡床舉盃曰僕白君左右云前後例皆拜謁粲曰五岳視三公四瀆視諸侯安有方伯致禮海神卒不肯拜時青州叛賊耿翔寇亂三齊粲唯高譚虛論不事防禦之術翔乘其無備掩襲州城左右白言賊至粲云豈有此理左右又言已入州門粲乃徐云耿王可引上聽事自餘部衆且付城人不達時變如此尋爲翔害送首於梁子含字文若員外散騎侍郎粲弟衍字文舒學識優於諸兄才亦過之事親以孝聞兼有將略仕齊位陰平太守歸魏授通直郎衍堅辭朝命上表請隱嵩高詔從之宣武末稍以出山干祿執事後歷建興河內二郡太

守歷二郡廉貞寡欲善撫百姓人吏追思之孝昌初梁將曹敬宗寇荊州詔衍爲別將與恆農太守王羆救荊州衍大破之荊州圍解除北道都督鎭鄴西之武城封安陽縣子時相州刺史安樂王鑒潛圖叛逆衍覺其有異密表陳之尋而鑒所部別將嵇宗馳驛告變乃詔衍與都督源子邕李神軌等討鑒平之除相州刺史北道大都督進封臨汝縣公詔衍與子邕北討葛榮軍敗見害贈車騎大將軍司空相州刺史子嵩襲叔業之歸魏又有尹挺柳玄達韋伯昕皇甫光梁祐崔高容閻慶胤柳僧習並預其功尹挺天水冀人仕齊位陳郡太守與叔業參謀歸誠歷南司州刺史柳玄達河東解人頗涉經史仕齊諸王參軍與叔業姻婭周旋叔業獻款玄達贊成其計入魏除司徒諮議參軍封南頓縣子卒改封夏陽縣子絳襲絳弟遠字季雲性麤放無拘檢時人或謂之柳癲好彈琴耽酒時有文詠孝武初除儀同開府參軍事放情琴酒之閒每出行返家人或問消息答云無所聞縱聞亦不解後客遊卒玄達弟玄瑜位陰平太守卒子諧頗有文學善鼓琴以新聲手勢京師士子翕然從學除著作佐郎於河陰遇

害韋伯昕京兆杜陵人學尚有壯氣自以材智優於裴植常輕之植姨之如雖
卽彥先之妹夫也叔業以其有大志故遣子芬之爲質入魏封零陵縣男歷南
陽太守坐事免後拜員外散騎常侍加中壘將軍告裴植謀爲廢黜植坐死後
百餘日伯昕亦病卒臨亡見植爲祟口云裴尚書死不獨見由何以見怒皇甫
光安定人美鬚髯善言笑入魏卒於勃海太守兄椿齡薛安都於彭城內附除
岐州刺史椿齡子璋鄉郡相璋弟瑒位吏部郎性貪婪多所受納鬻賣吏官皆
有定價後以丞相高陽王雍之壻爲豫州刺史爲政殘暴百姓患之卒於安南
將軍光祿大夫贈尚書左僕射子長卿太尉司馬梁祐北地人叔業從姑子也
好學便弓馬隨叔業征伐身被五十餘創景明初賜爵山桑子出爲北地太守
清身率下甚有聲稱歷大中大夫從容風雅好爲談詠常與朝廷名賢泛舟洛
水以詩酒自娛遷光祿大夫端然養志不歷權門卒於京兆內史崔高容清河
人博學善文辭美風彩景明初位散騎侍郎出爲揚州開府掾帶陳留太守卒
官閻慶胤天水人博識洽聞善於談論聽其言說不覺忘疲卒於敷城太守柳

僧習見其子虬傳

夏侯道遷譙國人也少有志操年十七父母爲結婚韋氏道遷云欲懷四方之志不願取婦家人咸謂戲言及婚求覓不知所在訪問乃云逃入益州後隨裴叔業於壽春爲南譙太守二家雖爲姻好親情不協遂單騎歸魏拜驍騎將軍隨王肅至壽春肅薨道遷棄戍南叛會梁以莊丘黑爲征虜將軍梁秦二州刺史鎮南鄭黑請道遷爲長史帶漢中郡會黑死而道遷陰圖歸順先是仇池鎮將陽靈珍反叛南奔梁以靈珍爲征虜將軍假武都王助戍漢中道遷乃擊靈珍斬其父子送首於京師江悅之等推道遷爲梁秦二州刺史道遷遣表歸闕詔璽書慰勉授持節散騎常侍平南將軍豫州刺史封豐縣侯遣尚書邢巒指授節度道遷表受平南常侍而辭豫州豐縣侯引裴叔業公爵爲例宣武不許道遷自南鄭來朝京師引見於太極東堂免冠徒跣謝曰比在壽春遭韋纘之酷申控無所致此猖狂是改之來希酬昔遇宣武曰卿建爲山之功一簣之玷何足謝也道遷以賞報爲微逡巡不拜尋改封濮陽縣侯歲餘頻表解州宣武

許之除南兗州大中正不拜道遷雖學不深洽而歷覽書史閑習尺牘好言宴務口實京師珍羞罔不畢有於京城西水次市地大起園池殖列蔬果延致秀彥時往遊適妓妾十餘常自娛樂國秩歲入三千餘匹專供酒饌不營家產每誦孔融語曰坐上客恆滿罇中酒不空餘非吾事也識者多之歷華瀛二州刺史爲政清嚴善禁盜賊卒贈雍州刺史謚明侯初道遷以拔漢中歸誠本由王頹與之計求分邑戶五百封之宣武不許靈太后臨朝道遷重求分封太后大奇之議欲更以二百戶封頹與會卒遂寢道遷不聘正室唯有子數人長子夬字元廷歷鎮遠將軍南兗州大中正夬性好酒居喪不戚醇醪肥鮮不離於口沽買飲啜多所費用父時田園貨賣略盡人閒債猶數千餘匹穀食至常不足弟妹不免飢寒初道遷知夬好酒不欲傳授國封夬未亡前忽夢見征虜將軍房世寶至其家聽事與其父坐屏人密言夬心驚懼謂人曰世寶爲官少閑必擊我也尋有人至云官呼郎隨召即去遣左右杖之二百不勝楚痛大叫良久乃悟流汗徹於寢具至明前京城太守趙卓詣之見其衣溼謂夬曰卿昨夜當

大飲溺衣如此夬乃具陳所夢先是旬餘祕書監鄭道昭暴病卒夬聞謂卓曰人生何常唯當縱飲於是昏酣遂甚夢後二日不能言針之乃得語而猶虛劣俄而心悶而死洗浴者視其尸體大有杖處青赤隱起二百下許贈鉅鹿太守初夬與南人辛諶庾遵江文遙等終日遊聚酣飲之際恆相謂曰人生局促何殊朝露坐上相看先後閒爾脫有先亡者於良辰美景靈前飲宴儻或有知庶共歆饗及夬亡後三月上巳諸人相率至夬靈前仍共酌飲時日晚天陰室中微闇咸見夬在坐衣服形容不異平昔時執盃酒似若獻酬但無語爾夬家客雍僧明心有畏恐披簾欲出便即僵仆狀若被毆夬從兄欣宗云今是節日諸人憶弟疇昔之言故來共飲僧明何罪而被嗔責僧明便悟而欣宗鬼語如夬平生弁怒家人皆得其罪又發陰私竊盜咸有次緒夬妻裴植之女也與道遷諸妾不睦訟鬩徹于公庭子籍年十餘歲襲祖封已數年而夬弟脊等言其眇目癩疾不任承繼自以與夬同庶己應紹襲尚書奏籍承封道遷兄子抱夬位咸陽太守道遷之謀又襄陽羅道珍北海王安世頴川辛諶漢中姜永等皆參

其勳末道珍爲齊州東平原相有能名安世苻堅丞相王猛玄孫也歷涉書傳位北華州刺史諶魏衛尉辛毗後也有文學位濮陽上黨二郡太守丞善彈琴有文學位漢中太守丞弟漾亦善士性至孝時頴川庾道者亦與道遷俱入國雖不參勳謀亦爲奇士歷覽史傳善草隸書輕財重義仕梁右中郎將及至洛陽環堵弊廬多與雋秀交舊積二十餘歲殊無宦情後爲饒安縣令罷卒

李元護遼東襄平人晉司徒胤之八世孫也胤子順璠及孫沉志皆有名宦沉孫根仕慕容寶爲中書監根子後智等隨慕容德南渡河居青州數世無名三齊豪門多輕之元護以魏平齊後隨父懷慶南奔身長八尺美鬚髯少有武力仕齊位馬頭太守雖以將用自達然亦頗覽文史習於簡牘後爲裴叔業司馬帶汝陰太守叔業歸順元護贊同其謀叔業疾病元護督率上下以俟援軍壽春剋定元護頗有力焉景明初以元護爲齊州刺史廣饒縣伯尋以州人柳世明圖爲不軌元護誅戮所加微爲濫酷州內饑儉表請賑貸蠲其賦役但多有部曲時爲侵擾城邑苦之故不得爲良刺史也三年卒病前月餘京師無故傳

其凶悶又城外送客亭柱有人書曰李齊州死綱佐餞別者見而拭之後復如此元護妾妓十餘聲色自縱情慾既甚支骨稍消鬢長二尺一時落盡贈青州刺史元護爲齊州經拜舊墓巡省故宅饗賜村老莫不欣暢及將亡謂左右曰吾嘗以方伯簿伍至青州仕女屬目若喪過東陽不可不好設儀衞哭泣盡哀令觀者改容也家人遵其誡子會襲正始中降爵爲子會頑騃好酒其妻南陽太守清河房伯玉女也甚有姿色會不答之房乃通其弟機因會醉殺之子景宣襲機與房遂如夫婦積十餘年房氏色衰乃更婚娶元護弟靜性貪忍兄亡未斂便剝妓服玩及餘物歷齊郡內史

席法友安定人也祖父南奔法友仕齊以膂力自効任安豐新蔡二郡太守建安戍主後與裴叔業同謀歸魏拜豫州刺史苞信縣伯叔業卒後法友與裴植追尋業志淮南剋定法友有力焉歷華幷二州刺史後爲別將出淮南欲解朐山之圍法友始渡淮而朐山敗沒遂停十年恬靜自安不競世利宣武末除濟州刺史廉和著稱又徙封乘氏後卒於光祿大夫贈秦州刺史謚襄侯子景通

龔善事元乂兼賂乂父繼爲司空引景通爲掾卒贈衛尉少卿子郾龔走關西

王世弼京兆霸城人也姚泓之滅其祖父南遷世弼身長七尺八寸魁岸有壯氣善草隸書好愛墳典仕齊爲軍主助戍壽春遂與裴叔業同謀歸誠除南徐州刺史封愼縣伯後除東秦州刺史政任於刑爲人所怨有受納之響爲御史中尉李平所彈會赦免後爲河北太守有清稱再遷中山內史加平北將軍直閤元羅領軍元乂弟也曾過中山謂曰二州刺史飜復爲郡當恨恨爾世弼白儀同之號起自鄧騭平北爲郡始在下官卒贈豫州刺史諡曰康長子會汝陽太守次子由字茂道好學有文才尤善草隸書性方厚有名士風又工摹畫爲時人所服位東萊太守罷郡寓居潁川天平初元洪威構逆大軍攻討爲亂兵所害名流悼惜之

江悅之字彥和濟陽考城人也七世祖統晉散騎常侍避劉石之亂南渡祖輿之父範之並爲宋武所誅悅之少孤仕宋歷諸王參軍好兵書有將略善待士有部曲數百人仕齊爲後軍將軍部曲稱衆千有餘人梁初以討滅劉季連功

進號冠軍將軍武興氐攻破白馬進圖南鄭悅之大破氐衆還復白馬梁秦二州刺史莊丘黑死夏侯道遷與悅之及龐樹軍主李忻榮張元亮士孫天與等謀以梁州內附梁華陽太守尹天寶率衆向州城遂圍南鄭悅之晝夜督戰會武興軍至天寶敗道遷克全勳款悅之天寶有力焉與道遷俱至洛陽尋卒贈梁州刺史追封安平縣子諡曰莊悅之二子文遙文遠文遙少有大度輕財好士士多歸之道遷之圖楊靈珍文遙奮劍請行遂手斬靈珍襲父封拜咸陽太守勤於禮接終日坐聽事至者見之假以恩顏屏人密問於是人所疾苦大盜姓名奸猾吏長無不知悉縣中震肅奸劫息止政爲雍州諸郡之最後爲安州刺史善於綏納甚得物情時杜洛周葛榮等相繼叛逆幽燕已南悉沒唯文遙介在羣賊之外孤城獨守鳩集荒餘且耕且戰百姓皆樂爲用卒官長史許思祖等以文遙有遺愛復推其子果行州事既攝州事乃遣使奉表莊帝嘉之除果通直散騎侍郎行安州事既而賊勢轉盛救援不接果乃攜諸弟幷率城人東奔高麗天平中詔高麗送果等元象中乃得還朝文遠善騎射勇於攻戰以

軍功位中散大夫龍驤將軍
淳于誕字靈遠其先太山博人也後世居蜀漢或家安國之桓陵縣父興宗齊南安太守誕年十二隨父向揚州父於路爲羣盜所害誕雖幼而哀感奮發傾資結客旬朔之內遂得復讎州里之閒無不稱嘆景明中自漢歸魏陳伐蜀計宣武嘉納之延昌末王旅大舉除驃騎將軍都督別部司馬領鄉導統軍誕不願先受榮爵乃固讓實官止參戎號及奉辭之日詔若剋成都即以益州許之師次晉壽蜀人大震屬宣武晏駕不果而還後以客例起家羽林監正光中秦隴反叛詔誕爲西南道軍司馬與行臺魏子建共參經略時梁益州刺史蕭深猷遣將樊文熾蕭世澄等率衆數萬圍小劍戍子建遣誕勒兵馳赴大敗之禽世澄等十一人文熾先走獲免孝昌初子建以誕行華陽郡帶白馬戍後卒於東梁州刺史贈益州刺史諡曰莊
沈文秀字仲遠吳興武康人也父慶之南史有傳文秀仕宋位青州刺史和平六年宋明帝殺其主子業文秀與諸州推立子業弟子勛子勛敗皇興初文秀

與崔道固俱以州降魏宋遣其弟文景來諭之文秀復歸宋爲刺史如故後慕容白曜長驅至東陽文秀始欲降以軍人擄掠遂有悔心乃嬰城固守白曜既下歷城乃并力攻討自夏至春始剋文秀取所持節衣冠儼然坐於齋內亂兵入曰文秀何在文秀厲聲曰身是執而裸送于白曜左右令拜文秀曰各二國大臣無相拜禮白曜怒之因至撾撻後還其衣爲之設饌與長史房天樂司馬沈嵩等鎖送京師面縛數罪宥死待爲下客給以麤衣蔬食獻文重其節義稍亦嘉禮之拜外都下大夫太和三年遷外都大官孝文嘉其忠於其國賜絹綵二百匹後爲南征都將臨發賜以戎服除懷州刺史假吳郡公守清貧而政寬不能禁止盜賊大與水田於公私頗有利益卒官子保冲後爲徐州冠軍長史坐據連口退敗有司處之死刑孝文詔保冲文秀之子可特原命配洛陽作部終身宣武時卒於下邳太守房天樂者清河人滑稽多智文秀板爲長史督齊郡州府事一以委之卒於京師弟子嘉慶漁陽太守

張讜字處言清河東武城人也六世祖弘晉長秋卿父華慕容超左僕射讜仕

宋位東徐州刺史及平徐兗讜乃歸順於尉元亦表授東徐州刺史遣中書侍郎高閭與讜對爲刺史後至京師禮遇亞於薛畢賜爵平陸侯讜性開通篤於接恤青齊之士雖疏族末姻咸相敬視李敷李訢等寵要勢家亦推懷陳款無所顧避畢衆敬等皆敬重之高允之徒亦相器待卒贈青州刺史謚康侯子敬伯求致父喪出葬冀州清河舊墓久不被許停柩在家積五六年第四子敬叔先在徐州初聞父喪不欲奔赴而規南叛爲徐州所勒送至乃自理後得襲父爵敬伯自以隨父歸國功賜爵昌安侯出爲樂陵太守敬叔武邑太守父喪得葬舊墓還屬清河初讜兄弟十人兄忠字處順在南爲合鄉令歸降賜爵新昌侯卒於新興太守贈冀州刺史讜妻皇甫氏被掠賜中官爲婢皇甫遂詐癡不能梳沐後讜爲宋冀州長史因貨千餘匹購求皇甫文成怪其納財之多引見之時皇甫年垂六十矣文成曰南人奇好能重室家之義此老母復何所任乃能如此致費也皇甫氏歸讜令諸妾境上奉迎數年卒後十年而讜入魏讜兄子安世正始中自梁漢同夏侯道遷歸款爲客積年出爲東河間太守卒

李苗字子宣梓潼涪人也父膺梁太僕卿苗出後叔父畎畎爲梁州刺史大著威名王足之伐蜀梁武命畎拒足於涪許其益州及足退梁武遂改授畎畎怒將有異圖事發被害苗年十五有報雪志延昌中歸魏仍陳圖蜀計將軍高肇西伐詔假苗龍驤將軍鄉導次晉壽宣武晏駕班師後以客例除員外散騎侍郎苗有文武材幹以大功不就家恥未雪常懷慷慨乃上書陳平定江南之計其文理甚切於時明帝幼沖無遠略之意竟不能納正光末三秦反叛侵及三輔時承平既久人不習戰苗以隴兵強悍且羣聚無資乃上書以爲食少兵精利於速戰糧多卒衆事宜持久今隴賊猖狂非有素蓄雖據兩城本無德義其勢在於疾攻日有降納遲則人情離阻坐受崩潰夫飇至風起逆者求萬一之功高壁深壘王師有全制之策今且宜勒大將深溝高壘堅守勿戰別命偏師精卒數千出麥積崖以襲其後則汧岐之下羣妖自散於是詔苗爲統軍與別將淳于誕出梁益隸行臺魏子建子建以苗爲郎中仍領統軍深見知待孝昌中兼尚書左丞爲西北道行臺與大都督宗正珍孫討汾絳蜀賊平之及殺介

朱榮從弟世隆擁部曲還逼都邑孝莊幸大夏門集羣臣博議百寮計無所出苗獨奮衣起曰今朝廷有不測之危正是忠臣烈士効節之時請以一旅之衆爲陛下徑斷河梁莊帝壯而許焉苗乃募人於馬渚上流以師夜下去橋數里放火燒船俄然橋絶賊沒水死者甚衆官軍不至賊乃涉水與苗死鬬衆寡不敵苗浮河而沒帝聞哀傷久之贈都督梁州刺史車騎大將軍儀同三司河陽縣侯謚忠烈苗少有節操志尚功名每讀蜀書見魏延請出長安諸葛不許歎息謂亮無奇計及覽周瑜傳未曾不嗟咨絶倒太保城陽王徽司徒臨淮王彧並重之二王頗或不穆苗每諫責徽寵勢隆極猜忌彌甚苗謂人曰城陽蜂目豺聲今轉彰矣解鼓琴善屬文詠工尺牘之敏當世罕及死之日朝野悲壯之及帝幽崩世隆入洛主者追苗贈封以白世隆世隆曰吾爾時羣議更三日便欲大縱兵士燒燔都邑任其採掠賴苗京師獲全天下之善一也不宜追之子曇襲爵

劉藻字彥先廣平易陽人也六世祖遐從晉元帝南渡父宗之宋廬江太守藻

涉獵羣籍美談笑善與人交飲酒至一石不亂太安中與妹夫李嶷俱來歸魏
賜爵易陽子擢拜南部主書號爲稱職時北地諸羌恃險作亂前後宰守不能
制朝廷患之以藻爲北地太守藻推誠布信諸羌咸來歸款朝廷嘉之雍州人
王叔保等三百人表乞藻爲騂奴戍主詔曰選曹已用人藻有惠政自宜他敘
在任八年遷離城鎮將太和中改鎮爲岐州以藻爲岐州刺史轉秦州刺史秦
人恃險率多麤暴或拒課輸或害吏長自前守宰皆遙領不入郡縣藻開示恩
信誅戮豪橫羌氏憚之守宰於是始得居其舊所遇車駕南伐以藻爲東道都
督秦人紛擾詔藻還州人情乃定仍與安南元英征漢中破賊軍長驅至南鄭
垂平梁州奉詔還軍乃不果克後車駕南伐以藻爲征虜將軍督統軍高聰等
四軍爲東道別將辭於洛水之南孝文曰與卿石頭相見藻對曰臣雖闕才非
古人庶亦不留賊虜而陛下輒當釃曲阿之酒以待百官帝大笑曰今未至曲
阿且以河東數石賜卿後與高聰等戰敗俱徙平州景明初宣武追錄舊功拜
藻爲太尉司馬卒子紹珍無他才用善附會好飲酒結託劉騰啓爲其國郎中

令襲子爵永安中歷河北黎陽二郡太守所在無政績天平中坐子洪業入於關中率衆侵擾伏法

傅永字脩期清河人也幼隨叔父洪仲與張幸自青州入魏尋復南奔有氣幹拳勇過人能手執鞍橋倒立馳騁年二十餘有友人與之書而不能答請洪仲洪仲深讓之而不爲報永乃發憤讀書涉獵經史兼有才幹爲崔道固城局參軍與道固俱降入爲平齊百姓父母並老飢寒十數年賴其強於人事戮力傭丐得以存立晚爲奉禮郎詣長安拜文明太后父燕宣王廟賜爵貝丘男除中書博士王肅之爲豫州又以永爲王肅平南長史咸陽王禧慮肅難信言於孝文曰已選傅脩期爲其長史雖威儀不足而文武有餘矣肅以永宿士禮之甚厚永亦以肅爲帝眷遇盡心事之情義至穆齊將魯康祖趙公政侵豫州之太倉口肅令永擊之永量吳楚兵好以斫營爲事又賊若夜來必於渡淮之所以火記其淺處永既設伏仍密令人以瓠盛火渡南岸當深處置之教云若有火起卽亦然之其夜康祖公政等果親率領來斫營東西二伏俠擊之康祖等奔

趨淮水火既競起不能記其本濟遂望永所置火爭渡水深溺死斬首者數千級生禽公政康祖人馬墜淮曉而獲其尸斬首幷公政送京師時裴叔業率王茂先李定等東侵楚王戍肅復令永將伏兵擊其後軍破之獲叔業傘扇鼓幕甲仗萬餘兩月之中遂獻再捷帝嘉之遣謁者就豫州策拜永安遠將軍鎭南府長史汝南太守貝丘縣男帝每歎曰上馬能擊賊下馬作露布唯傅脩期爾裴叔業又圖渦陽時帝在豫州遣永爲統軍與高聰劉藻成道益任莫問等救之永曰深溝固壘然後圖之聰等不從一戰而敗聰等棄甲奔懸瓠永獨收散卒徐還賊追至又設伏擊之挫其銳藻徙邊永免官爵而已不經旬詔永爲汝陰鎭將帶汝陰太守景明初裴叔業將以壽春歸魏密通於永及將迎納詔永爲統軍與楊大眼奚康生等諸軍俱入壽春同日而永在後故康生大眼二人並賞列土永唯清河男齊將陳伯之逼壽春沿淮爲寇時司徒彭城王勰廣陵侯元衍同鎭壽春以九江初附人情未洽兼臺援不至深以爲憂詔遣永爲統軍領汝陰三千人先援之永至勰令永引軍入城永曰若如教旨便共殿下同

被圍守豈是救援之意遂孤軍城外與緦并勢以擊伯之頻有剋捷中山王英之征義陽永爲寧朔將軍統軍當長圍遏其南門齊將馬僊琕連營稍進規解城圍永乃分兵付長史賈思祖令守營壘自將馬步千人南逆僊琕賊俯射永洞其左股永出箭復入遂大破之僊琕燒營卷甲而遁英曰公傷矣且還營永曰昔漢祖捫足不欲人知下官雖國家一帥奈何使虜有傷將之名遂與諸軍追之極夜而返時年七十餘矣三軍莫不壯之義陽既平英使司馬陸希道爲露布意謂不可令永改之永亦不增文采直與之改陳列軍儀處置形要而英深賞之還京除太中大夫後除恆農太守非心所樂時英東征鍾離表請永求以爲將朝廷不聽永每言曰馬援充國竟何人哉吾獨白首見拘此郡然於御人非其所長故在任無多聲稱後爲南兗州刺史年踰八十猶能馳射盤馬奮矟常諱言老每自稱六十九還京拜光祿大夫卒贈齊州刺史永嘗登北芒於平坦處奮矛躍馬盤旋瞻望有終焉之志遠慕杜預近好李冲王肅欲葬附墓遂買左右地數頃遺勅子叔偉此吾之永宅也永妻賈氏留本鄉永至代都娶

妾馮氏生叔偉及數女賈後歸平城無男唯一女馮恃子事賈無禮叔偉亦奉賈不順賈常忿之馮先永卒叔偉稱父命欲葬北芒賈疑叔偉將以馮合葬遂求歸葬永於所封貝丘縣事經司徒司徒胡國珍感其所慕許叔偉葬焉賈乃邀訴靈太后太后從賈意乃葬於東清河又永昔營宅兆葬父母於舊鄉賈於此強徙之與永同處永宗親不能抑葬已數十年矣棺爲桑棗根所遶束去地尺餘甚爲周固以斧斫出之於坎時人咸怪叔偉膂力過人彎弓三百斤左右馳射能立馬上與人角騁見者以爲得永武而不得永文

傅豎眼本清河人也七世祖伷伷子遘石季龍太常祖父融南徙度河家于磐陽爲鄉閭所重性豪俠有三子靈慶靈根靈越並有材力融以自負謂足爲一時之雄嘗謂人曰吾昨夢夜有一駿馬無堪乘者人曰何由得人乘有一人曰唯傅靈慶堪乘此馬又有弓一張亦無人堪引人曰唯有傅靈根可彎此弓又有數紙文書人皆讀不能解人曰唯有傅靈越能解此文融謂其三子文武材幹以駕馭當世常從容謂鄉人曰汝聞之不鬲蟲之子有三靈此圖讖文也好

事者然之故豪勇士多相歸附宋將蕭斌王玄謨寇磝碻時融始死玄謨強引
靈慶爲軍主將攻城攻車爲城內所燒靈慶懼軍法詐云傷重令左右輿還營
遂與壯士數十騎遁還斌玄謨命追之左右諫曰靈慶兄弟並有雄材兼其部
曲多是壯勇如彭超尸生之徒皆一當數十人援不虛發不可逼也玄謨乃止
靈慶至家遂與二弟匿山澤閒時靈慶從叔乾愛爲斌法曹參軍斌遣乾愛誘
呼之以腰刀爲信密令壯健者隨之而乾愛不知斌之欲圖靈慶既至斌所遣
壯士執靈慶殺之靈慶將死與母崔氏訣言法曹殺人不可忘也靈根靈越奔
河北靈越至京師因說齊人慕化青州可平文成大悅拜靈越青州刺史貝丘
子鎮羊蘭城靈根爲臨齊副將鎮明潛壘靈越北入之後母崔氏遇赦免宋恐
靈越在邊擾三齊乃以靈越叔父琰爲冀州中從事乾愛爲樂陵太守樂陵與
羊蘭隔河相對命琰遣其門生與靈越婢詐爲夫婦投化以招之靈越與母分
離思積遂與靈根南走靈越與羊蘭奮兵相擊乾愛出遣船迎之得免靈根差
期不得俱渡臨齊人知剄斬殺之乾愛出郡迎靈越問靈根愆期狀靈越殊不

應答乾愛不以爲惡勑左右出匣中烏皮袴褶令靈越代所常服靈越言不須乾愛云汝可着體上衣服見垣公也時垣護之爲刺史靈越奮聲言垣公垣公着此當見南方國主豈垣公也竟不肯着及至丹陽宋孝武見而禮之拜兗州司馬而乾愛亦還青冀司馬帶魏郡後二人俱還建鄴靈越意恆欲爲兄復讎而乾愛初不疑防知乾愛嗜鷄肉葵菜食乃爲作之下以毒藥乾愛飯還而卒後數年靈越爲太原太守升城後舉兵同孝武子子勛子勛以靈越爲前軍將軍子勛敗靈越軍衆散亡爲明帝將王廣之軍人所擒厲聲曰我傅靈越也汝得賊何不卽殺廣之生送詣宋輔國司馬劉勔勔躬自慰勞靈越曰人生歸於死實無面求活勔壯其意送詣建康宋明帝欲加原宥靈越辭對如一乃殺之豎眼卽靈越子也沉毅壯烈少有父風入魏鎮南王肅見而異之且奇其父節傾身禮敬表爲參軍以軍功累遷益州刺史高肇伐蜀假豎眼征虜將軍持節領步兵三萬先討巴北所至剋捷豎眼性既清素不營產業衣食之外俸祿粟帛皆以饗賜夷首振恤士卒撫蜀人以恩信爲本保境安人不以小利侵竊有

掠蜀人入境者皆移送還本檢勒部下守宰肅然遠近雜夷相率款謁仰其德化思爲魏人矣宣武甚嘉之明帝初屢請解州乃以元法僧代之益州人追隨戀泣者數百里梁將趙祖悅逼壽春鎮南將軍崔亮討之以豎眼爲持節鎮南軍司法僧既至大失人和梁遣其衡州刺史張齊因人心怨入寇進圍州城朝廷以西南爲憂乃驛徵豎眼於淮南以爲益州刺史尋加散騎常侍西征都督率步騎三千以討齊給銅印千餘須有假職者聽六品已下板之豎眼既出梁州梁軍所在拒塞豎眼三日中轉戰二百餘里甲不去身頻致九捷蜀人聞豎眼復爲刺史人人喜悅迎於路者日有百數豎眼至州白水已東人皆寧業張齊仍阻白水屯寇葭萌豎眼分遣諸將水陸討之大破其軍齊被重創奔而退小劍大劍賊亦捐城西走益州平靈太后璽書慰勞賜驊騮馬一匹寶劍一口後轉岐州刺史仍轉梁州刺史梁州人既得豎眼爲牧人咸自賀而豎眼至州遇患不堪綜理其子敬紹險暴不仁聚貨耽色甚爲人害遠近怨望尋假鎮軍將軍都督梁西益巴三州諸軍事梁遣其北梁州長史錫休儒等十軍率衆三

萬人寇直城豎眼遣敬紹總衆赴擊大破之敬紹頗覽書傳微有膽力而奢淫
倜儻輕爲殘害又見天下多事陰懷異圖欲杜絕四方擅據南鄭令其妾兄唐
崑崙扇擾於外聚衆圍城敬紹謀爲內應賊圍旣合事泄在城兵執敬紹白豎
眼而殺之豎眼恚發疾卒永安中贈吏部尚書左齊州刺史孝武帝初贈司空
公相州刺史長子敬和次敬仲並好酒薄行傾側勢家敬和孝莊時以其父有
遺惠於益州復爲益州刺史至州聚斂無已好酒嗜色遠近失望仍爲梁將樊
文熾攻圍城降送於江南後以齊神武威德日廣令敬和還北以申和通之意
除北徐州刺史復以躭酒爲土賊掩襲棄城走遂廢棄卒於家
張烈字徽之清河東武城人也孝文帝賜名曰烈仍以本名爲字焉高祖悕爲
慕容儁尚書右僕射曾祖恂散騎常侍隨慕容德南度因居齊郡之臨淄縣烈
少孤貧涉獵經史有氣概時青州有崔徽伯房徽叔與烈並有令譽時人號三
徽孝文時入官代都歷侍御主文中散還洛爲太子步兵校尉齊將陳顯達謀
將入寇時順陽太守王清石世官江南荆州刺史廣陽王禧慮其有異表請代

之詔侍臣各舉所知互有申薦者帝曰太子步兵張烈每論軍國事時有會人意處朕欲用之如何彭城王勰稱讚之遂除順陽太守烈到郡二日便爲齊將崔慧景攻圍之七十餘日烈撫厲將士甚得軍人之和會車駕南討慧景遁走帝親勞之曰卿果能不負所寄烈謝曰不遇鑾輿親駕臣不免困於犬羊自是陛下不負臣非臣能不負陛下帝善其對宣武卽位追錄先勳封清河縣子尋以母老歸養積十餘年頻遇凶儉烈爲粥以食飢人蒙濟者甚衆鄉黨以此稱之明帝卽位爲司空長史先是元乂父江陽王繼曾爲青州刺史及乂當權烈託故義之懷遂相諂附歷給事黃門侍郎光祿大夫靈太后反政以乂黨出爲青州刺史時議者以烈家產畜殖家僮甚多慮其有異恐不宜出爲本州改瀛州刺史爲政清靜吏人安之後因辭老還鄉兄弟同居怡然爲親類所慕卒於家烈先爲家誡千餘言幷自敘志行及所歷之官臨終勑子姪不聽求贈但勒家誡立碣而已其子質奉行焉質博學有才藝位諫議大夫烈弟僧皓字山容歷涉羣書工於談說有名於當世以諫議大夫國子博士散騎侍郎徵並不起

世號徵君焉好營產業孜孜不已藏鏹巨萬他資稱是兄弟自供儉約車馬瘦弊身服布裳而婢妾紈綺僧皓尤好蒲奕戲不擇人是以獲譏於世節閔帝時崔祖螭舉兵攻東陽城僧皓與同事事敗死於獄中

李叔彪勃海蓨人也從祖金神䴥中與高允俱徵位征南從事中郎叔彪好學博聞有識度爲鄉閭所稱太和中拜中書博士與清河崔亮河間邢巒並相親友三遷國子博士本國中正攝樂陵中正性清直甚有公平之稱歷中書侍郎太尉高陽王雍以其器操重之尋除假節行華州事爲吏人所稱卒贈南青州刺史諡曰穆叔彪子述字道與有學識州舉秀才拜太常博士使詣長安冊祭燕宣王廟還除儀曹郎賜爵蓨縣男稍遷與平太守卒子象字孟則清簡有風概博涉羣書初襲爵稍遷中書侍郎光祿大夫兼散騎常侍使梁卒贈驃騎大將軍儀同三司冀州刺史象從容風素有名於時喪妻無子終竟不娶論者非之

路特慶字伯瑞陽平清泉人也祖綽陽平太守特慶有幹用與廣平宋飜俱知

名爲鄉閭所稱太和中除奉朝請特慶以從兄文舉有才望因推讓之孝文遂並拜焉累遷定州河間王深長史深貪暴肆意特慶每進苦言卒贈左將軍安州刺史諡曰襄子祖璧給事中特慶弟仲信思令並有令名官位

房亮字景高淸河人也父法延譙郡太守亮好學有節操太和中舉秀才爲奉朝請後兼員外常侍使高麗高麗王託疾不拜以亮辱命坐白衣守郎中歷濟北平原二郡太守以淸嚴稱後爲東荆州刺史亮留心撫納夷夏安之時邊州刺史例得一子出身亮不言其子而啓弟子起爲奉朝請議者稱之卒於光祿大夫贈撫軍將軍齊州刺史弟詮悅等並歷位淸顯

曹世表字景昇魏大司馬休九世孫也祖謨父慶並有學問世表性雅正工尺牘涉獵羣書爲司徒記室與武威賈思伯范陽盧同隴西辛雄並相友善侍中崔光鄉里貴達每稱美之延昌中除淸河太守臨官省約百姓安之孝昌中爲尚書左丞出行東豫州刺史還東南道行臺卒贈齊州刺史

潘永基字紹業長樂廣宗人也父靈乾中書侍郎永基性通率輕財好施爲長

樂太守時葛榮攻信都永基與刺史元孚同心防捍力窮城陷榮欲害孚永基請以身代孚死永安二年除穎川太守遷東徐州刺史永熙中爲車騎將軍左光祿大夫尋加衞大將軍復除東徐州刺史前後在州爲吏人所愛卒贈尚書右僕射司徒公冀州刺史子子義子智子義學涉有父風仕隋至尚書右丞

朱元旭字君昇本樂陵人也頗涉子史開解几案稍遷尚書度支郎中神龜末以郎選不精大加沙汰元旭與隴西辛雄范陽祖瑩太山羊深西平淳于恭並以才用見留尋兼尚書右丞仍郎中本州中正時關西都督蕭寶夤啓云所統十萬食唯一月明帝大怒詔問所由錄令已下皆推罪元旭入見御坐前屈指校計寶夤兵糧乃踰一年事乃得釋後還衞將軍左光祿大夫天平中復拜尚書左丞既無風操俛仰隨俗性多機數自容而已於時朝廷分汲郡河內二界扶風之地立義州置關西歸款戶除元旭義州刺史卒官

論曰壽春形勝南鄭要嶮乃建鄴之肩髀成都之喉嗌裴叔業夏侯道遷體運知機飜然鵲起舉地而來功誠兩茂其以大啓茅賦兼列旄旗固其宜矣植不

恆其德器小志大斯所以顛覆也衍才行將略不遂其終惜哉李席王江雖復因人成事亦爲果決之士淳于誕好立功名有志竟不遂也文秀不回有死節之氣非直身蒙嘉禮遂乃子免刑戮在我欲其罵人忠義可不勉也張讜觀機委質篤恤流離亦仁智矣李苗以文武幹局沉毅過人臨難慨然奮斯大節蹈忠履義沒而後已仁必有勇其斯人之謂乎劉藻傳永豎眼文武器幹知名於時豎眼加以撫邊導俗風化尤美方之二子固已優乎抑又魏世良牧張烈早有氣尚名輩見知趣捨沉浮俱至顯達雅道正路其始病諸李路器尚所及俱可觀者象風彩詞涉亦當年之俊乂房亮曹世表潘永基朱元旭拔萃從官咸享名器各有由也

北史卷四十五

北史卷四十五考證

裴叔業傳叔業乃遣子芬之○芬監本訛分今從本傳改正

後從封山荏縣○荏監本訛在今改從南本

尤長釋典善談理義○典監本訛與今改正

受植子旹遂詐稱被詔○魏書無子字

雖持義未精○持監本訛特今改從閣本

北海志在沉湎○湎監本訛酒今從南本

身被五十餘創○創監本訛鎗今從閣本改

夏侯道遷傳前京城太守趙卓詣之○京魏書作涼

道遷兄子拖夬○拖夬魏書作彝

李元護傳尋以州人柳世明圖爲不軌○柳監本訛聊今改從魏書

支骨稍消○稍消魏書作消削

席法友傳子鄢襲走關西○鄢魏書作鷗

王世弼傳後除東秦州刺史○秦一本作徐
又工摹畫○畫監本訛書今改從閣本
淳于誕傳其先太山博人也○博閣本誤中今改從魏書
孝昌初子建以誕行華陽郡帶白馬戍○子建謂魏子建也監本訛于運今從
上文改正
張讜傳不能梳沐○梳監本訛疏今改從南本
李苗傳苗出後叔父畎○畎魏書作略
劉藻傳或拒課輸或害吏長○吏長一本作長吏
奉詔還軍乃不果克○果克監本訛克果今改從魏書
傅永傳能手執鞍橋倒立馳騁○倒監本訛到今改從魏書
義陽既平英使司馬陸希道爲露布○監本脫既平二字今從魏書及閣本增
正
傅豎眼傳文武材幹以禦馭當世○魏書以字上有堪字

甲不去身頻至九捷○去監本訛出今改從魏書
尋假鎭軍將軍○軍將監本誤南休今改從魏書
贈吏部尙書左齊州刺史○魏書無左字
張烈傳字徽之○之魏書作仙
烈弟僧晧字山容歷涉羣書工於談說有名于當世以諫議大夫○閣本脫去
此二十五字今從監本

北史卷四十五考證

珍做朱版邲

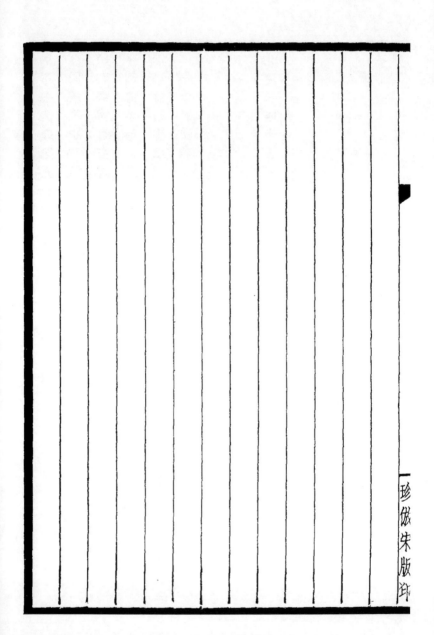

北史卷四十六

唐　李延壽撰

列傳第三十四

孫紹　張普惠　成淹　范紹　劉桃符

鹿悆　張燿　劉道斌　董紹　馮元興

孫紹字世慶昌黎人也少好學通涉經史初爲校書郎稍遷給事中後爲門下錄事好言得失與常景共修律令延昌中紹表曰臣聞建國有計雖危必安施化能和雖寡必盛政乖人理雖合必離作用失機雖成必敗此乃古今同然百王之定法也今二虢京門了無嚴防南北二中復闕固守長安鄴城股肱之寄穰城上黨腹背所憑四軍五校之軌領護分事之式徵兵儲粟之要舟車水陸之資山河要害之權緩急去來之用持平赴救之方節用應時之法特宜修置以固堂堂之基持盈之體何得而忽且法開清濁而清濁不平申滯理望而卑寒亦免士庶同悲兵徒懷怨中正賣望於下里主案舞筆於上臺真僞混淆知

而不糾得者不欣失者倍怨使門齊身等而涇渭奄殊類應同役而苦樂縣異士人居職不以爲榮兵士役苦心不忘亂故有競棄本生飄藏他土或詭名託養散沒人間或亡命山藪漁獵爲命或投仗強豪寄命衣食又應遷之戶逐樂諸州應留之徒避寒歸暖職人子弟隨逐浮游南北東西卜居莫定關禁不修任意取適如此之徒不可勝數爪牙不復爲用百工爭棄其業混一之計事實闕如考課之方責辦無日流浪之徒決須精校今強敵窺時邊黎伺隙內人不平久戍懷怨戰國之勢竊謂危矣必造禍源者北邊鎮戍之人也若夫一統之年持平用之者大道之計也亂離之期縱橫作之者行權之勢也故道不可久須文質以換情權不可恆隨汚隆以牧物文質應世道形自安汚隆獲束權勢亦濟然則王者計法之趣化物之規圓方務得其境人物不失其地又先帝時律令並議律尋施行令獨不出十餘年矣臣以令之爲體卽帝王之身分處百揆之儀安置九服之節乃是有爲之樞機世法之大本也然修令之人亦皆博古依古撰置大體可觀比之前令精麤有在但主議之家大用古制若令依古

高祖之法復須升降誰敢措意有是非哉以是令故久廢不理然律令相須不可偏用今律班令止於事甚滯若令不班是無典法臣下執事何依而行臣等修律非無勤止署下之日臣乃無名是謂農夫盡力他食其秋功名之所實懷於悒正光初兼中書侍郎紹性抗直每上封事常至懇切不憚犯忤但天性疎脫言乍高下時人輕之不見採覽紹兄世元善彈箏早卒紹後聞箏聲便涕泗嗚咽捨之而去後爲太府少卿曾因朝見靈太后謂曰卿年稍老矣紹曰臣年雖老臣卿乃少太后笑之遷右將軍太中大夫紹曾與百寮赴朝東掖未開守門候旦紹於衆中引吏部郎中辛雄於衆外竊謂曰此中諸人尋當死盡唯吾與卿猶享富貴未幾有河陰之難紹善推祿命事驗甚多知者異之永安中拜太府卿以前參議正光壬子歷賜爵新昌子後卒於右光祿大夫贈尚書左僕射謚曰宣子伯元襲爵

張普惠字洪賑常山九門人也身長八尺容貌魁偉精於三禮兼善春秋百家之說太和十九年爲主書帶制局監頗爲孝文所知轉尚書都令史任城王澄

重其學業爲其聲價澄爲雍州刺史啓普惠爲府錄事參軍尋行馮翊郡事澄
功衰在身欲七月七日集文武北園馬射普惠奏記於澄曰竊聞三殺九親別
疎昵之敘五服六術等衰麻之心皆因事飾情不易之道者也然則莫大之痛
深於終身之外書策之哀除於喪紀之內外者不可無節故斷之以三年內者
不可遂除故敦之以日月況禮大練之日鼓素琴蓋推以卽吉也小功以上非
虞祔練除不沐浴此拘之以制也曾子問曰相識有喪服可以與於祭乎孔子
曰緦不祭又何助於人祭旣不與疑無宴食之道又曰廢喪服可以與於饋奠
之事乎子曰脫衰與奠非禮也注云謂其忘哀疾愚謂除喪之始不與饋奠小
功之內其可觀射乎雜記云大功以下旣葬適人人食之其黨也食之非其黨
不食食猶擇人於馬射爲或非宜伏見明教立射會之限將以二七令辰集城
中文武肄武藝於北園行揖讓於中否時非大閱之秋景涉妨農之節國家縞
禫甫除殿下功衰仍襲釋而爲樂以訓百姓便是易先王之典教忘哀戚之情
恐非所以昭令德視子孫者也案射儀射者以禮樂爲本忘而從事不可謂禮

鍾鼓弗設不可謂樂捨此二事何用射爲又七日之戲令制無之班勞所施慮違事體府庫空虛宜待新調乞至九月備飾盡行然後奏貍首之章宣鬯相之命聲軒縣建雲鉦神人忻暢於斯時也澄意納其言託辭自罷乃答曰今雖非公制而此州承前已有斯式且纂文習武人之常藝豈可於常藝之間要須令制乎禮兄弟內除明哀已殺小功客至主不絕樂聽樂則可觀武豈傷直自事緣須罷先以令停方獲此請深具來意澄轉揚州啓普惠以羽林監領鎮南大將軍開府主簿普惠既爲澄知歷佐二藩甚有聲譽還朝仍羽林監澄遭太妃憂臣僚爲立碑頌題碑欲云康王元妃之碑澄訪於普惠普惠答曰謹尋朝典但有王妃而無元字魯夫人孟子稱元妃者欲下與繼室聲子相對今烈懿太妃作配先王更無聲子仲子之嫌竊謂不假元字以別名位且以氏配姓愚以爲在生之稱故春秋夫人姜氏至自齊既葬以謚配姓故經書葬我小君文姜又曰來歸夫人成風之襚皆以謚配姓古者婦人從夫謚今烈懿太妃德冠一世故特蒙褒錫乃萬代之高事豈容於定名之重而不稱烈懿乎澄從之後爲

步兵校尉以本官領河南尹丞宣武崩坐與甄楷等飲酒游從免官故事免官
者三載之後降一階而敘若才優擢授不拘此限熙平中吏部尚書李韶奏普
惠有文學依才優之例敕除寧遠將軍司空倉曹參軍朝議以不降階爲榮時
任城王澄爲司空表議書記多出普惠廣陵王恭北海王顥疑爲所生祖母服
期與三年詔羣寮會議普惠議曰謹案二王祖母皆受命先朝爲二國太妃可
謂受命於天子爲始封之母矣喪服慈母如母在三年章傳曰貴父命也鄭注
云大夫之妾子父在爲母大功則士之妾子爲母期父卒則皆得伸此大夫命
其妾子以爲母所慈猶曰貴父命爲之三年況天子命其子爲列國王命其所
生母爲國太妃反自同公子爲母練冠之與大功乎傳曰始封之君不臣諸父
昆弟則當服其親服若魯衞列國相爲服期判無疑矣何以明之喪服君爲姑
姊妹女子子嫁於國君者傳曰何以大功尊同也尊同則得服其親服諸侯之
子稱公子公子不得禰先君然則兄弟一體位列諸侯自以尊同得相爲服不
可還準公子遠厭天王故降有四品君大夫以尊降公子大夫之子以厭降名

例不同何可亂也禮大夫之妾子以父命慈己申其三年太妃旣受命先帝光
昭一國二王胙土茅社顯錫大邦舍尊同之高據附不爾之公子雖許蔡失位
亦不是過服問曰有從輕而重公子之妻爲其皇姑公子雖厭妻尙獲申況廣
陵北海論封君則封君之子語妃則命妃之孫承妃纂重遠别先皇更以先后
之正統厭其所生之祖嫡方之皇姑不以遙乎今旣許其申服而復限之以期
比之慈母不亦爽歟經曰爲君之祖父母父母妻長子傳曰何以期父母長子
君服斬妻則小君父卒然後爲祖後者服斬今祖乃獻文皇帝諸侯不得祖之
母爲太妃蓋二王三年之證議者近背正經以附非類差之毫毛所失或遠且
天子尊則配天莫非臣妾何爲命之爲國母而不聽子服其親乎記曰從服者
所從亡則已又曰不爲君母之黨服則爲其母之黨服今所從旣亡不以親服
服其所生則屬從之服於何所施若以諸王入爲公卿便同大夫者則當今之
議皆不須以國爲言也今之諸王自同列國雖不之國别置臣寮王食一方得
不以諸侯言之敢據周禮輒同三年當時議者亦有同異國子博士李郁於議

罷之後書難普惠普惠據禮還答鄭董三反郁議遂屈轉諫議大夫澄謂普惠曰不喜君得諫議唯喜諫議得君時靈太后父司徒胡國珍薨贈相國太上秦公普惠以前世后父無太上之號詣闕上疏陳其不可左右畏懼莫敢爲通會聞胡家穿壙下墳有盤石乃密表曰竊見故侍中司徒胡公懷道含靈實誕聖后近樞剋惟允之寄居槐體論道之明胡以功餘九錫褒假鸞纛深聖上之加隆極慈后之至愛憲章天下不亦可乎而太上之號竊謂未衷何者禮記曰天無二日土無二王嘗禘郊社尊無二上竊謂高祖受禪於獻文皇帝故仰尊爲太上皇此因上上而生名也皇太后稱令以繫敕下蓋取三從之道遠同文母列於十亂則司徒爲太上恐乖繫敕之意易曰困於上者必反於下比剋吉定兆而以淺改卜羣心悲惋亦或天地神靈所以垂至戒啓聖情伏願停司徒逼同之號從卑下不踰之稱則天下幸甚太后覽表親至國珍宅召集五品已上博議其事任城王澄太傅清河王懌侍中崔光御史中尉元匡尙書崔亮並同有難普惠並以理正之無所屈廷尉少卿袁翻曰周官上公九命上大夫四命

命數雖殊同名爲上何必上者皆是極尊普惠厲聲呵翻曰禮有下卿上士何止大夫與公但今所行以太加上二名雙舉不得非極雖蟲小藝微或相許至於此處豈卿所及翻甚有慚色默不復言議者咸以太后當朝志相黨順遂奏曰張普惠辭雖不屈然非臣等所同渙汗已流請依前詔太后復遣元乂賈璨宣令謂普惠曰朕之所行孝子之志卿之所陳忠臣之道羣公已有成議卿不得苦奪朕懷後有所見勿得難言初普惠被召傳詔馳驛騶馬來甚迅速佇立催去普惠諸子憂怖涕泗普惠謂曰我當休明之朝掌諫議之任若不言所難言諫所難諫便是唯唯曠官尸祿人生有死死得其所夫復何恨然朝廷有道汝輩勿憂及議罷旨勞還宅親故賀其幸甚時中山杜弼遺書普惠曰明侯深儒碩學身負大才執此公方來居諫職謇謇如也諤諤如也一昨承在胡司徒第當庭面諍雖問難鋒至而應對響出宋城之帶始縈魯門之柝裁警終使羣后逡巡庶寮拱嘿雖不見用於一時固已傳美於百代聞風快然敬裁此白普惠美其此書每爲口實普惠以天下人調幅度長廣尚書計奏復徵綿麻恐人

不堪命上疏曰伏聞尚書奏復綿麻之調遵先皇之軌夙宵惟度欣戰交集仰
惟高祖廢大斗去長尺改重秤所以愛萬姓從薄賦知軍國須綿麻之用故云
幅度之間億兆應有綿麻之利故絹上稅綿八兩布上稅麻十五斤萬姓得廢
大斗去長尺改重秤荷輕賦之饒不適於綿麻而已故歌舞以供其賦奔走以
役其勤夫信行於上則億兆樂輸於下自茲已降漸漸長闊百姓嗟怨聞於朝
野伏惟皇太后未臨朝之前陛下居諒闇之日宰輔不尋其本知天下之怨綿
麻不察其幅廣度長稱重斗大革其所弊存其可存而特放綿麻之調以悅天
下之心此謂悅之不以道愚臣所以未悅者也普惠又表乞朝直之日時聽奉
見自此之後月一陛見又以孝明不親視朝過崇佛法郊廟之事多委有司上
疏曰伏惟陛下重暉纂統欽明文思天地屬心百神佇望伏願躬致郊廟之虔
親紆朔望之澤釋奠成均竭心千畝明發不寐潔誠禋禖孝弟可以通神明德
教可以光四海然後精進三寶信心如來道由化深故諸漏可盡法隨禮積故
彼岸可登量撤僧寺不急之華還復百官久折之秩已與之構務從簡成將來

之造權令停息但仍舊貫亦何必改作庶節用愛人法俗俱賴尋別敕付外議
釋奠之禮時史官尅日蝕豫敕罷朝普惠以逆廢非禮上疏陳之又表論時政
得失一曰審法度平斗尺租調務輕賦役務省二曰聽輿言察怨訟先皇舊事
有不便於政者請悉追改三曰進忠謇退不肖任賢勿貳去邪勿疑四曰興滅
國繼絕世勳親之胤所宜收敘書奏孝明靈太后引普惠於宣光殿隨事難詰
廷對移時太后曰小小細務一一翻動更成煩擾普惠曰聖上之養庶物若慈
母之養赤子今赤子幾臨危壑將赴水火以煩勞而不救豈赤子所望於慈母
太后曰天下蒼生寧有如此苦事普惠曰天下之親懿莫重於太師彭城王然
遂不免枉死微細之苦何可得無太后曰彭城之苦吾已封其三子何足復言
普惠曰聖后封彭城之三子天下莫不忻至德知慈母之在上臣所以重陳者
凡如此枉乞垂聖察太后曰卿云興滅繼絕意復誰是普惠曰昔淮南逆終漢
文封其四子蓋骨肉之不可棄親親故也竊見咸陽京兆乃皇子皇孫一德之
虧自貽悔戾沉淪幽壤緬焉弗收豈不是興滅繼絕之意太后曰卿言有理當

命公卿博議及任城王澄甍普惠荷其恩待朔望奔赴至於禪除雖寒暑風雨
無不必至初澄嘉賞普惠臨甍啓爲尚書右丞靈太后既深悼澄覽啓從之詔
行之後尚書諸郎以普惠地寒不應便居管轄相與爲約並欲不放上省紛紜
多日乃息正光二年詔遣楊鈞送蠕蠕主阿那瓌還國普惠謂遣之將貽後患
上疏極言其不可表奏不從魏子建爲益州刺史有贓罪普惠被使驗之事遂
得釋故子建父子甚德之時梁西豐侯正德詐稱降款朝廷頗事當迎普惠請
付揚州移還蕭氏不從俄而正德果逃還後除光祿大夫右丞如故先是仇池
武興郡氏數反西垂郡戍租運久絶詔普惠以本官爲持節西道行臺給秦岐
涇華雍豳東秦七州兵武三萬人任其召發送南秦東益二州兵租分付諸戍
其所部將統聽於關西牧守之中隨機召遣軍資板印之屬悉以自隨事訖還
朝賜絹布一百段時詔訪寃屈普惠上疏多所陳論出除東豫州刺史淮南九
戍十三郡猶因梁前弊別郡異縣之人錯雜居止普惠乃依次括比省減郡縣
上表陳狀詔許之宰守因此綰攝有方奸盜不起人以爲便普惠不營財業好

有進舉敦於故舊冀州人侯堅固少時與其游學早終其子長瑜普惠每於四時請祿無不減贍給其衣食及爲豫州啓長瑜解褐攜其合門拯給之在州卒謚曰宣恭

成淹字季文上谷居庸人也好文學有氣尙仕宋爲員外郎領軍主援東陽歷城皇輿中降慕容白曜赴闕授兼著作佐郎時獻文於仲冬月欲巡漠北朝臣以寒甚固諫並不納淹上接輿釋游論帝覽之詔尙書李訢曰卿諸人不如成淹論逍釋人意乃敕停行太和中文明太后崩齊遣其散騎常侍裴昭明散騎侍郎謝竣等來弔欲以朝服行事主客不許昭明等執志不移孝文敕尙書李沖選一學識者更與論執沖奏遣淹昭明言不聽朝服行禮義出何典淹言玄冠不弔童孺共聞昔季孫將行請遭喪之禮千載之下猶共稱之卿方謂義出何典何其異哉昭明言齊高帝崩魏遣李彪通弔初不素服齊朝亦不爲疑淹言彪通弔之日朝命以弔服自隨彼不遵高宗追遠之慕乃踰月卽吉齊之君臣皆已鳴玉盈庭彪行人何容獨以衰服閒衣冠之中我皇處諒闇以來百官

聽於家宰卿豈得以此方彼也昭明乃搖膝而言曰三皇不同禮亦安知得失
所歸淹言若如來談卿以虞舜高宗爲非也昭明相顧笑曰非孝者宣尼有成
責行人亦弗敢言使人唯齎袴褶不可以弔幸借緇衣幍以申國命今爲魏朝
所逼還南日必得罪本朝淹言彼有君子也卿將折中還南日應有高賞若無
君子也但令有光國之譽雖非理得罪亦復何嫌南史董狐自當直筆既而敕
送衣幍給昭明等明旦引入皆令文武盡哀後正佐郎其後齊遣其散騎常侍
庾華散騎侍郎何憲主書邢宗慶等來聘孝文敕淹接於外館宗慶語淹言南
北連和既久而比棄信絕好爲利而動豈是大國善鄰之義淹言夫爲王者不
拘小節豈得眷眷守尾生之信且齊先主歷事宋朝當應便爾欻奪宗慶庾華
及從者皆相顧失色何憲知淹昔從南入以手掩目曰卿何不作于禁而作王
肅淹言我捨逆效順欲追蹤陳韓何于禁之有憲亦不對王肅之至鑾輿行幸
肅多扈從敕淹將引若有古跡皆使知之行到朝歌肅問此是何城淹言紂都
朝歌城肅言故應有殷之頑人淹言昔武王滅紂悉居河洛中因劉石亂華仍

隨司馬東度蕭知淹寓青州乃笑謂曰青州何必無其餘種淹以蕭本隸徐州若言青州本非其地徐州閒今日重來非所知也蕭遂伏馬上掩口笑顧謂侍御史張思寧曰向聊因戲言遂致辭溺思寧馳馬以聞孝文大悅謂彭城王勰曰淹此段足爲制勝輿駕至洛蕭因侍宴帝戲蕭曰近者行次朝歌聞成淹共卿殊有往復卿試重敘之蕭言臣於朝歌失言一之已甚豈宜再說遂大笑蕭又言淹才詞宜應敘進帝言若因此進淹恐辱卿轉甚蕭言臣屈己達人正可顯臣之美帝曰卿爲人所屈欲求屈己之名復於卿大優蕭言淹既蒙進臣得屈己申人此所謂陛下惠而不費遂酣笑而止賜淹龍廄上馬一疋幷鞍勒宛具朝服一襲轉謁者僕射時遷都帝以淹家貧敕給事力送至洛陽使與家累相隨及車駕濟淮敕徵淹淹於路左請見曰敵不可小願聖明保萬全之策伏聞發落已來諸有諫者解官奪職恐非聖明納下之義帝優而容之帝幸徐州敕淹與閭龍駒專主舟楫將汎泗入河泝流還洛軍次碻磝淹以黃河浚急慮有傾危乃上疏陳諫帝敕淹曰朕以恆代無運漕之路故京邑人貧今移都伊

洛欲通運四方黃河急浚人皆難涉我因此行乘流所以開百姓之心知卿誠至而不得相納賜驊騮馬一疋衣冠一襲除羽林監主客令于時宮殿初構運材日有萬計伊洛流澌苦於厲涉淹遂啓求勑都水造浮航帝賞納之意欲榮淹於衆朔旦受朝百官在位乃賜帛百疋知左右二都水事景明三年出除平陽太守還朝病卒贈光州刺史謚曰定子霄字景鸞好爲文詠坦率多鄙俗與河東姜質等朋游相好詩賦間起知音之士所共嗤笑卒於書侍御史

范紹字始孫燉煌龍勒人也少聰敏年十二父命就學師事崔光以父憂廢業母又誡之曰汝父卒日令汝遠就崔生希有成立今已過期宜遵成命紹還赴學太和初充太學生轉算生頗涉經史孝文選爲門下通事令史遷錄事掌奏文案帝善之又爲侍中李沖黃門崔光所知帝曾謂近臣曰崔光從容范紹之力後朝廷有南討計發河北數州田兵通緣淮戍兵合五萬餘人廣開屯田八座奏紹爲西道六州營田大使加步兵校尉紹勤於勸課頻歲大獲又詔與都督中山王英論攻鍾離紹覩其城隍恐不可陷勸令班師英不從紹還具以狀

奏聞俄而英敗後歷位并州刺史太常卿莊帝初遇害河陰

劉桃符中山盧奴人也生不識父九歲喪母性恭謹好學舉孝廉射策甲科歷碎職累遷中書舍人以勤明見知久不遷職宣武謂曰楊子雲爲黃門頻歷三世卿居此任殆十年不足辭也東豫州刺史田益宗居邊貪穢宣武頻詔桃符慰喻之桃符還具稱益宗老耄而諸子非理處物宣武後欲代之恐其背叛拜桃符東豫州刺史與後將軍李世哲領衆襲益宗語在益宗傳桃符善恤蠻左爲人吏所懷久之徵還病卒贈洛州刺史

鹿悆字永吉濟陰乘氏人也祖壽興沮渠氏庫部郎父生再爲濟南太守有政績獻文嘉其能特徵赴季秋馬射賜以驄馬加以青服彰其廉潔時三齊始附人懷苟且蒲博終朝頗廢農業生立制斷之聞者嗟善後卒於淮陽太守追贈兗州刺史悆好兵書陰陽釋氏之學彭城王勰召爲館客嘗詣徐州馬疲附船而至大梁夜睡從者上岸竊禾四束飼馬船行數里悆覺即停船至取禾處以縑三丈置禾束下而反初爲真定公子直國中尉恆勸以忠廉之節嘗賦五言

詩曰嶧山萬丈樹雕鏤作琵琶由此材高遠絃響藹中華又曰援琴起何調幽蘭與白雪絲管韻未成莫使絃響絕子直少有令問悆欲其善終故以諷焉後隨子直鎮梁州州有兵糧和糴和糴者靡不潤屋悆獨不取子直強之終不從孝莊爲御史中尉悆兼殿中侍御史監臨淮王彧軍時梁遣其豫章王綜據徐州綜密信通彧云欲歸款衆議謂不然悆遂請行曰綜若誠心與之盟約如其詐也豈惜一人命乎時徐州始陷邊方騷擾綜部將成景儁胡龍牙並總強兵內外嚴固悆遂單馬間出徑趣彭城未至之間爲綜軍主程兵潤所止問其來狀悆曰我爲臨淮王所使兵潤遣人白龍牙等綜既有誠心聞悆被執語景儁等曰我每疑元略規欲叛城將驗虛實宜遣左右爲元略使入魏軍中喚彼一人其使果至可令人詐作略身在一深室託爲患狀呼使戶外令人傳語時略始被梁武追還綜又遣腹心人梁話迎悆密語意狀令善酬答引悆詣龍牙所龍牙語悆曰元中山甚欲相見故令喚卿又曰安豐臨淮將少弱卒規復此城容可得乎悆曰彭城魏之東鄙勢在必爭可否在天非人所測龍牙曰當如卿

言復詣景儁住所停悆外門久而未入時夜已久有綜軍主姜桃來與悆言謂
曰元法僧魏之微子拔城歸梁梁王待物有道乃上指曰今歲星在斗吳之分
野君何不歸梁國悆答曰法僧莒僕之流而梁納之無乃有愧於季孫也今月
建鶉首斗牛受破歲星木也逆而剋之吳國敗喪不久且衣錦夜游有識不許
言未盡乃引入見景儁景儁良久謂曰卿不爲刺客也答曰今者爲使欲反命
本朝相刺之事更卜後圖爲設食悆強飲多食向敵數人微自夸矜諸人相謂
曰壯哉乃引向元略所一人引入戶指牀令坐一人別在室中出謂悆曰中山
王有教我昔有以向南且遣相喚欲問卿事晚來患動不獲相見悆遂辭而退
須臾天曉綜軍主范曇景儁司馬楊驃等競問北朝士馬多少悆陳士馬之盛
尋而與梁話盟契訖未旬綜降詔封悆定陶縣子除員外散騎常侍永安中爲
右將軍給事黃門侍郎進爵爲侯雖任居通顯志在謙退迎送親賓加於疇昔
而自無屋宅常假賃居止布衣糲食寒暑不變孝莊嘉其清潔時復賜以錢帛
及東徐城人呂文欣殺刺史元大賓南引梁人詔悆以使持節散騎常侍安東

將軍爲六州大使與行臺樊子鵠討破之悆又購斬文欣還拜金紫光祿大夫兼尚書右僕射東南道三徐行臺與都督賀拔勝等拒尒朱仲遠軍敗還京天平中除梁州刺史時滎陽人鄭榮業反圍州城城降榮業送悆於關西

張熠字景世自云南陽西鄂人也仕魏累遷步兵校尉永寧寺塔大興經營務廣靈太后曾幸作所凡有顧問熠敷陳指畫無所遺闕太后善之後爲別將以軍功封長平男歷岐東荊州刺史天平初遷鄴草創右僕射高隆之吏部尚書元世儁奏曰南京宮殿毀撤送都連筏竟河首尾大至自非賢明一人專委受納則恐財木耗損有闕經構熠清直素著有稱一時臣等輒舉爲大將詔從之熠勤於其事尋轉營構左都將興和初加衞大將軍宮殿成除東徐州刺史卒於州贈司空公謚曰懿

劉道斌武邑灌津人也有器幹腰帶十圍鬚髯甚美初拜校書郎轉主書頗爲孝文所知從征南陽還加積射將軍給事中帝謂黃門郎邢巒曰道斌是行便異儕流矣宣武即位遷謁者僕射後歷恆農太守岐州刺史所在有清貞稱卒

於州謚曰康道斌在恆農修立學館建孔子廟堂圖畫形像去郡後故吏追思之復立道斌形於孔像之西而拜謁焉

董紹字興遠新蔡鮦陽人也少好學頗有文義起家四門博士累遷兼中書舍人爲宣武所賞豫州城人白早生以城南叛詔紹慰勞爲賊鏁禁送江東梁領軍呂僧珍塹與紹言便相器重梁武聞之使勞紹云忠臣孝子不可無之今當聽卿還國詔曰老母在洛無復方寸既奉恩貸實若更生乃引見之謂曰戰爭多年人物塗炭是以不恥先言欲與魏朝通好卿宜備申此意若欲通好今以宿豫還彼彼當以漢中見歸及紹還雖陳說和計朝廷不許後除洛州刺史紹好行小惠頗得人情蕭寶夤反於長安紹上書求擊之云臣當出瞎巴三千生噉蜀子孝明謂黃門徐紇曰此巴真瞎也紇答此紹之壯辭云巴人勁勇見敵無所畏非實瞎也帝大笑敕紹速行以拒寶夤功賞新蔡縣男介朱天光爲關右大行臺啓爲大行臺從事兼吏部尚書天光敗賀拔岳復請紹爲其開府諮議參軍岳後擕紹於高平牧馬紹悲而賦詩曰走馬山之阿馬渴飲黃河寧謂

胡關下復聞楚客歌岳死周文帝亦重之及孝武西遷除御史中丞非其好也鬱鬱不得志或行戲街衢或與少年游聚不自拘持頗類失性孝武崩周文與百官推奉文帝上表勸進令呂思禮薛憕作表前後再奏帝尚執謙沖不許周文曰爲文能動至尊唯董公耳乃命紹爲第三表操筆便成表奏周文曰開進人意不當如此也及登祚方任用之而紹議論朝廷賜死孫嗣

馮元興字子盛東魏郡肥鄉人也少有操尚舉秀才中尉王顯召爲檢校御史還殿中御史司徒江陽王繼召爲記室參軍遂爲元乂所知乂執朝政引爲尚書殿中郎領中書舍人仍御史預聞時事卑身克己人無恨焉家素貧約食客恆數十人同其飢飽時人歎尚之太保崔光臨薨薦元興爲侍讀尚書賈思伯爲侍講授孝明杜氏春秋元興常爲擿句儒者榮之乂既賜死元興亦被廢乃爲浮萍詩以自喻曰有草生碧池無根水上蕩脆弱惡風波危微苦驚浪普泰初爲光祿大夫領中書舍人太昌初卒於家贈齊州刺史元興世寒因元乂之勢託其交道相用爲州主簿論者以爲非倫時有濟郡曹昂有學識舉秀才永

安中除太學博士兼尙書郎常徒步上省以示清貧忽遇盜大失綾縑時人鄙其矯詐

論曰孫紹關左之士又能指論時務張普惠明達典故强直從官侃然不撓其有王臣之風矣成淹范紹劉桃符鹿悆張燿劉道斌董紹馮元興等身遭際會俱得効其所能苟曰非才亦何能致於此也

北史卷四十六

北史卷四十六考證

孫紹傳使門齊身等而涇渭奄殊○奄監本訛淹今改正

張普惠傳北海王顥○顥監本誤顯今改從南本

周官上公九命○官監本訛宫今改正

成淹傳賜淹龍廐上馬一疋幷鞍勒宛具○宛魏書作完

鹿悆傳安豐臨淮○豐監本訛封今改從魏書

董紹傳岳後儁紹於高平牧馬○儁魏書作擕

北史卷四十六考證

北史卷四十七

唐　李　延　壽　撰

列傳第三十五

袁翻 弟躍 躍 子聿脩 陽尼 從孫固 藻 固子休之 藻子斐 固從兄 固從弟元景 賈思伯 祖瑩 子珽

袁翻字景翔陳郡項人也父宣爲宋青州刺史沈文秀府主簿隨文秀入魏而大將軍劉昶言是其外祖淑近親令與其府諮議參軍袁濟爲宗宣時孤寒甚相依附及翻兄弟官顯與濟子洸演遂各陵競洸等乃經公府以相排斥翻少入東觀爲徐紇所薦李彪別兼著作佐郎參史事後拜尚書殿中郎正始初詔尚書門下於金墉中書外省考論律令翻與門下錄事常景孫紹廷尉監張彪律博士侯堅固書侍御史高綽前將軍邢苗奉車都尉程靈虬羽林監王元龜尚書郎祖瑩宋世景員外郎李琰之太樂令公孫崇等並在議限又詔太師彭城王勰司州牧高陽王雍中書監京兆王愉青州刺史劉芳左衞將軍元麗兼將作大匠李韶國子祭酒鄭道昭廷尉少卿王顯等入豫其事後除豫州中正

是時修明堂辟雍翻議曰謹按明堂之義今古諸儒論之備矣蓋唐虞以上事難該悉夏殷以降校可知之按周官考工所記皆記其時事具論夏殷名制豈其紕繆是知明堂五室三代同焉配帝像行義則明矣及淮南呂氏與月令同文雖布政班時有堂个之別然推其體則無九室之證既而正義殘隱妄說斐然明堂九室著自戴禮探緒求源罔知所出而漢氏因之自欲爲一代之法故鄭玄云周人明堂五室是帝一室也合於五行之數周禮依數以爲之室本制著存是周五室也於今不同是漢異周也漢爲九室略可知矣但就其此制猶有懵焉何者張衡東京賦云乃營三宮布教班常複廟重屋八達九房此乃明堂之文也而薛綜注云房室也謂堂後有九室堂後有九室之制非巨異乎裴頠又云漢氏作四維之个不能令各據其辰就使其像可圖莫能通其居用之禮此爲設虛器也甚知漢世徒欲削滅周典捐棄舊章改物創制故不復拘於載籍且鄭玄之詁訓三禮及釋五經異義並盡思窮神不墜周公之舊法也伯喈損益漢制章句繁雜既違古背新又不能易玄之妙矣魏晉書紀亦有明堂

祀五帝之文而不記其經始之制又無坦然可準觀夫今之基趾猶或髣髴高
卑廣狹頗與戴禮不同何得以意抑心便謂九室可明且三雍異所復乖盧蔡
之義進退無據何用經通晉朝亦以鑽鑿難明故有一屋之論並非經典正義
皆以意妄作茲爲不典學家常談不足以範時軌世皇代既乘乾統歷得一御
宸自宜稽古則天憲章文武追蹤周孔述而不作豈容虛追子氏放篇之浮說
徒損經紀雅誥之遺訓而欲以支離橫義指畫妄圖儀刑宇宙而貽來葉者也
又北京制置求皆允怗繕修草創以意良多事移化變存者無幾理苟宜革何
必仍舊且遷都之始日不違給先朝規度每事循古是以數年之中悛換非一
良以永法爲難數改爲易何爲宮室府庫多因故迹而明堂辟雍獨遵此制建
立之辰復未可知矣既猥班訪逮輒輕率瞽言明堂五室請同周制郊建三雍
求依故所庶有會經誥無失典刑後議選邊戍事翻議曰臣聞兩漢警於西北
魏晉備在東南是以鎮邊守塞必寄威重伐叛柔服實賴温良故田叔魏尚聲
高於沙漠當陽鉅平績流於江漢紀籍用爲美談今古以爲盛德自皇上以叡

明纂御風清化遠威厲秋霜惠霑春露故能使淮海輸誠華陽即序連城革面
比屋歸仁縣車劍閣豈伊曩載鼓譟金陵復在茲日然荆揚之牧宜盡一時才
望梁郢之君尤須當今秀異自比緣邊州郡官至便登疆埸統戍階當即用或
逢穢德凡人或遇貪家惡子不識字人温卹之方唯知重役殘忍之法廣開戍
邏多置帥領或用其左右姻親或受人貨財請屬皆無防寇禦賊之心唯有通
商聚斂之意其勇力之兵驅合抄掠若遇強敵即爲奴虜如有執獲奪爲己富
其羸弱老小之輩微解金鐵之工少閑草木之作無不搜營窮壘苦役百端自
餘或伐木高山或芸草平陸販貨往還相望道路此等禄既不多資亦有限皆
收其實絹給其虛粟窮其力薄其衣用其工節其食綿冬歷夏加之疾苦死於
溝瀆者常十七八焉是以吳楚間伺審此虛實皆云糧匱兵疲易可乘擾故驅
率犬羊屢犯疆埸頻年已來甲冑生蟣十萬在郊千金日費爲弊之深一至於
此皆由邊任不得其人故延若斯之患賈生所以痛哭晁有以也夫潔其流者
清其源理其末者正其本既失之在始庸可止乎愚謂自今已後荆揚徐豫梁

益諸蕃及所統郡縣府佐統軍至于戍主皆令朝臣王公已下各舉所知必選其才不拘階級若能駕御有方清高獨著威足臨戎信能懷遠撫循將士得其忻心不營私潤專修公利者則就加爵賞使久於其任以時褒賚厲其忠款所舉之人亦垂優異獎其得士嘉其誠節若不能一心奉公才非捍禦貪惏日富經略無聞人不見德兵厭其勞者即加顯戮用章其罪所舉之人隨事免降責其謬薦罰其僭濫如此則舉人不得挾其私受任不得孤其舉善惡既審沮勸亦明庶邊患永消譏議攸息矣遭母憂去職熙平初除廷尉少卿頗有不平之論爲靈太后所責出爲陽平太守甚不自得遂作思歸賦神龜末遷涼州刺史時蠕蠕主阿那瓌後主婆羅門並以國亂來降朝廷問安置之計翻表曰今蠕蠕内爲高車所討滅外憑大國之威靈兩主投身一期而至百姓歸誠萬里相屬然夷不亂華前鑒無遠覆車在於劉石毀轍固不可尋今蠕蠕雖主奔於上人散於下而餘黨實繁部落猶衆高車亦未能一時并兼盡令率附又高車士馬雖衆主甚愚弱上不制下下不奉上唯以掠盜爲資陵奪爲業而河西捍禦

強敵唯涼州燉煌而已涼州土廣人稀糧仗素闕燉煌酒泉空虛尤甚若蠕蠕
無復豎立令高車獨擅北垂則西顧之憂匪旦伊夕愚謂蠕蠕二主並宜存之
居阿那瓌於東偏處婆羅門於西裔分其降人各有攸屬那瓌住所非所經見
其中事勢不可輒陳婆羅門請修西海故城以安處之西海郡本屬涼州今在
酒泉直抵張掖西北千二百里去高車所住金山一千餘里正是北虜往來之
衝要漢家行軍之舊道土地沃衍大宜耕殖非但今處婆羅門於事爲便即可
永爲重戍鎮防西北雖外爲署蠕蠕之聲內實防高車之策一二年後足食足
兵斯固安邊保塞之長計也若婆羅門能自克厲使餘燼歸心收離聚散復興
其國者乃漸令北轉徙度流沙即是我之外藩高車之勍敵西北之虞可無過
慮如其奸回返覆孤恩背德者此不過爲逋逃之寇於我何損今不早圖戎心
一啓脫先據西河奪我嶮要則酒泉張掖自然孤危長河已西終非國有不圖
厥始而求憂其終噬臍之恨悔將何及愚見如允乞遣大使往涼州燉煌及於
西海躬行山谷要害之所親閱亭障遠近之宜商量士馬校練糧仗部分見定

處置得所入春西海之間卽令播種至秋收一年之食使不復勞轉輸之功也
且西徼北垂卽是大磧野獸所聚千百爲羣正是蠕蠕射獵之處殖田以自供
籍獸以自給彼此相資足以自固今之豫度似如小損歲終大計其利實多高
車豺狼之心何可專信假令稱臣致款正可外加優納而復內備彌深所謂先
人有奪人之心者也時朝議是之還拜吏部郎中遷齊州刺史無多政績孝昌
中除安南將軍中書令領給事黃門侍郎與徐紇俱在門下並掌文翰翻既才
學名重又善附會亦爲靈太后所信待是時蠻賊充斥六軍將親討之翻乃上
表諫止後蕭寶夤大敗於關西翻上表請爲西軍死亡將士舉哀存而還者幷
加賑賚後拜度支尚書尋轉都官翻上表願以安南尚書換一金紫時天下多
事翻雖外請閑秩而內有求進之心識者怪之於是加撫軍將軍明帝靈太后
曾宴華林園舉觴謂羣臣曰袁尚書朕之杜預欲以此杯敬屬元凱今爲盡之
侍坐者莫不羨仰翻名位俱重當時賢達咸推與之然獨善其身無所獎拔排
抑後進論者鄙之建義初遇害河陰所著文筆百餘篇行於世贈使持節侍中

車騎將軍儀同三司青州刺史嫡子寶首武定中司徒記室參軍事翻弟躍
躍字景騰博學儁才性不矯俗篤交友翻每謂人曰躍可謂我家千里駒也歷
位尚書都兵郎中加員外散騎常侍將立明堂躍乃上議當時稱其博洽蠕蠕
主阿那瓌亡破來奔朝廷矜之送復其國既而每使朝貢辭旨頗不盡禮躍爲
朝臣書與瓌陳以禍福言辭甚美後還車騎將軍太傅清河王懌文學雅爲懌
所愛賞懌之文表多出於躍卒贈冠軍將軍吏部郎中所制文集行於世無子
兄翻以子聿脩繼
聿脩字叔德七歲遭喪居處禮若成人九歲州辟主簿性深沉有鑒識清靖寡
欲與物無競姨丈人尚書崔休深所知賞年十八領本州中正兼尚書度支郎
中齊天保初除太子庶子以本官行博陵太守大有聲績遠近稱之累遷司徒
左長史領兼御史中丞司徒錄事參軍盧思道私貸庫錢三十萬娉太原王乂
女爲妻而王氏以先納陸孔文禮娉爲定聿脩爲首寮又國之司憲知而不劾
免中丞尋遷祕書監天統中詔與趙郡王叡等議定三禮出爲信州刺史卽其

本鄉也時久無例莫不榮之爲政清靖不言而化自長史以下爰逮鰥寡孤幼皆得其歡心武平初御史普出過諸州悉有舉劾唯不到信州及還都人庶道俗追列滿道或將酒脯涕泣留連競欲遠送時旣盛暑恐其勞敝往往爲之駐馬隨舉一酌示領其意辭謝令去還後州人鄭播宗等七百餘人請爲立碑斂縑布數百疋託中書侍郎李德林爲文以記功德勑許之尋除都官尚書聿脩少年平和溫潤素流之中最爲規檢以名家子歷任清華時望多相器待許其風鑒在郎署之日時趙彥深爲水部郎中同在一院因成交友彥深後重被沙汰停私門生藜藿聿脩猶以故情音問來往彥深任用銘戢甚深雖人才無媿蓋亦由彥深接引爲吏部尚書以後自以物望得之初馮子琮以僕射攝選婚姻相尋聿脩常非笑之語人云馮公營婚日不暇給及自居選曹亦不能免時論以爲地勢然也素品孤官頗有怨讟然在官廉謹當時少匹魏齊世臺郎多不免交通餉饋初聿脩爲尚書郎十年未曾受升酒之遺尚書邢邵與聿脩舊款每省中語戲常呼聿脩爲清郎大寧初聿脩以太常少卿出使巡省仍令考

校官人得失經兗州時邢卲爲刺史别後送白紬爲信聿脩不受與邢卲書云今日仰過有異常行瓜田李下古人所慎願得此心不貽厚責卲亦欣然領解報書云老夫忽忽意不及此敬承來旨吾無間然弟昔爲清郎今日復作清卿矣及在吏部屬政衰道喪若違忤要勢禍不旋踵雖以清白自守猶不免請謁之累入周位儀同大將軍吏部下大夫東京司宗中大夫隋開皇初加上儀同還東京都官尚書東京廢入朝除都官尚書二年出爲熊州刺史卒子知禮大業初卒於太子內舍人躍弟颺卒於豫州冠軍府司馬颺弟昇位正員郎颺死後昇通其妻翻恚爲之發病昇終不止時人鄙穢之亦於河陰見害贈左將軍齊州刺史

陽尼字景文北平無終人也累世仕於慕容氏尼少好學博通羣籍與上谷侯天護頓丘李彪同志齊名幽州刺史胡泥表薦之徵拜祕書著作郎及改中書學爲國子時中書監高閭侍中李沖等以尼碩學舉爲國子祭酒後兼幽州中正孝文臨軒令諸州中正各舉所知尼與齊州大中正房千秋各舉其子帝曰

昔有一祁名垂往史今有二奚當聞來牒出爲幽州平北府長史帶漁陽太守未拜坐爲中正時受鄉人貨免官每自傷曰吾昔未仕不曾羨人今日失官與本何異然非吾宿志命也如何既而還家有書數千卷所造字釋數十篇未就而卒其從孫太學博士承慶撰爲字統二十卷行於世承慶從弟固

固字敬安性傲儻不拘小節少任俠好劍客弗事生產年二十六始折節好學博覽篇籍有文才太和中從大將軍宋王劉昶征義陽板府法曹行參軍昶性嚴暴三軍戰慄無敢言者固啓諫并面陳事宜昶大怒欲斬之使監當攻道固在軍勇決意志閑雅了無懼色昶甚奇之軍還言之孝文年三十餘始辟大將軍府參軍事累遷書侍御史多所劾奏宣武廣訪得失固上讜言表曰當今之務宜早正東儲立師傅以保護立官司以防衞以係蒼生之心攬權衡親宗室強幹弱枝以立萬世之計舉賢良黜不肖使野無遺才朝無素飡孜孜萬機躬勤庶政使人無謗讟之響省徭役薄賦斂修學宮遵舊章貴農桑賤工賈絕談虛窮微之論簡桑門無用之費以救飢寒之苦然後備器械修甲兵習水戰滅

吳會撰封禪之禮襲軒唐之軌豈不茂哉初帝委任羣下不甚親覽好桑門之
法尚書令高肇以外戚權寵專決朝事又咸陽王禧等並有釁故宗室大臣相
見疎薄而王畿人庶勞弊益甚固乃作南北二都賦稱恆代田漁聲樂侈靡之
事節以中京禮儀之式因以諷諫宣武末中尉王顯起宅既成集寮屬饗宴酒
酣問固曰此宅何如固曰晏嬰湫隘流稱于今豐屋生災著於周易此蓋同傳
舍耳唯有德能卒願公勉之顯嘿然他日又謂固曰吾作太府卿府庫充實卿
以為何如固對曰公收百官之祿四分之一州郡贓贖悉入京藏以此充府未
足為多且有聚斂之臣寧有盜臣豈不戒歟顯大不悅以此銜固又有人間固
於顯因奏固剩請米麥免固官遂闔門自守著演賾賦以明幽微通塞之事又
作刺讒疾嬖幸詩二首曰巧佞巧佞讒言與兮營營習習似青蠅兮以白為黑
在汝口兮汝非蝮蠆毒何厚兮巧巧佞佞一何工矣司閑司忿言必從矣朋黨
噂沓自相同矣浸潤之譖傾人墉矣成人之美君子貴焉攻人之惡君子恥焉
汝何人斯譖毀日繁子實無罪何騁汝言番番緝緝讒言側入君子好讒如或

弗及天疾讒說汝其至矣無妄之禍行將及矣泛泛遊鳧弗制弗拘行藏之徒或智或愚維余小子未明茲理毀與行俱言與釁起我其懲矣我其悔矣豈求人兮忠恕在己彼謟諛兮人之蠹兮刺促昔粟罔顧恥辱以求媚兮邪干側入如恐弗及以自容兮志行褊小好習不道朝挾其車夕承其輿或騎或徒載奔載趨或言或笑曲事親要正路不由邪徑是蹈不識大猷不知話言其朋其黨其徒實繁有詭其行有佞其音籧篨戚施邪媚是欽既詭且妬以通其心是信是任敗其以多不始不慎末如之何習習宰嚭營營無極梁丘寡智王鮒淺識伊戾息夫異世同力江充趙高甘言似直豎刁上官擅生羽翼乃如之人僭爽其德豈徒喪邦又亦覆國嗟爾中下其親其昵不謂其非不覺其失好之有年寵之有日我思古人心焉苦疾凡百君子宜其慎矣覆車其鑒近可信矣言既備矣事既至矣反是不思維塵及矣明帝即位除尚書考功郎奏諸秀孝考中第者聽敘自固始大軍征硤石敕爲僕射李平行臺七兵郎平奇固勇敢軍中大事悉與謀之又命固節度水軍固設奇計先期乘賊獲其外城後太傅清河

王惲舉固除步兵校尉領汝南王悅郎中令時悅年少行多不法固上疏諫悅
悅甚敬憚之惲大悅以爲舉得其人除洛陽令在縣甚有威風丁母憂號慕毀
疾杖而能起練禫之後酒肉不進時固年踰五十而喪過於哀鄉黨親族咸歎
服焉清河王惲領太尉辟固從事中郎屬惲被害不奏惲之遇害元乂執政朝
野震悚惲諸子及門生寮吏莫不慮禍隱避不出固以嘗被辟命遂獨詣喪所
盡哀慟哭良久乃還僕射游肇聞而嘆曰雖欒布王修何以尚也君子哉若人
及汝南王悅爲太尉選舉多非其人又輕肆撾撻固以前爲元卿雖離國猶上
疏切諫事在悅傳後悅辟固爲從事中郎不就京兆王繼爲司徒高選官寮辟
固從事中郎府解除前軍將軍又典科揚州勳賞初硤石之役固有先登之功
而朝賞未及至是與尚書令李崇訟勳更相表崇雖貴盛固據理不撓談者稱
焉卒贈輔國將軍太常少卿謚曰文固剛直雅正不畏強禦居官清潔家無餘
財終沒之日室徒四壁無以供喪親故爲其棺斂初固著終制一篇務從儉約
臨終又勅諸子一遵先制五子長子休之

休之字子烈儁爽有風槩好學愛文藻時人爲之語曰能賦能詩陽休之初爲州主簿孝昌中杜洛周陷薊城休之與宗室南奔章武轉至青州葛榮寇亂河北流人多湊青州休之知將有變請其族叔伯彥等潛歸京師避之多不能從休之垂涕別去俄而葛榮邢杲作亂伯彥等咸爲土人所殺諸陽死者數十人唯休之兄弟免莊帝立累遷太尉記室參軍李神儁監起居注啓休之與河東裴伯茂范陽盧元伯河間邢子才俱入撰次普泰中爲太保長孫承業府屬尋敕與魏收李同軌等修國史後行臺賀拔勝經略樊沔請爲南道軍司俄而魏武帝入關勝令休之奉表詣長安參謁時齊神武亦啓除休之太常少卿尋屬勝南奔仍隨勝至江南休之聞神武推奉靜帝乃白勝啓梁武求還文襄以爲大行臺郎中神武幸汾陽之天池池邊得一石上有隱起字文曰六王三川問休之曰此文字何義對曰六者大王字河洛伊爲三川大王若受天命終應統有關右神武曰世人常道我欲反今若聞此更致紛紜慎莫妄言也元象初錄荆州軍功封新泰縣伯武定二年除中書侍郎先是中書專主綸誥魏宣武已

來事移門下至是發詔依舊任遇甚顯時魏收爲散騎常侍領兼侍郎與休之參掌詔命世論以爲中興有人士戲嘲休之云有觸藩之羝羊乘連錢之驄馬從晉陽而向鄴懷屬書而盈把左丞盧斐以其文書請謁啓神武禁止會赦不問歷尙食典御太子中庶子給事黃門侍郎中軍將軍幽州大中正兼侍中持節奉璽書詣幷州敦喻文宣爲相國齊王時將受魏禪發晉陽至平陽郡爲人心未一且還幷州恐漏泄仍斷行人休之性踈放使還遂說其事鄴中悉知後高德正以聞文宣忿之而未發齊受禪除散騎常侍監修起居注頃之坐詔書脫誤左遷驍騎將軍積其前事也文宣郊天百寮咸從休之衣兩襠甲手持白棓時魏收爲中書令嘲之曰義真服未休之曰我昔爲常伯首戴蟬冕今處驍游身被衫甲允文允武何必減卿談笑晏然議者服其夷曠以禪讓之際參定禮儀別封始平縣男後除中山太守先是韋道建宋欽道代爲定州長史帶中山太守並立制監臨之官出行不得過百姓飲食有者卽數錢酬之休之常以爲非及至郡復相因循或問其故休之曰吾昔非之者爲其失仁義今日行之

者自欲避嫌疑豈是夙心直是處世難爾在郡三年再致甘露之瑞文宣崩徵休之至晉陽經紀喪禮與魏收俱至尚書令楊遵彥與休之等款狎相遇中書省言及喪事收掩淚失聲休之嚬眉而已他日遵彥謂曰昨聞諱魏少傅悲不自勝卿何容都不流涕休之曰天保之世魏侯時遇甚深鄙夫以衆人見待佞哀詐泣實非本懷皇建初兼度支尚書昭帝留心政道訪以政術休之答以明賞罰愼官方禁淫侈恤人患爲政教之先帝深納之大寧中歷都官七兵祠部三尚書河清三年出爲西兗州刺史天統初徵爲光祿卿監國史尋除吏部尚書休之多識故事諳悉氏族凡所選用莫不才地俱允前國子助教熊安生當時碩儒因喪解職久而不見調休之引爲國子博士儒者以此歸之簡率不樂煩職典選稍久非其所好每謂人曰此官實自清華但煩劇妨吾賞適眞是樊籠矣武成崩後頻乞就閑武平初除中書監尚書右僕射三年加位特進與朝士撰聖壽堂御覽六年正除尚書左僕射領中書監休之早得才名爲人物所傾服外如疎放內實謹厚少年頗以峻急爲累晚節以通美見稱重衿期好遊

賞太常卿盧元明人地華重罕所交接非一時名士不得與之游休之始爲行臺郎便坦然投分文酒會同相得甚款鄉曲人士莫不企羨焉太子中庶子平原明少遐風流名士也梁亡奔鄴昔因通聘與休之同游及少遐卒其妻窮敝休之經紀振恤恩分甚厚尚書僕射崔暹爲文襄所親任勢傾朝列休之未嘗請謁暹子達拏幼而聰敏年十餘已作五言詩時梁國通和聘使在館暹持達拏數首詩示諸朝士有才學者又欲示梁客餘人畏暹皆隨宜應對休之獨正言郎子聰明方成偉器但小兒文藻恐未可以示遠人其方直如此元景每云當今直諫陽子烈其有焉晚節說祖珽撰御覽書成加特進令其子辟彊預修御覽書及珽黜便布言於朝廷云先有隙及鄧長顒顏之推奏立文林館之推本意不欲令耆舊貴人居之便相附會與少年朝請參軍之徒同入待詔時論貶焉魏收監史之日立神武本紀取平西胡之歲爲齊元收在齊州恐史官改奪其志上表論之及收還朝勅集朝賢議其事休之立議從天保爲限斷魏收存日猶兩議未決收死便諷動內外發詔從其議後領中書監謂人云我已三

爲中書監用此何爲隆化還鄴舉朝多有遷授封休之燕郡王乃謂所親曰我非蠻奴何忽此授凡此諸事爲識者所譏好學不倦博綜經史文章雖不華靡亦爲典正魏收在日深爲收所輕魏殂後以先達見推位望雖高虛懷接物爲搢紳所愛重周武帝平齊與吏部尚書袁聿脩衞尉卿李祖欽度支尚書元脩伯大理卿司馬幼之司農卿崔達拏祕書監源宗散騎常侍兼中書侍郎李若散騎常侍兼給事黃門侍郎李孝貞給事黃門侍郎盧思道給事黃門侍郎顏之推通直散騎常侍兼中書侍郎李德林通直散騎常侍兼中書舍人陸乂中書侍郎薛道衡中書舍人元行恭辛德源王劭陸開明十八人同徵令隨駕後赴長安尋除開府儀同依例封臨澤縣男歷納言中大夫太子少保進位上開府除和州刺史隋開皇二年罷任終於洛陽所著文集四十卷又撰幽州人物志並行於世初休之在洛將仕夜夢見黃河北驛道上行從東向西道南有一冢極高大休之步登冢頭見一銅柱趺爲蓮花形休之從西北登一柱礎上以手捉一柱柱遂右轉休之呪曰柱轉三匝吾至三公柱遂三匝而止休之尋藉

意如在鄴城東南者其夢竟驗云子辟彊字君大性疎脫又無藝休之亦引入文林館爲時人所嗤鄙武平末爲尚書水部郎中休之弟綝之天平中入關次俊之位兼通直常侍聘陳副尚書郎當文襄時多作六言歌辭淫蕩而拙世俗流傳名爲陽五伴侶寫而賣之在市不絕俊之嘗過市取而改之言其字誤賣書者曰陽五古之賢人作此伴侶君何所知輕敢議論俊之大喜後待詔文林館自言有文集十卷家兄亦不知吾是才士也固從兄藻

藻字景德少孤有雅志涉獵經史位中書博士詔兼禮官拜燕宣王廟於長安還賜爵魏昌男累遷瀛州安東府長史以年老歸家爲賊杜洛周所因發病卒永熙中贈幽州刺史子斐

斐字叔鸞魏孝莊時於西兗州督護流人有功賜爵方城伯歷廣平王開府中郎修起居注除起部郎中兼通直散騎常侍聘梁梁尚書羊偘魏之叛人也與斐舊故欲召斐至宅三致書斐不答梁人曰羊來已久經貴朝遷革李盧亦詣宅相見卿何致難斐曰柳下惠則可吾不可梁武帝又親謂斐曰偘極願相見

今二國和好安得復論彼此裴終辭焉還除廷尉少卿石濟河溢橋壞裴移津於白馬中河起石潭兩岸造關城累年乃就東郡太守陸士佩以黎陽關河形勝欲因山壑以爲公家苑囿裴書答以國步始康人勞未息誠宜輕徭薄賦勤恤人隱不從天保中除都水使者詔裴監築長城累遷殿中尚書以本官監瀛州事拜儀同三司卒贈中書監北豫州刺史諡曰簡子師孝中書舍人固從弟昭

昭字元景學涉史傳尤閑案牘爲齊文襄府墨曹參軍甚見親委與陳元康崔暹等參謀機密及崔㥄爲崔暹所告元景劾成其獄賴邢子才證白以免時以元景爲告而順旨初文襄擇日將受魏禪令元景等定儀注草詔冊幷授官未畢而文襄殂罷府天保初除給事黃門侍郎後以風氣彌留不堪近侍出除青州高陽內史卒於郡文集十卷子靜立性淳孝操履清方美詞令善尺牘仕齊位三公郎中隋開皇初州主簿

賈思伯字仕休齊郡益都人也其先自武威徙焉世父元壽中書侍郎有學行

見稱於時思伯自奉朝請累遷中書侍郎頗爲孝文所知任城王澄之圍鍾離
也以思伯持節爲其軍司及澄失利思伯爲後殿澄以其儒者謂之必死及至
大喜曰仁者必有勇常謂虛談今於軍司見之矣思伯託以失道不伐其功時
論稱其長者累遷南青州刺史初思伯與弟思同師事北海陰鳳業竟無資酬
之鳳遂質其衣物時人爲之語曰陰生讀書不免癡不識雙鳳脫人衣及思伯
之部送縑百匹遺鳳因具車馬迎之鳳慚不往時人稱歎焉昭帝時拜涼州刺
史思伯以邊遠不願辭以男女未婚靈太后不許因舍人徐紇言乞得停後除
廷尉卿自以儒素爲業不好法律希言事俄轉衞尉卿時議建明堂多有同異
思伯上議曰案周禮夏后氏世室殷重屋周明堂皆五室鄭注云此三者或舉
宗廟或舉王寢或舉明堂互言之以明其制同也若然則夏殷之世已有明堂
矣唐虞以前其事未聞戴德禮記云明堂凡九室十二堂蔡邕云明堂者天子
太廟饗功養老教學選士皆於其中九室十二堂案戴德撰記世所不行且九
室十二堂其於規制恐難得厥衷周禮營國左祖右社明堂在國之陽則非天

子太廟明矣然則禮記月令四堂及太室皆謂之廟者當以天子暨配享五帝故爾又王制云周人養國老於東膠鄭注云東膠卽辟雍在王宮之東又詩大雅云邕邕在宮肅肅在廟鄭注云宮謂辟雍宮也所以助王養老則尙和助祭則尙敬又不在明堂之驗矣案孟子云齊宣王謂孟子曰吾欲毀明堂若明堂是廟則不應有毀之問且蔡邕論明堂之制云堂方百四十尺象坤之策屋圓徑二百一十六尺象乾之策方六丈徑九丈象陰陽九六之數九室以象九州屋高八十一尺象黃鍾九九之數二十八柱以象宿外廣二十四丈以象氣案此皆以天地陰陽氣數爲法而室獨象九州何也若立五室以象五行豈不快也如此蔡邕之論非爲通典九室之言或未可從竊尋考工記雖是補闕之書相承已久諸儒注述無言非者方之後作不亦優乎其孝經援神契五經要義舊禮圖皆作五室及徐劉之論謂同考工者多矣朝廷若獨絕今古自爲一代制作者則所願也若猶祖述舊章規摹前事不應捨殷周成法襲近代妄作且損益之極極於三王後來疑議難可準信鄭玄云周人明堂五室是帝各有一

室也合於五行之數周禮依數以爲之室施行于今雖有不同時說然矣尋鄭
此論非爲無當案月令亦無九室之文原其制置不乖五室其青陽右个即明
堂左个明堂右个即總章左个總章右个即玄堂左个玄堂右个即青陽左个
如此則室猶是五而布政十二五室之理謂爲可按其方圓高廣自依時量戴
氏九室之言蔡子廟學之議子幹靈臺之說裴逸一屋之論及諸家紛紜並無
取焉學者善其議後爲都官尚書時崔光疾甚表薦思伯侍講中書舍人馮元
興爲侍讀思伯遂入授明帝杜氏春秋思伯少雖明經從官廢業至是更延儒
生夜講晝授性謙和傾身禮士雖在街途停車下馬接誘恂恂曾無倦色客有
謂曰公今貴重寧能不驕思伯曰衰至便驕何常之有當世以爲雅言思伯與
元興同事大相友昵元興時爲元乂所寵論者譏其趨勢云卒贈青州刺史又
贈尚書左僕射諡曰文貞子彥始武定中淮揚太守思伯弟思同字仕明少勵
志行雅好經史與兄思伯年少時俱爲鄉里所重累遷襄州刺史雖無明察之
譽百姓安之元顥之亂思同與廣州刺史鄭光護並不降莊帝還宮封營陵縣

男後與國子祭酒韓子熙並爲侍講授靜帝杜氏春秋加散騎常侍兼七兵尙書尋拜侍中卒贈尙書右僕射司徒公謚曰文獻初思同爲青州別駕清河崔光韶先爲中從事自恃資地恥居其下聞思同還鄉遂便去職州里人物爲思同恨之及光韶亡遺誡子姪不聽求贈思同遂表訟光韶操業特蒙贈謚論者歎尙焉思同之侍講也國子博士遼西衞冀隆精服氏學上書難杜氏春秋六十三事思同復駮冀隆乖錯者一十餘條互相是非積成十卷詔下國學集諸儒考之事未竟而思同卒後魏郡姚文安樂陵秦道靜復述思同意冀隆亦尋物故浮陽劉休和又持冀隆說竟未能裁正

祖瑩字元珍范陽遒人也曾祖敏仕慕容垂爲平原太守道武定中山賜爵安固子拜尙書左丞卒贈幷州刺史祖嶷字元達以從征平原功進爵爲侯位馮翊太守贈幽州刺史父季真多識前言往行位中書侍郎鉅鹿太守瑩年八歲能誦詩書十二爲中書學生耽書父母恐其成疾禁之不能止常密於灰中藏火驅逐僮僕父母寢睡之後燃火讀書以衣被蔽塞窗戶恐漏光明爲家人所

覺由是聲譽甚盛內外親屬呼爲聖小兒尤好屬文中書監高允每歎曰此子才器非諸生所及終當遠至時中書博士張天龍講尚書選爲都講生徒悉集瑩夜讀勞倦不覺天曉催講既切遂誤持同房生趙郡李孝怡曲禮卷上座博士嚴毅不敢復還乃置禮於前誦尚書三篇不遺一字孝文聞之召入令誦五經章句幷陳大義帝戲盧昶曰昔流共工於幽州北裔之地那得忽有此子昶對曰當是才爲世生以才名拜太學博士徵署司徒彭城王勰法曹行參軍帝顧謂勰曰蕭賾以王元長爲子良法曹今爲汝用祖瑩豈非倫匹也勅令掌勰書記瑩與陳郡袁翻齊名秀出時人爲之語曰京師楚楚袁與祖洛中翩翩祖與袁再遷尚書三公郎中尚書令王肅曾於省中詠悲平城詩云悲平城驅馬入雲中陰山常晦雪荒松無罷風彭城王勰甚嗟其美欲使肅更詠乃失語云公可更爲誦悲彭城詩肅因戲勰云何意呼悲平城爲悲彭城也勰有慚色瑩在座卽云悲彭城王公自未見肅云可爲誦之瑩應聲云悲彭城楚歌四面起屍積石梁亭血流睢水裏肅甚嗟賞之勰亦大悅退謂瑩曰卿定是神口今日

若不得卿幾爲吳子所屈爲冀州鎮東府長史以貨賄事發除名後侍中崔光
舉爲國子博士仍領尚書左戶郎李崇爲都督北討引瑩爲長史坐截沒軍資
除名未幾爲散騎侍郎孝昌中於廣平王第掘得古玉印勅召瑩與黃門侍郎
李琰之辨之瑩云此是于闐國王晉太康中所獻乃以墨塗字觀之果如瑩言
時人稱爲博物累遷國子祭酒領給事黃門侍郎幽州大中正監起居事又監
議事元顥入洛以瑩爲殿中尚書莊帝還宮坐爲顥作詔罪狀尒朱榮免官後
除祕書監中正如故以參議律歷賜爵容城縣子坐事繫於廷尉會尒朱兆入
焚燒樂署鍾石管弦略無存者勅瑩與錄尚書事長孫承業侍中元孚典造金
石雅樂三載乃就還車騎大將軍及孝武登阼瑩以太常行禮封文安縣子天
平初將還鄴齊神武因召瑩議之以功進爵爲伯卒贈尚書左僕射司徒公瑩
以文學見重常語人云文章須自出機杼成一家風骨何能共人同生活也蓋
譏世人好竊他文以爲己用而瑩之筆札亦無乏天才但不能均調玉石兼有
其製裁之體減於袁常焉性爽俠有節氣士有窮厄以命歸之必見存拯時亦

以此多之其文集行於世子珽襲
珽字孝徵神情機警詞藻遒逸少馳令譽爲當世所推起家祕書郎對策高第
爲尚書儀曹郎中典儀注嘗爲冀州刺史万俟受洛製清德頌其文典麗由是
齊神武聞之時文宣爲幷州刺史署珽開府倉曹參軍神武口授珽三十六事
出而疏之一無遺失大爲僚類所賞時神武送魏蘭陵公主出塞嫁蠕蠕魏收
賦出塞及公主遠嫁詩二首珽皆和之大爲時人傳詠珽性踈率不能廉愼守
道倉曹雖云州局及受山東課輸由此大有受納豐於財產又自解彈琵琶能
爲新曲招城市年少歌舞爲娛游集諸倡家與陳元康穆子容任冑元士亮等
爲聲色之游諸人嘗就珽宿出山東大文綾幷連珠孔雀羅等百餘匹令諸嫗
擲樗蒲賭之以爲戲樂參軍元景獻故尚書令元世儁子也其妻司馬慶雲女
是魏孝靜帝故博陵長公主所生珽忽迎景獻妻赴席與諸人遞寢亦以貨物
所致其豪縱淫逸如此常云丈夫一生不負身已文宣罷州珽例應隨府規爲
倉局之間致請於陳元康元康爲白由是還任倉曹珽又委體附參軍事攝典

籤陸子先爲畫計請糧之際令子先宣教出倉粟十車爲寮官捉送神武親問之珽自言不署歸罪子先神武信而釋之珽出而言曰此丞相天緣明鑒然實孝徵所爲性不羈放縱曾至膠州刺史司馬世雲家飲酒遂藏銅疊二面廚人請搜諸客果於珽懷中得之見者以爲深恥所乘老馬常稱騮駒又與寡婦王氏奸通每人前相聞往復裴讓之與珽早狎於衆中嘲珽曰卿那得如此詭異老馬年十歲猶號騮駒奸耳順尚稱娘子于時誼然傳之後爲神武中外府功曹神武宴寮屬於坐失金叵羅竇太令飲酒者皆脫帽於珽髻上得之神武不能罪也後爲祕書丞領舍人事文襄州客至請賣華林遍略文襄多集書人一日一夜寫畢退其本曰不須也珽以遍略數帙質錢樗蒱文襄杖之四十又與令史李雙倉督成祖等作晉州啓請粟三千石代功曹參軍趙彥深宣神武教給城局參軍事過典籤高景略景略疑其不實密以問彥深彥深答都無此事遂被推檢珽即引伏神武大怒決鞭二百配甲坊加鉗剋其穀倍徵未及科會幷州定國寺成神武謂陳元康溫子昇曰昔作芒山寺碑文時稱妙絕今定國

寺碑當使誰作詞也元康因薦珽才學并解鮮卑語乃給筆札就禁所具草二日內成其文甚麗神武以其工而且速特恕不問然猶免官散參相府文襄嗣事以爲功曹參軍及文襄遇害元康被傷創重倩珽作書屬家累事并云祖喜邊有少許物宜早索取珽乃不通此書喚祖喜私問得金二十五挺唯與祖喜二挺餘盡自入又盜元康家書數千卷祖喜懷恨遂告元康二弟叔諶季璩等叔諶以語楊愔愔嚬眉答曰恐不益亡者因此得停文宣作相珽擬補令史十餘人皆有受納而諮取教判并盜官遍略一部時又除珽祕書丞兼中書舍人還鄴後其事皆發文宣付從事中郎王士闒推檢并書與平陽公淹令錄珽付禁勿令越逃淹遣田曹參軍孫子寬往喚珽受命便爾私逃黃門郎高德正副留臺事謀云珽自知有犯驚竄是常但宣一命向祕書稱奉并州約束須五經三部仰丞親檢校催遣如此則珽意安夜當還宅然後掩取珽果如德正圖遂還宅薄晚就家掩之縛珽送廷尉據犯枉法處絞刑文宣以珽伏事先世諷所司命特寬其罰遂奏免死除名天保元年復被召從駕依除免例參於晉陽珽

天性聰明事無難學凡諸伎藝莫不措懷文章之外又善音律解四夷語及陰陽占候醫藥之術尤是所長帝雖嫌其數犯刑憲而愛其才技令直中書省掌詔誥珽通密狀列中書侍郎陸元規敕令裴英推問元規以應對忤旨被配甲坊除珽尚藥丞尋遷典御又奏造胡桃油復爲割藏免官文宣每見之常呼爲賊文宣崩普選勞舊除爲章武太守會楊愔等誅不之官授著作郎數上密啓爲孝昭所忿敕中書門下三省斷珽奏事珽善爲胡桃油以塗畫爲進之長廣王因言殿下有非常骨法孝徵夢殿下乘龍上天王謂曰若然當使兄大富貴及即位是爲武成皇帝擢拜中書侍郎帝於後園使珽彈琵琶和士開胡舞各賞物百段士開忌之出爲安德太守轉齊郡太守以母老乞還侍養詔許之會南使入聘爲申勞使尋爲太常少卿散騎常侍假儀同三司掌詔誥初珽於乾明皇建之時知武成陰有大志遂深自結納曲相祇奉武成於天保頻被責心常銜之珽至是希旨上書請追尊太祖獻武皇帝爲神武高祖文宣皇帝改爲威宗景烈皇帝以悅武成武成從之時皇后愛少子東平王儼願以爲嗣武成

以後主體正居長難於移易珽私於士開曰君之寵幸振古無二宮車一日晚駕欲何以克終士開因求策焉珽曰宜說主上云襄宣昭帝子俱不得立今宜命皇太子早踐大位以定君臣若事成中宮少主皆德君此萬全計也君且微說令主上相解珽當自外表論之士開許諾因有慧星出太史奏云除舊布新之徵珽於是上書言陛下雖爲天子未是極貴案春秋元命苞云乙酉之歲除舊革政今年太歲乙酉宜傳位東宮令君臣之分早定且以上應天道并上魏獻文禪子故事帝從之由是拜祕書監加儀同三司大被親寵既見重二宮遂志於宰相先與黃門侍郎劉逖友善乃疏侍中尚書令趙彥深侍中左僕射元文遙侍中和士開罪狀令逖奏之逖懼不敢通其事頗泄彥深等先詣帝自陳帝大怒執珽詰曰何故毀我士開珽因厲聲曰臣由士開得進本無心毀之陛下今既問臣臣不敢不以實對士開文遙彥深等專弄威權控制朝廷與吏部尚書尉瑾內外交通共爲表裏賣官鬻獄政以賄成天下歌謠若爲有識所知安可聞於四裔陛下不以爲意臣恐大齊之業隳矣帝曰爾乃誹謗我珽曰不

敢誹謗陛下取人女帝曰我以其儉餓故收養之珽曰何不開倉賑給乃買取將入後宮乎帝益怒以刀鐶築口鞭杖亂下將撲殺之大呼曰不殺臣陛下得名殺臣臣得名若欲得名莫殺臣爲陛下合金丹遂少獲寬放珽又曰陛下有一范增不能用知如何帝又怒曰爾自作范增以我爲項羽邪珽曰項羽人身亦何由可及但天命不至爾項羽布衣率烏合衆五年而成霸王業陛下藉父兄資財得至此臣以謂項羽未易可輕臣何止方於范增縱擬張良亦不能及張良身傅太子猶因四皓方定漢嗣臣位非輔弼疏外之人竭力盡忠勸陛下禪位使陛下尊爲太上子居宸扆於己及子俱保休祚蕞爾張良何足可數帝愈怒令以土塞其口珽且吐且言無所屈撓乃鞭二百配甲坊尋徙於光州刺史李祖勳遇之甚厚別駕張奉禮希大臣意上言珽雖爲流囚常與刺史對坐敕報曰牢掌奉禮曰牢者地牢也乃爲深阬置諸内苦加防禁桎梏不離其身家人親戚不得臨視夜中以蕪菁子燭熏眼因此失明武成崩後主憶之就除海州刺史是時陸令萱外干朝政其子穆提婆愛幸珽乃遺陸媪弟悉達書曰

趙彥深心腹陰沉欲行伊霍事儀同姊弟豈得平安何不早用智士邪和士開亦以珽能決大事欲以爲謀主故棄除舊怨虛心待之與陸媼言於帝曰襄宣昭三帝其子皆不得立令至尊獨在帝位者實由祖孝徵又有大功宜重報之孝徵心行雖薄奇略出人緩急真可馮仗且其雙盲必無反意請喚取問其謀計帝從之入爲銀青光祿大夫祕書監加開府儀同三司和士開死後仍說陸媼出彥深以珽爲侍中在晉陽通密啓請誅琅邪王其計既行漸被任遇又靈太后之被幽也珽欲以陸媼爲太后撰魏帝皇太后故事爲太姬言之謂人曰太姬雖云婦人實是雄傑女媧已來無有也太姬亦稱珽爲國師國寶由是拜尚書左僕射監國史加特進入文林館總監撰書封燕郡公食太原郡幹給兵七十人所住宅在義井坊旁拓鄰居大事修築陸媼自往案行勢傾朝野斛律光甚惡之遙見竊罵云多事乞索小人欲作何計數嘗謂諸將云邊境消息處分兵馬趙令恆與吾等參論之盲人掌機密來全不共我輩語止恐誤他國家事又珽頗聞其言因其女皇后無寵以謠言聞上曰百升飛上天明月照長安

令其妻兄鄭道蓋奏之帝問珽珽證實又說謠云高山崩槲樹舉盲老公背上下大斧多事老母不得語珽并云盲老公是臣自云與國同憂戚勸上行語其多事老母似道女侍中陸氏帝以問韓長鸞穆提婆并令高元海段士良密議之衆人未從因光府參軍封士讓啓告光反遂滅其族珽又附陸媪求爲領軍後主許之詔須覆述取侍中斛律孝卿署名孝卿密告高元海元海語侯呂芬穆提婆云孝徵漢兒兩眼又不見物豈合作領軍也明旦面奏具陳珽不合之狀并書珽與廣寧王孝珩交結無大臣體珽亦求面見帝令引入珽自分疏并云與元海素嫌必是元海譖臣帝弱顏不能諱曰然珽列元海共司農卿尹子華太府少卿李叔元平準令張叔略等結朋樹黨遂除子華仁州刺史叔元襄城郡守叔略南營州錄事參軍陸媪又唱和之復除元海鄭州刺史珽自是專主機衡總知騎兵外兵事內外親戚皆得顯位後主亦令中要數人扶侍出入著紗帽直至永巷出萬春門向聖壽堂每同御榻論決政事委任之重羣臣莫比自和士開執事以來政體隳壞珽推崇高望官人稱職內外稱美復欲增損

政務沙汰人物始奏罷京畿府併於領軍事連百姓皆歸郡縣宿衞都督等號
位從舊官名文武服章並依故事又欲黜諸閹豎及羣小輩推誠延士爲致安
之方陸媼穆提婆議頗同異珽乃諷御史中丞麗伯律令劾主書王子沖納賂
知其事連提婆欲使贓罪相及望因此坐并及陸媼猶恐後主溺於近習欲因
后黨爲援請以皇后兄胡君瑜爲侍中中領軍又徵君瑜兄梁州刺史君璧欲
以爲御史中丞陸媼聞而懷怒百方排毀即出君瑜爲金紫光祿大夫解中領
軍君璧還鎭梁州皇后之廢頗亦由此王子沖釋而不問珽日以益疎又諸宦
者更共譖毀之無所不至後主問諸太姬憫嘿不對三問乃下牀拜曰老婢合
死本見和士開道孝徵多才博學言爲善人故舉之此來看之極是罪過人實
難容老婢合死後主令韓鳳檢案得其詐出敕受賜十餘事以前與其重誓不
殺遂解珽侍中僕射出爲北徐州刺史珽求見分疏韓長鸞積嫌於珽遣人推
出柏閤珽固求面見坐不肯行長鸞乃令軍士牽曳而出立珽於朝堂大加誚
責上道後復令追還解其開府儀同郡公直爲刺史至州會有陳寇百姓多反

琁不閉城門守陴者皆令下城靖坐街巷禁斷人行雞犬不聽鳴吠賊無所聞見莫測所以或疑人走城空不設警備至夜琁忽令大叫鼓譟聒天賊衆大驚登時走散後復結陳向城琁乘馬自出令錄事參軍王君植率兵馬仍親臨戰賊先聞其盲謂爲不能拒抗忽見親在戎行彎弧縱鏑相與驚怪畏之而罷時提婆憾之不已欲令城陷沒賊雖知危急不遣救援琁且守且戰十餘日賊竟奔走城卒保全卒於州子君信涉獵書史多諳雜藝位兼通直散騎常侍聘陳使副中書郎琁出亦見廢免君信弟君彥容貌短小言辭澀訥少有才學隋大業中位至東平郡書佐郡陷翟讓因爲李密所得密甚禮之署爲記室軍書羽檄皆成其手及密敗爲王世充所殺琁弟孝隱亦有文學早知名詞章雖不逮兄機警有口辯兼解音律魏末爲兼散騎常侍迎梁使時徐君房庾信來聘名譽甚高魏朝聞而重之接對者多取一時之秀盧元景之徒並降階攝職更遞司賓孝隱少處其中物議稱美孝隱從父弟茂頗有辭情然好酒性率不爲時所重大寧中以經學爲本鄉所薦除給事以疾辭仍不復仕琁受任寄故令呼

茂茂不獲已暫來就之斑欲爲奏官茂乃逃去斑族弟崇儒涉學有辭少以幹

局知名武平末位司州別駕通直常侍入周爲容昌郡太守隋開皇初終宕州

長史

論曰袁翻弟兄可爲一時才秀聿脩行業亦乃不殞家風景文學義見稱敬安

正情自立休之加以藻思可謂載德者焉思伯經明行脩乃惟門素祖瑩幹能

藝用寶曰時艮孝徵儁才雖多適足敗國叔鸞器懷清峻元景才幹知名並匡

佐齊初一時推重美矣哉

北史卷四十七

北史卷四十七考證

袁翻傳籍斂以自給○籍一本作藉

聿修傳出爲信州刺史卽其本鄉也○鄉監本訛卿今改正

楊固傳集寮屬饗宴○饗監本訛響今改從南本

巧巧佞佞一何工矣○巧巧佞佞南本作巧佞巧佞

休之傳先是中書專主綸誥○誥監本作言今從南本

少年頗以峻急爲累○監本缺少字今從閣本增入

我非鐵奴何忽此授○監本脫鐵字今從閣本增入

賈思伯傳乎言之以明其制同也○乎監本訛牙今改正

饗功養老教學選士皆于其中○教學監本訛學教今從蔡邕本文改正

公今貴重寧能不驕○貴監本訛責今改從南本

祖瑩傳幾爲吳子所屈○吳監本訛矣今改正

珽傳陛下有一范增不能用知如何○增監本作曾今改從閣本

刺史李祖勳遇之甚厚○祖監本作相今改從南本

琎自分疏○疏監本訛踈今改正

北史卷四十七考證

唐　李延壽　撰

列傳第三十六

尒朱榮 子文暢 從子兆 從弟彥伯 彥伯子敞 彥伯弟仲遠 世隆 世承 榮從父弟度律 榮從祖兄子天光

尒朱榮字天寶北秀容人也世爲部落酋帥其先居尒朱川因爲氏焉高祖羽健魏登國初爲領人酋長率契胡武士從平晉陽定中山拜散騎常侍以居秀容川詔割方三百里封之長爲世業道武初以南秀容川原沃衍欲令居之羽健曰家世奉國給侍左右北秀容既在剗內差近京師豈以沃堉更遷遠地帝許之所居處曾有狗舐地因而穿之得甘泉因名狗舐泉曾祖鬱德祖代勤繼爲酋長代勤太武敬哀皇后舅也既以外親兼數征伐有功給復百年除立義將軍曾圍山而獵部人射虎誤中其髀代勤仍令拔箭竟不推問曰此既過誤何忍加罪部內咸感其意位肆州刺史封梁郡公以老致仕歲賜帛百疋以爲常卒諡曰莊孝莊初追贈太師司徒公錄尚書事父新興太和中繼爲酋長曾

行馬羣見一白蛇頭有兩角兕之求畜牧蕃息自是牛羊駝馬日覺滋盛色別爲羣谷量之朝廷每有征討輒獻私馬兼備資糧助裨軍用孝文嘉之及遷洛特聽冬朝京師夏歸部落每入朝諸公王朝貴競以珍翫遺之新興亦報以名馬位散騎常侍平北將軍秀容第一領人酋長新興每春秋二時恆與妻子閱畜牧於川澤射獵自娛明帝時以年老啓求傳爵於榮卒謚曰簡孝莊初贈太師相國西河郡王榮潔白美容貌幼而神機明決及長好射獵每設圍誓衆便爲軍陣之法號令嚴肅衆莫敢犯秀容界有池三所在高山上清深不測相傳曰祁連池魏言天池也父新興曾與榮游池上忽聞簫鼓音謂榮曰古老相傳聞此聲皆至公輔吾年老暮當爲汝耳榮襲爵後除直寢游擊將軍正光中四方兵起遂散畜牧招合義勇以討賊功進封博陵郡公其梁郡前爵聽賜第二子時榮率衆至肆州刺史尉慶賓閉城不納榮怒攻拔之乃署其從叔羽生爲刺史執慶賓還秀容自是兵威漸盛朝廷亦不能罪責及葛榮吞杜洛周榮恐其南逼鄴城表求東援相州帝不許榮以山東賊盛慮其西逸乃遣兵固守滏

口以防之於是北捍馬邑東塞井陘尋屬明帝崩事出倉卒榮乃與元天穆等密議入匡朝廷抗表云今海內草草異口一言皆云大行皇帝鴆毒致禍舉潘嬪之女以誑百姓奉未言之兒而臨四海求以徐紇鄭儼之徒付之司敗更召宗親推其明德於是將赴京師靈太后甚懼詔以李神軌爲大都督將於太行杜防榮抗表之始遣從子天光親信奚毅及倉頭王相入洛與從弟世隆密議廢立天光乃見莊帝具論榮心帝許之天光等還北榮發晉陽猶疑所立乃以銅鑄孝文及咸陽王禧等五王子孫像成者當奉爲主唯莊帝獨就師次河內重遣王相密迎莊帝與帝兄彭城王劭弟始平王子正武泰元年四月莊帝自高渚度至榮軍將士咸稱萬歲及莊帝卽位詔以榮爲使持節都督中外諸軍事大將軍開府尚書令領軍將軍領左右太原王及度河太后乃下髮入道內外百官皆向河橋迎駕榮惑武衛將軍費穆之言謂天下乘機可取乃譎朝士共爲盟誓將向河陰西北三里至南北長堤悉命下馬西度卽遣胡騎四面圍之妄言丞相高陽王欲反殺百官王公卿士二千餘人皆斂手就戮又命二三

十人拔刀走行宮莊帝及彭城王霸城王俱出帳榮先遣幷州人郭羅察共西部高車叱列殺鬼在帝左右相與爲應及見事起假言防衛抱帝入帳餘人卽害彭城霸城二王乃令四五十人遷帝於河橋沉靈太后及少主於河時又有朝士百餘人後至仍於堤東被圍遂臨以白刃唱云能爲禪文者出當原其命時有隴西李神儁頓丘李諧太原温子昇並當世辭人皆在圍中恥是從命俯伏不應有御史趙元則者恐不免死出作禪文榮令人誡軍士言元氏旣滅尒朱氏興其衆咸稱萬歲榮遂鑄金爲己像數四不成時榮所信幽州人劉靈助善卜占言今時人事未可榮乃曰若我作不吉當迎天穆立之靈助曰天穆亦不吉唯長樂王有王兆耳榮亦精神恍惚不自支持遂便愧悔至四更中乃迎莊帝望馬首叩頭請死其士馬三千餘騎旣濫殺朝士乃不敢入京卽欲向北爲移都之計持疑經日始奉駕向洛陽宮及上北芒視城闕復懷畏懼不肯更前武衛將軍汎禮苦執不聽復前入城不朝戍北來之人皆乘馬入殿諸貴死散無復次序莊帝左右唯有故舊數人榮猶執移都之議上亦無以拒焉又在

明光殿重謝河橋之事誓言無復二心莊帝自起止之因復爲榮誓言無疑心榮喜因求酒一遍及醉熟帝欲誅之左右苦諫乃止卽以牀輿向中常侍省榮夜半方寤遂達旦不眠自此不復禁中宿矣榮女先爲明帝嬪欲上立爲后帝疑未決給事黃門侍郞祖瑩曰昔文公在秦懷嬴入侍事有反經合義陛下獨何疑焉上遂從之榮意甚悅于時人間猶或云榮欲遷都晉陽或云欲肆兵大掠迭相驚恐人情駭震京邑士子十不一存率皆逃竄無敢出者直衞空虛官守廢曠榮聞之上書謝愆無上王請追尊帝號諸王刺史乞贈三司其位班三品請贈令僕五品之官各贈方伯六品已下及白身贈以鎭郡諸死者無後聽繼卽授封爵均其高下節級別科使恩洽存亡有慰生死詔從所表又啓帝遣使巡城勞問於是人情遂安朝士逃亡者亦稍來歸闕榮又奏請番直朔望之日引見三公令僕尙書九卿及司州牧河南尹洛陽河陰執事之官參論國政以爲常式五月榮還晉陽乃令元天穆向京爲侍中太尉公錄尙書事京畿大都督兼領軍將軍封上黨王樹置腹心在列職舉止所爲皆由其意七月詔加

榮柱國大將軍時葛榮向京師衆號百萬相州刺史李神儁閉門自守榮率精
騎七千馬皆有副倍道兼行東出滏口而與葛榮衆寡非敵葛榮聞之喜見於
色乃令其衆辦長繩至便縛取自鄴以北列陣數十里箕張而進榮潛軍山谷
爲奇兵分督將已上三人爲一處處有數百騎令所在揚塵鼓譟使賊不測多
少又以人馬逼戰刀不如棒密勒軍士馬上各齎袖棒一枚至戰時慮廢騰逐
不聽斬級使以棒棒之而已乃分命壯勇所當衝突號令嚴明將士同奮身自
陷陣出於賊後表裏合擊大破之於陣擒葛榮餘衆悉降榮恐其疑懼乃普令
各從所樂親屬相隨任所居止於是羣情喜悅登卽四散數十萬衆一朝散盡
待出百里之外乃始分道押領隨便安置咸得其宜擢其渠帥量才授用新附
者咸安時人服其處分機速乃檻車送葛榮赴闕詔加榮大丞相都督河北畿
外諸軍事初榮將討葛榮軍次襄垣遂大獵有雙兎起於馬前榮彎弓誓之曰
中則禽葛榮不中則否既而並應弦而殪三軍咸悅及後命立碑於其所號雙
兎碑又將戰夜夢一人從葛榮索千牛刀葛榮初不肯與此人自稱己是道武

皇帝葛榮乃奉刀此人手持授榮籍而喜自知必勝又詔以冀州之長樂相州之南趙定州之博陵滄州之浮陽平州之遼西燕州之上谷幽州之漁陽七郡各萬戶通前滿十萬爲太原國邑又加位太師建義初北海王元顥南奔梁梁立爲魏主資以兵將時邢杲以三齊應顥朝廷以顥孤弱永安二年春詔元天穆先平齊地然後征顥顥乘虛徑進滎陽武牢並不守車駕出居河北榮聞之馳傳朝行宮於上黨之長子輿駕於是南趣榮爲前驅旬日之間兵馬大集天穆克平邢杲亦度河以會車駕幸河內榮與顥相持於河上無船不得即度議欲還北更圖後舉黃門郎楊侃高道穆等並固執以爲不可屬馬渚諸楊云有小船數艘求爲鄉導榮乃令都督介朱兆等率精騎夜濟顥奔車駕度河入居華林園詔加榮天柱大將軍增封通前二十萬戶加前後部羽葆鼓吹榮尋還晉陽遙制朝廷親戚腹心皆補要職百寮朝廷動靜莫不以申至於除授皆須榮許然後得用莊帝雖受制權臣而勤政事朝夕省納孜孜不已數自理冤獄親覽辭訟又選司多濫與吏部尚書李神儁議正綱紀而榮乃大相嫌責曾關

補定州曲陽縣令神儁以階縣不奏別更擬人榮大怒卽遣其所補者往奪其
任榮使入京雖復微蔑朝貴見之莫不傾靡及至闕下未得通奏恃榮威勢至
乃忿怒神儁遂上表遜位榮欲用世隆攝選上亦不違榮曾啓北人爲河內諸
州欲爲掎角勢上不卽從天穆入見論事上猶未許天穆曰天柱既有大功爲
國宰相若請普代天下官屬恐陛下亦不得違如何啓數人爲州便停不用帝
正色曰天柱若不爲人臣朕亦須代如其猶存臣節無代天下百官理榮聞大
怒曰天子由誰得立今乃不用我語皇后復嫌內妃嬪甚有妬恨之事帝遣世
隆語以大理后曰天子由我家置立今便如此我父本日卽自作今亦復決世
隆曰兄止自不爲若本自作臣今亦得封王帝既外迫強臣內逼皇后恆怏怏
不以萬乘爲貴先是葛榮枝黨韓婁仍據幽平二州榮遣都督侯深討斬之時
万俟醜奴蕭寶夤擁衆豳涇榮遣其從子天光爲雍州刺史令率都督賀拔岳
侯莫陳悅等入關討之天光至雍州以衆少未進榮大怒遣其騎兵參軍劉貴
馳驛詰軍加天光杖罰天光等大懼乃進討連破之禽醜奴寶夤並檻車送闕

天光又禽王慶雲万俟道樂關中悉平於是天下大難便盡莊帝恆不慮外寇唯恐榮爲逆常時諸方未定欲使與之相持及告捷之日乃不甚喜謂尚書令臨淮王彧曰卽今天下便是無賊臨淮見帝色不悅曰臣恐賊平以後方勞聖慮帝畏餘人怪還以他語解之曰其實撫寧荒餘彌成不易榮好射獵不捨寒暑法禁嚴重若一鹿出乃有數人殞命曾有一人見猛獸便走謂曰欲求活邪遂卽斬之自此獵如登戰場曾見一猛獸在窮谷中乃令餘人重衣空手搏之不令復損於是數人被殺遂禽得之持此而樂焉列圍而進雖阻險不得迴避其下甚苦之太宰元天穆從容言榮勳業宜調政養人榮便攘肘謂天穆曰太后女主不能自正推奉天子者此是人臣常節葛榮之徒本是奴才乘時作亂譬奴走禽獲便休頃來受國大寵未能混一海內何宜今日便言勳也如聞朝士猶自寬縱今秋欲共兄戒勒士馬校獵嵩原令貪汙朝貴入圍搏虎仍出魯陽歷三荆悉擁生蠻北塡六鎭迴軍之際因平汾胡明年簡練精騎分出江淮蕭衍若降乞萬戶侯如其不降徑度數千騎便往縛取待六合寧一八表無塵

然後共兄奉天子巡四方觀風俗布政教如此乃可稱勳耳今若止獵兵士懈
怠安可復用也及見四方無事乃遣人奏曰參軍許周勸臣取九錫臣惡其此
言已發遣令去榮時望得殊禮故以意諷朝廷帝實不欲與之因稱其忠榮見
帝年長明晤爲衆所歸欲移自近皆使由己每因醉云入將天子拜謁金陵後
還復恆朔而侍中朱元龍輒從尚書索太和中還京故事於是復有移都消息
榮乃暫來向京言看皇后娩難帝懲河陰之事終恐難保乃與城陽王徽侍中
楊侃李彧尚書右僕射元羅謀皆勸帝刺殺之唯膠東侯李侃晞濟陰王暉業
言榮若來必有備恐不可圖又欲殺其黨與發兵拒之帝疑未定而京師人懷
憂懼中書侍郎邢子才之徒已避之東出榮乃遍與朝士書相任留中書舍人
温子昇以書呈帝帝恆望其不來及見書以榮必來色甚不悅武衛將軍奚毅
建義初往來通命帝每期之甚重然以爲榮通親不敢與之言情毅曰若必有
變臣寧死陛下難不能事契胡帝曰朕保天柱無異心亦不忘卿忠款三年八
月榮將四五千騎發并州向京時人皆言其反復道天子必應圖之九月初榮

至京有人告云帝欲圖之榮即具奏帝曰外人亦言王欲害我豈可信之於是榮不自疑每入謁帝從人不過數十皆不持兵仗帝欲止城陽王曰縱不反亦何可耐況何可保耶又北人語訛語尒朱爲人主上又聞其在北言我姓人主先是長星出中台掃大角恆州人高榮祖頗明天文榮問之曰是何祥也答曰除舊布新象也昔長星掃大角秦以之亡榮聞之悅又榮下行臺郎中李顯和曾曰天柱至那無九錫安須王自索也亦是天子不見機都督郭羅察曰今年真可作禪文何但九錫參軍褚光曰人言并州城上有紫氣何慮天柱不應榮下人皆陵侮帝左右無所忌憚其事皆上聞奚毅又見求聞帝即下明光殿與語帝又疑其爲榮不告以情及知毅赤誠乃召城陽王徽及楊侃李彧告以毅語榮小女嫁與帝兄子陳留王小字伽邪榮嘗指之曰我終當得此女壻力徽又云榮慮陛下終爲此患脫有東宮必貪立孩幼若皇后不生太子則立陳留以安天下并言榮指陳留語狀帝既有圖榮意夜夢手持一刀自害落十指節都不覺痛惡之以告城陽王徽及楊侃徽解夢曰蝮蛇螫手壯士解腕割指節

與解腕何異去患乃是吉祥聞者皆言善九月十五日天穆到京駕迎之榮與
天穆並從入西林園讌射榮乃奏曰近來侍官皆不習武陛下宜將五百騎出
獵因省辭訟先是奚毅言榮因獵挾天子移都至是其言相符至十八日召中
書舍人溫子昇告以殺榮狀幷問以殺董卓事子昇具通本上曰王允若卽赦
涼州人必不應至此良久語子昇曰朕之情理卿所具知死猶須爲況必不死
寧與高貴鄉公同日死不與常道鄉公同日生上謂殺榮天穆卽赦其黨便應
不動應詔王道習曰尒朱世隆司馬子如朱元龍比來偏被委付具知天下虛
實謂不宜留城陽王及楊侃曰若世隆不全仲遠天光豈有來理帝亦謂然無
復殺意城陽曰榮數征伐腰間有刀或能很戾傷人臨事願陛下出乃伏侃等
十餘人於明光殿東其日榮與天穆並入坐食未訖起出侃等從東階上殿見
榮天穆出至中庭事不果十九日是帝忌日二十日榮忌日二十一日暫入卽
向陳留王家飲酒極醉遂言病動頻日不入上謀頗泄世隆等以告榮榮輕帝
不謂能反預帝謀者皆懼二十五日旦榮天穆同入其日大欲革易上在明光

殿東序中西面坐榮與天穆並御牀西北小牀上南坐城陽入始一拜榮見光祿卿魯安等持刀從東戶入卽馳向御坐帝拔千牛刀手斬之時年三十八得其手板上有數牒啓皆左右去留人名非其腹心悉在出限帝曰豎子若過今日便不可制時又天穆與榮子菩提亦就戮於是內外喜叫聲滿京城旣而大赦榮雖威名大振而舉止輕脫止以馳射爲伎藝每入朝見更無所爲唯戲上下馬於西林園宴射恆請皇后出觀幷召王公妃主共在一堂每見天子射中輒自起舞叫將相卿士悉皆盤旋乃至妃主婦人亦不免隨之舉袂及酒酣耳熱必自匡坐唱虜歌爲樹梨普梨之曲見臨海王彧從容閑雅愛尚風素固令爲敕勒儛日暮罷歸便與左右連手蹋地唱迴波樂而出性甚嚴暴慍喜無恆弓箭刀槊不離於手每有瞋嫌卽行忍害左右恆有死憂曾欲出獵有人訴之披陳不已發怒卽射殺之曾見沙彌重騎一馬榮卽令相觸力窮不復能動遂使傍人以頭相擊死而後已節閔帝初世隆等得志乃詔贈假黃鉞相國錄尚書都督中外諸軍事晉王加九錫給九旒鑾輅武賁班劍三百人轀輬車準晉

太宰安平獻王故事諡曰武又詔百官議榮配饗司直劉季明曰晉王若配永
安則不能終臣節以此論之無所配世隆作色曰卿合配季明曰下官預在議
限據理而言不合上心誅翦唯命衆爲之危季明自若世隆意不已乃配享孝
文廟庭菩提位太常卿開府儀同三司侍中特進死時年十四節閔帝初加贈
司徒諡曰惠菩提弟义羅武衞將軍梁郡王尋卒贈司空公义羅弟文殊封平
昌郡王孝靜初轉襲榮爵太原王薨於晉陽時年九歲文殊弟文暢初封昌樂
郡公以榮破葛賊之勳進爵爲王其姊魏孝莊皇后及韓陵之敗齊神武納之
待其家甚厚文暢由是拜開府儀同三司肆州刺史家富於財招致賓客窮極
豪侈與丞相司馬任胄主簿李世林都督鄭仲禮房子遠等相狎外示盃酒交
而潛謀害齊神武自魏氏舊俗以正月十五日夜爲打簇戲能中者卽時賞帛
胄令仲禮藏刀於袴中因神武臨觀謀竊發事捷共奉文暢爲任氏家客薛季
孝所告以姊寵止坐文暢一房文暢死時年十八弟文略以兄义羅卒無後襲
义羅爵梁郡王文暢事當從坐靜帝使人往晉陽欲拉殺之神武特加寬貸奏

免之文略聰明儁爽多所通習齊文襄嘗令章永與馬上彈琵琶奏十餘曲試使文略寫之遂得八文襄戲之曰聰明人多不老壽梁郡其愼之文略對曰命之修短皆在明公文襄愴然曰此不足慮初神武遺令恕文略十死特此益橫多所陵忽齊天保末嘗邀平秦武與汝南諸王至宅供設奢麗各有贈賄諸王共假聚寶物以要之文略弊衣而往從奴五十人皆駿馬侯服其豪縱不遜如此平秦王有七百里馬文略敵以好婢賭取之明日平秦王使人致請文略殺馬及婢以二銀器盛婢頭馬肉而遺之平秦王訴之於文宣繫於京畿獄文略彈琵琶吹橫笛謠詠倦極便臥唱挽歌居數月奪防者弓矢以射人曰不然天子不憶我有司奏遂伏法文略嘗大遺魏收金請爲父作佳傳收論榮比韋彭伊霍蓋由是也

兆字萬仁榮從子也少善騎射趫捷過人數從榮游獵至窮巖絕澗人所不能升降者兆必先之手格猛獸無所疑避榮以此特加賞愛任爲爪牙榮曾送臺使見二鹿授兆二箭令取供今食遂構火以待之俄而兆獲其一榮欲誇使人

責兆不盡取杖之五十榮之入洛兆兼前鋒都督孝莊即位封潁川郡公後從
上黨王天穆平邢杲又與賀拔勝擊斬元顥子冠受禽之進破安豐王延明顥
乃退走莊帝還宮論功除車騎大將軍儀同三司汾州刺史尒朱榮死兆自汾
州據晉陽元曄立授兆大將軍進爵爲王兆與世隆等定謀攻洛兆遂輕兵倍
道掩襲京邑先是河邊人夢神謂己曰尒朱家欲度河用爾作灅波津令爲之
縮水脈月餘夢者死及兆至有行人自言知水淺處以草往往表插而導焉忽
失其所在兆遂策馬涉度是日暴風鼓怒黃塵張天騎叩宮門宿衛乃覺彎弓
欲射袍撥弦矢不得發一時散走莊帝步出雲龍門外爲兆騎所擊幽於永寧
佛寺兆撲殺皇子汙辱妃嬪縱兵擄掠停洛旬餘先令衛送莊帝於晉陽兆後
於河梁監閱財貨初兆將入洛遣使招齊神武欲與同舉神武時爲晉州刺史
謂長史孫騰曰臣而伐君其逆已甚我今不往恐彼致恨卿可往申吾意但云
山蜀未平不可委去騰乃詣兆具申意兆不悅曰還白高兄弟有吉夢今行必
克吾比夢吾亡父登一高堆堆傍地悉耕熟唯有馬蘭草株往往猶在吾父顧

我令下拔之吾手所至無不盡出以此而言往必有利騰還具報之神武曰兆等猖狂舉兵犯順吾勢不可反事尒朱也今天子列兵河上兆進不能度必退還吾乘山東下出其不意此徒可一舉而禽俄而兆克京師孝莊幽縶都督尉景從兆南行以書報神武神武大驚召騰令馳驛詣兆示以謁賀密觀天子所在當於路邀迎唱大義於天下騰遇帝於中路神武時率騎東轉聞帝已度於是西還仍與兆書具陳禍福不宜害天子受惡名於海內兆怒不納而帝遂遇弑初榮既死莊帝詔河西人紇豆陵步蕃等令襲秀容兆入洛後步蕃兵勢甚盛南逼晉陽兆所以不暇留洛迴師禦之頻爲步蕃所敗於是部勒士馬謀出山東令人頻徵神武神武晉州寮屬並勸不行神武揣其勢迫必無他慮決策赴之兆乃分三州六鎮之人令神武統領神武既分兵別營乃引兵南出避步蕃之銳步蕃至樂平郡神武與兆還討破斬之及節閔帝立授兆使持節侍中都督中外諸軍事柱國大將軍兼錄尚書事大行臺又以兆爲天柱大將軍兆以是榮所終之官固辭不拜尋加都督十州諸軍事世襲幷州刺史神武之克

殷州也兆與仲遠度律約拒之仲遠度律次陽平兆屯廣阿衆號十萬神武廣縱反間於是兩不相信各致猜疑仲遠等頻使斛斯椿賀拔勝往喻之兆輕騎三百來就仲遠同坐幕下兆性麤獷意色不平手舞馬鞭長嘯凝望深疑仲遠等有變遂趨出馳還仲遠遣椿勝等追而曉譬兆遂拘縛將還經日放遣仲遠等於是奔退神武乃進擊兆軍大敗兆與仲遠度律遂相疑阻久而不和世隆請節閔納兆女爲皇后兆乃大喜世隆謀抗神武乃降辭厚禮喻兆赴洛兆與天光度律更自信約然後大會韓陵山戰敗復奔晉陽其年秋神武自鄴進討之兆遂大掠并州走於秀容神武又追擊度赤洪嶺破之兆竄於窮山殺所乘馬自縊於樹神武收葬之兆勇於戰鬬而無將領之能榮雖奇其膽決然每云兆不過將三千騎多則亂矣兆弟智虎節閔帝封爲安定王與兆俱走神武禽之後死於晉陽

彥伯榮從弟也祖侯真文成時并安二州刺史始昌侯父買珍宣武時武衛將軍華州刺史彥伯性和厚永安中爲榮府長史節閔帝潛嘿於龍花佛寺彥伯

敦喻往來尤有勤款帝既立尒朱兆以己不豫謀大爲忿恚將攻世隆詔令華山王鷙慰兆兆猶不釋世隆復令彥伯自往喻之兆乃止及還帝讌彥伯於顯陽殿時侍中源子恭黃門郎竇瑗並侍坐彥伯曰源侍中比爲都督與臣相持於河內當爾之時旗鼓相望眇如天隔寧期同事陛下爲今日之忻也子恭曰蒯通有言犬吠非其主他日之事永安猶今日之事陛下爾帝曰源侍中可謂有射鉤之心也遂令二人極醉而罷後封博陵郡王位司徒公于時炎旱有勸彥伯解司徒者乃上表遜位詔許之俄除儀同三司侍中餘如故彥伯於兄弟之中差無過患天光等敗於韓陵彥伯欲領兵屯河橋世隆不從及張勸等掩襲世隆彥伯時在禁直長孫承業等啓陳神武義功既振將除尒朱節閔令舍人郭崇報彥伯知彥伯狼狽出走爲人所執尋與世隆同斬於閶闔門外縣首於斛斯椿門樹傳於神武先是洛中謠曰三月末四月初楊灰簸土覓真珠又曰頭去項脚根齊驅上樹不須梯至是並驗子敞

敞字乾羅彥伯之誅敞小隨母養於宮中年十二敞自竇走至大街見童兒羣

戲敞解所着綺羅金翠服易衣而遁追騎至不識敞便執綺衣兒比究問知非
會日已暮由是免遂入一村見長孫氏媪踞胡床坐敞再拜求哀長孫氏愍之
藏於複壁之中購之愈急追且至長孫氏資而遣之遂詐爲道士變姓名隱嵩
高山略涉經史數年間人頗異之嘗獨坐巖石下泫然歎曰吾豈終此乎伍子
胥獨何人也乃奔長安周文帝見而禮之拜行臺郎中靈壽縣伯保定中遷開
府儀同三司進爵爲公後爲膠州刺史迎長孫氏至其第置于家厚資給之隋
文帝受禪改封邊城郡公黔安蠻叛命敞討平之師旋拜金州總管政號嚴明
吏人懼之後以年老乞骸骨賜二馬軺車歸河內卒于家子最嗣
仲遠彥伯弟也明帝末年尒朱榮兵威稍盛諸有啓謁率多見從而仲遠摹寫
榮書又刻榮印與尙書令史通爲奸詐造榮啓表請人爲官大得財貨以資酒
色落魄無行業及孝莊即位封清河公徐州刺史兼尙書左僕射三徐大行臺
尋進督三徐諸軍事仲遠上言竊見比來行臺采募者皆得權立中正在軍定
第斟酌授官今求兼置權濟軍要若立第亦爽關京之日任有司裁奪詔從之

於是隨情補授肆意聚斂尒朱榮死仲遠勒其部衆來向京師節閔立進爵彭
城王加大將軍又兼尙書令鎭大梁仲遠遣使請準朝式在軍鳴騶節閔帝覽
啓笑而許之其肆情如此復進督東道諸軍事本將軍兗州刺史餘如故仲遠
天性貪暴心如蛺蠆大宗富族誣之以反沒其家口簿籍財物皆以入己丈夫
死者投之河流如此者不可勝數諸將婦有美色者無不被其淫亂自滎陽以
東輸稅悉入其軍不送京師時天光控關右仲遠在大梁兆據并州世隆居京
邑各自專恣權強莫比所在並以貪虐爲事於是四方解體又加太宰解大行
臺仲遠專恣尤劇方之彥伯世隆最爲無禮東南牧守下至人俗比之豺狼特
爲患苦後移屯東郡率衆與度律等拒齊神武尒朱兆領騎數千自晉陽來會
軍次陽平神武縱以間說仲遠等迭相猜貳狼狽遁走中興二年復與天光等
於韓陵戰敗南走壽乃奔梁死於江南
世隆字榮宗仲遠弟也明帝末兼直閤加前將軍尒朱榮表請入朝靈太后惡
之令世隆詣晉陽慰喻榮榮因欲留之世隆曰朝廷疑兄故令世隆來今遂住

便有內備非計之善榮乃遣入榮擧兵南出世隆遂走會榮於上黨建義初除
給事黃門侍郎莊帝之立世隆預其謀封樂平郡公元顥逼大梁詔爲前將軍
都督鎮武牢顥既克榮陽世隆懼而遁還莊帝倉卒北巡及車駕還宮除尚書
左僕射攝選莊帝之將圖尒朱榮每屏人言世隆懼變乃爲匿名書自榜其門
曰天子與侍中楊侃黃門高道穆等爲計欲殺天柱還復自以此書與榮妻北
鄉郡公主幷以呈榮勸其不入榮毀書唾地曰世隆無膽誰敢生心世隆又勸
其速發榮曰何怱怱皆不見從榮死世隆奉榮妻燒西陽門夜走北次河橋殺
武衛將軍奚毅率衆還戰大夏門外及李苗燒絶河梁世隆乃北遁攻建州克
之盡殺人以肆其忿至長子與度律等共推長廣王曄爲主曄小名盆子聞者
皆以爲事類赤眉曄以世隆爲尚書令封樂平郡王加太傅行司州牧會兆於
河陽兆既平京邑讓世隆曰叔父在朝多時耳目應廣如何令天柱受禍按劍
瞋目詞色甚厲世隆遜辭拜謝然後得已而深恨之時仲遠亦自滑臺入京世
隆與兄弟密謀慮元曄母干豫朝政伺其母衛氏出行遣數十騎如劫賊於京

巷殺之公私驚愕莫識所由尋縣牓以千萬錢募賊百姓知之莫不喪氣尋又以曄疎遠欲推立節閔帝而度律意在南陽王乃曰廣陵不言何以主天下後知能語遂行廢立初世隆之爲僕射尚書文簿在家省閱性聰解又畏榮深自尅勉留心几案傍接賓客遂有解了之名榮死之後無所顧憚及爲令常使尚書郎宋游道邢昕在其宅聽事東西別座受納訴訟稱命施行既總朝政生殺自由公行淫泆信任羣小隨情與奪又兄弟羣從各擁強兵割剝四海極其貪虐姦詔蛆酷多見信用溫良名士罕豫腹心於是天下之人莫不厭毒世隆尋讓太傅節閔特置儀同三司之官位次上公之下以世隆爲之贈其父買珍相國錄尚書事大司馬及齊神武起義兵仲遠度律等愚戇恃強不以爲慮而世隆獨深憂恐及天光等敗於韓陵世隆請赦天下節閔不許斛斯椿既據河橋盡殺世隆黨附令行臺長孫承業詣闕奏狀掩執世隆及兄彥伯俱斬之初世隆曾與吏部尚書元世儁握槊忽聞局上詨然有聲一局子盡倒立世隆甚惡之又曾晝寢其妻奚氏忽見一人持世隆首去奚氏驚就視而世隆寢如故既

覺謂妻曰向夢人斷我頭持去意殊不適又此年正月晦日令僕並不上省西門不開忽有河內太守田帖家奴告省門亭長云今旦爲令王借車牛一乘終日於洛濱游觀至晚王還省將車出東掖門始覺車上無褥請爲記識亭長以令僕不上西門不開無跡入者此奴固陳不已公文列訴尚書都令史謝遠疑謂妄有假借白世隆付曹推驗時都官郎中穆子容究之奴言初來時至司空府西欲向省令王嫌遲遣催車車入到省西門王嫌牛小繫於闕下槐樹更將一青牛駕車令王著白紗高頂帽短小黑色儐從皆裙襦袴褶握板不似常時服章遂遣一吏將奴送入省中聽事東閣內東廂第一屋中其屋先常閉奴云入此屋中有板牀牀上無席大有塵土兼有甕米奴拂床坐兼畫地戲甕中米亦握看之子容與謝遠看之閉極久全無開跡及入狀皆符同具以此對世隆世隆悵然意以爲惡未幾見誅

世隆弟世承莊帝時位侍中領御史中尉人才猥劣備員而已及元顥內逼世承守轘轅爲顥所禽顥讓而臠之莊帝還宮贈司徒世承弟弼字輔伯節閔帝

時封河間郡公尋爲青州刺史韓陵之敗欲奔梁數日與左右割臂爲約弼帳下都督馮紹隆爲弼信待乃說弼曰今方同契闊宜當心瀝血示衆以信弼從之大集部下弼乃踞胡床令紹隆持刀披心紹隆因推刃殺之傳首京師

度律榮從父弟也鄙朴少言莊帝初封樂鄉縣伯榮死與世隆赴晉陽元曄之立以度律爲太尉公四面大都督封常山王與尒朱兆入洛兆還晉陽留度律鎮京師節閔帝時爲使持節侍中大將軍太尉公兼尚書令東北道行臺與仲遠出拒義旗與齊神武閒之與尒朱兆遂相疑貳自敗而還度律雖在軍戎聚歛無厭所經爲百姓患毒其母山氏聞度律敗遂恚憤發病及至母責之曰汝荷國恩無狀而反我何忍見他屠戮汝也言終而卒時人怪異之後韓陵之敗斛斯椿先據河橋遂西走灅波津爲人執送椿因之送齊神武斬之都市

天光榮從祖兄子也少勇決榮特親愛之常預軍戎謀孝昌末榮據幷肆仍以天光爲都將總統肆州兵馬明帝崩榮向京師委以後事建義初爲肆州刺史封長安縣公榮將討葛榮留天光在州鎮其根本謂曰我身不得至處非汝無

以稱我心永安中與元天穆東破邢杲元顥入洛天光與天穆會榮於河內榮發後并肆不安詔天光兼尚書僕射爲并肆等九州行臺仍行并州事天光至并州部分約勒所在寧輯顥破還京師改封廣宗郡公初高平鎮城人赫連恩等爲逆共推敕勤酋長胡琛爲主號高平王遙臣沃野鎮賊帥破六韓忉夤琛入據高平城遣其大將万俟醜奴來寇涇州琛後與莫折念生交通侮慢忉夤遣使人費律如至高平誘斬琛爲醜奴所并與蕭寶夤相拒於安定寶夤敗還建義元年夏醜奴擊寶夤於靈州禽之遂僭大號時獲西北貢師子因稱神獸元年置百官朝廷憂之乃除天光使持節都督雍州刺史率大都督武衛將軍賀拔岳大都督侯莫陳悅等討醜奴天光初行唯有軍士千人時東雍赤水蜀賊斷路天光入關擊破之簡取壯健至雍又稅人馬合得萬疋以軍人寡少停留未進榮遣責之杖天光百下榮復遣軍士二千人赴天光天光令賀拔岳率千騎先驅至岐州禽其行臺尉遲菩薩醜奴棄岐州走還安定天光發雍至岐與岳合勢破醜奴獲蕭寶夤於是涇豳二夏北至靈州及賊黨結聚之類並

降唯賊行臺万俟道洛不下率衆西依牽屯山據嶮自守榮責天光不獲道洛復遣使杖之百詔削爵爲侯天光與岳悅等復向牽屯討之道洛戰敗投略陽賊帥王慶雲慶雲以道洛驍果絶倫得之甚喜便謂大事可圖乃自稱皇帝以道洛爲大將軍天光乃入隴至慶雲所居永洛城破其東城賊遂併趣西城城中無水衆聚熱渴有人走降言慶雲道洛欲突出天光恐失賊帥乃遣謂慶雲可以早降若水決當聽諸人今夜共議又謂曰相知須水今爲小退賊衆安悅無復走心天光密使軍人多作木槍各長七尺至昏布立人馬爲防衛之勢又伏人槍中其夜慶雲道洛果突出至槍馬各傷倒伏兵便起同時禽獲賊窮乞降而已天光岳悅等議悉阬之死者萬七千人分其家口於是三秦河渭瓜涼鄯善咸來款順詔復天光前官爵岳聞榮死還涇州以待天光亦下隴與岳圖入洛之策既而莊帝進天光爵爲廣宗王元曄又以爲隴西王及聞尒朱兆已入京天光乃輕騎向都見世隆等尋便還雍世隆等議廢元曄更舉親賢遣告天光天光與定策立節閔帝又加開府儀同三司尙書令關西大行臺天光北

出夏州遣將討宿勤明達禽之送洛時費也頭帥紇豆陵伊利万俟受洛于等據有河西未有所附天光以齊神武起兵信都內懷憂恐不暇他事伊利等但微遣備之而已又除大司馬時神武軍既振尒朱兆仲遠等並經敗退世隆累使徵天光天光不從後令斛斯椿苦要天光云非王無以能定豈可坐看宗家之滅天光不得已東下與仲遠等敗於韓陵斛斯椿等先還於河橋拒之天光不得度西北走被執與度律並送於神武神武送於洛斬於都市尒朱專恣分裂天下各據一方賞罰自出而天光有定關西之功差不酷暴比之兆與仲遠爲不同矣

論曰魏自宣武之後政道頗虧及明皇幼沖女主南面始則于忠專恣繼以元叉權重居官者肆其聚斂乘勢者極其陵暴於是四海囂然已有羣飛之漸逮於靈后反政宣淫於朝傾覆之徵於此至矣尒朱榮緣將帥之列藉部衆之威屬天下暴虐人神怨憤遂有匡頹拯弊之志援主逐惡之功及夫禽葛榮誅元顥戮邢杲揃韓婁醜奴寶夤咸梟馬市然則榮之功烈亦已茂矣而始則希覬

非望睥睨宸極終乃靈后少帝沉流不反河陰之下衣冠塗地其所以得罪人神者焉至於末跡凶忍地逼亦已除矣而朝無謀難之宰國乏折衝之將遂使餘孽相糾還成嚴敵隆實指蹤兆為戎首山河失險莊帝幽崩宗屬分方作威跋扈廢帝立主迴天倒日揃剝黎獻割裂神州刑賞任心征伐自己天下之命懸於數胡喪亂弘多遂至於此豈非天將去之始以共定終於惡稔以至殄滅抑亦魏紓其難齊以驅除矣

北史卷四十八

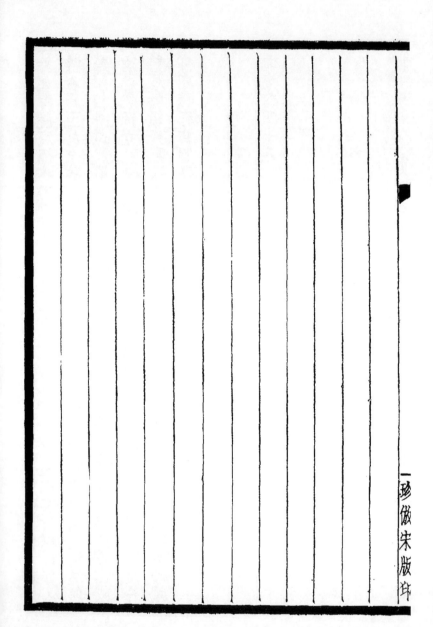

北史卷四十八考證

尒朱榮傳于時人間猶或云榮欲遷都晉陽○監本缺猶字今從南本增入

又以人馬逼戰刀不如棒○不監本訛下今改正

於是內外喜呌○呌監本訛叫今改從南本

北傳莊帝步出雲龍門外爲北騎所擊幽於永寧佛寺○擊魏書作縶今各本俱同仍之

世隆傳乃爲匿名書自榜其門○魏書或有榜世隆門以陳其狀者

盡殺人以肆其忿○魏書人字上有城字

忽聞局上詃然有聲○詃魏書作欻

度律傳與齊神武閗之○魏書無與字

天光傳並送於神武○送監本訛還今改從魏書

北史卷四十八考證

北史卷四十九

唐 李延壽撰

列傳第三十七

朱瑞字元龍代郡桑乾人也祖就沛縣令父惠行太原太守瑞貴達並贈刺史瑞長厚質直敬愛人士尒朱榮引爲大行臺郎中甚見親任以爲黃門侍郎仍中書舍人榮恐朝廷事意有所不知故居之門下爲腹心之寄封陽邑縣公及元顥內逼從車駕於河陽除侍中兼吏部尚書改封北海郡公莊帝還洛改封樂陵郡公仍侍中瑞雖爲尒朱榮所委而善處朝廷閒帝亦賞遇之嘗謂侍臣曰爲人臣當須忠實至如朱元龍者朕待之亦不異餘人瑞以青州樂陵有朱

氏意欲歸之故求爲青州中正又以滄州樂陵亦有朱氏而心好河北遂乞三
從內並屬滄州樂陵郡詔許之仍轉滄州大中正尒朱榮死瑞與世隆俱北走
以莊帝待之素厚且見世隆等並無雄才終當敗喪於路乃還帝大悅時尒朱
天光擁衆關右帝招納之乃以瑞兼尚書左僕射爲西道大行臺以慰勞焉旣
達長安會尒朱兆入洛復還京師都督斛斯椿先與瑞有隙數譖之於世隆世
隆遂誅之太昌初贈開府儀同三司青州刺史諡曰恭穆
叱列延慶代西部人也世爲酋帥延慶娶尒朱世隆姊故被尒朱榮親遇普泰
初世隆得志特見委重兼尚書左僕射山東行臺北海郡公時幽州刺史劉靈
助以莊帝幽崩遂舉兵唱義世隆白節閔帝以延慶與大都督侯深於定州討
之深以靈助善占百姓信惑未易可圖欲還師入據關拒嶮以待其變延慶以
靈助庸人彼皆恃其妖術坐看符厭寧肯戮力致死宜詭言西歸可襲而禽深
從之乃出頓城西聲云將還詰朝造靈助壘遂破禽之及韓陵戰敗延慶與尒
朱仲遠走度石濟仲遠南竄延慶北降齊神武仍從并州後赴洛孝武帝以爲

中軍大都督孝武之西齊神武誅之

斛斯椿字法壽廣牧富昌人也其先世爲莫弗大人父足一名敦明帝時爲左牧令時河西賊起牧人不安椿乃將家投尒朱榮征伐有功稍遷中散大夫署外兵事椿性佞巧甚得榮心軍之密謀頗亦關預莊帝初改封陽曲縣公除榮大將軍府司馬後爲東徐州刺史及榮死椿甚憂懼時梁以汝南王悅爲魏主資其士馬次於境上椿遂棄州歸悅悅授尙書左僕射司空公封靈丘郡公又爲大行臺前驅都督會尒朱兆入洛悅知不逮南旋椿復背悅歸兆以參立節閔謀拜侍中驃騎大將軍儀同三司封城陽郡公尋加開府時椿父足先在秀容忽有傳其死問椿請減己階以贈之尋知其父猶存詔復官仍除其父爲車騎將軍揚州刺史椿以尒朱兆擅權懼禍乃與賀拔勝俱說世隆以正道世隆不說欲害椿賴尒朱天光救得免及世隆度律與兆自相疑椿與賀拔勝和之兆執椿勝還營椿又陳以正理兆謝而遣之椿謂勝曰天下皆怨毒尒朱吾等附之亡無日矣不如圖之勝曰天光與兆各據一方今俱禽爲難椿曰易致耳

乃說世隆追天光等赴洛討齊神武及韓陵之敗椿謂都督賈顯智等曰若不先執尒朱我等死無類矣遂與顯智等夜於桑下盟約倍道兼行椿入北中城收尒朱部曲盡殺之令弟元壽與張歡長孫承業顯智等襲世隆彥伯兄弟並斬於閶闔門外椿入洛縣世隆兄弟首於其門樹椿父出見謂曰汝與尒朱約爲兄弟今何忍縣其頭於家門寧不愧負天地椿乃傳世隆等首幷因度律天光送於齊神武及神武入洛椿謂賀拔勝曰今天下事在吾與君若不先制人將爲人所制高歡初至圖之不難勝曰彼有心於人害之不祥比數夜與歡同宿具序往昔之懷兼荷兄恩意甚多何苦憚之椿乃止孝武帝立拜椿侍中儀同開府城陽郡公父足亦加開府子悅太中大夫同日受拜當時榮之椿自以數反意常不安遂密勸孝武帝置閤內都督部曲又增武直人數百直閤已下員別數百皆選天下輕剽以充之又說帝數出游幸號令部曲別爲行陣椿自約勒指麾其間從此以後軍謀朝政一決於椿又勸帝徵兵詭稱南討將以伐齊神武帝從之以椿爲前驅大都督椿因奏請率精騎二千夜度河掩其勞弊

帝始然之黃門侍郎楊寬說帝曰高歡以臣伐君何所不至今假兵於人恐生
他變今度河萬一有功是滅一高歡復生一高歡矣帝遂勑椿停行椿歎曰頃
熒惑入南斗今上信左右間搆不用吾計豈天道乎帝勒兵河橋命椿自洛而
東至武牢帝以賈顯智背叛東師失律將幸關中乃遣使命椿因從入關拜尚
書令侍中如故封常山郡公歷位司徒太保仍尚書令時寇難未息內外戒嚴
唯椿得列威儀鳴騶清路還太傅薨年四十三帝親臨弔百寮赴哭詔賜東園
秘器遣尚書梁郡王景略監護喪事贈大將軍錄尚書三十州諸軍事侍中恆
州刺史常山郡王諡曰文宣祭以太牢又詔改大將軍贈大司馬給轀輬車及
葬車駕臨於渭陽止紼慟哭帝嘗給椿店數區耕牛三十頭椿以國難未平不
可與百姓爭利辭店受牛日烹一頭以饗軍士及死家無餘貲有四子悅恢徵
演演爲齊神武所殺三子入關
徵字士亮博涉羣書尤精三禮兼解音律有至性居父喪朝夕共一溢米少以
父勳賜爵城陽郡公大統末起家通直散騎常侍稍遷兼太常少卿自魏孝武

遷西雅樂廢缺徵博采遺逸稽諸典故創新改舊方始備焉又樂有錞于者近代絕此器或有自蜀得之皆莫之識徵見之曰此錞于也衆弗信之徵遂依于寶周禮注以芒筒捋之其聲極清衆乃歎服徵仍取以合樂焉六官建拜司樂下大夫遷司樂中大夫進位驃騎大將軍開府儀同三司轉內史下大夫天和三年周武帝以徵經有師法詔令授皇諸子宣帝時爲魯公與諸皇子等咸服青衿行束修之禮受業於徵仍並呼徵爲夫子儒者榮之六年除司宗中大夫行內史仍攝樂部進封岐國公尋轉小宗伯除太子太傅仍小宗伯宣帝嗣位遷上大將軍大宗伯時武帝初崩梓宮在殯帝意欲速葬令朝臣議之徵與內史宇文孝伯等固請依禮七月帝竟不許帝之爲太子也宮尹鄭譯坐不能以正道調護被譴除名而帝雅親愛譯至是拜譯內史中大夫甚委任之譯乃獻新樂十二月各一笙每笙用十六管帝令與徵議之徵駁而奏之曰禮云十二律轉相生聲五具在十六焉六律十二管還相爲宮然詳一笙十六管總一百九十二管既無相生之理又無還宮之義臣恐鄭聲亂樂未合於古夫音樂之

起本於人心天之應人有如影響爲善者天報之以福爲惡者天譴之以殃故舜彈五絃之琴歌南風之詩而天下化紂爲朝歌北里之音而社稷滅是知樂也者和情性移風俗動天地感鬼神禍福所基盛衰攸繫安可不慎哉案譯之所爲不師古始若以月奏一笙則鍾鼓諸色各須一十有二雅樂之備已充廟廷今若益之於何陳列方須更闢堦墀增修廊宇非急之務寧可勞人如謂笙管之外不須加造則樂之損益豈繫於笙進退無據竊謂不可帝頗納之且令停譯所獻及武帝山陵回帝欲作樂復令議其可不徵曰孝經云聞樂不樂聞尙不樂其況作乎鄭譯曰既云聞樂明卽非無止可不樂何容不奏帝遂依譯議譯因此銜之帝後肆行非度昏慮日甚徵以荷武帝重恩嘗備位師傅乃上疏極諫指陳帝失不納譯因譖之遂下徵於獄徵懼不免獄卒張元平哀之乃以佩刀穿牆送之出元平被捶拷百數而無所言徵既出匿於人家後遇赦得免然猶坐除名隋文帝踐極例復官爵除太子太傅仍詔徵脩撰樂書開皇四年薨年五十六初隋文帝爲大司馬有外姻喪徵就第弔之久而不出徵怒遂

弗之待比出候徵已去矣隋文帝以此常恨之至是詔所司謚之曰闇子該嗣
徵所撰樂典十卷兄恢散騎常侍新蔡郡公子政嗣
政明悟有器幹隋開皇中以軍功授儀同甚爲楊素所禮大業中位尚書兵曹
郎漸見委遇玄感兄弟俱與之交遼東之役兵部尚書段文振卒侍郎明雅復
以罪廢帝彌屬意於政尋遷兵部侍郎稱爲幹理玄感之反政與通謀及玄縱
等亡歸亦政之計及帝窮玄縱黨與政亡奔高麗明年帝復東征高麗請和遂
送政鏁至京師以告廟左翊衛大將軍宇文述請變常法行刑帝許之以出金
光門縛之於柱公卿百寮並親擊射臠其肉多有噉者然後烹焚揚其骨灰椿
弟元壽性剛毅諒直武力過人彎弓兩石左右馳射歷位吏部尚書封桑乾縣
伯孝武踐阼進爵爲公除豫州刺史及車駕西巡爲部下所殺贈司空公謚景
莊
賈顯度中山無極人也父道監沃野鎮長史顯度形貌偉壯有志氣初爲别將
防守薄骨律鎮正光末北鎮擾亂顯度乃率鎮人浮河而下達秀容爲尒朱榮

所留隨榮破葛榮封石艾縣公累遷南兗州刺史尒朱榮之死顯度奔梁普泰初還朝後隨尒朱度律等敗於韓陵與斛斯椿及弟智等先據河橋誅尒朱氏孝武帝初除尚書左僕射尋加驃騎大將軍開府儀同三司定州大中正永熙三年爲雍州刺史西道大行臺親故祖餞於張方橋顯度執酒曰顯智性輕躁好去就覆敗吾家其此人也武帝入關後顯智果同於齊神武孝武帝怒乃賜顯度死

智字顯智少有膽決以軍功累遷金紫光祿大夫封義陽縣伯及尒朱仲遠爲徐州刺史智隸仲遠赴彭城尒朱榮死仲遠舉兵向洛智不從之莊帝聞而善之普泰初還洛仲遠忿其乖背議欲殺之智兄顯度先爲世隆所厚世隆爲解喻得全後進爵爲公隨度律等敗於韓陵智與顯度斛斯椿謀誅尒朱氏顯度據守北中城令智等入京禽世隆兄弟孝武帝初除開府儀同三司滄州刺史在州貪縱甚爲人害孝武徵還京師加侍中除濟州刺史率衆達東郡仍停不進於長壽津爲相州刺史竇泰所破天平初赴晉陽智去就多端後坐事死

樊子鵠代郡平城人也其先荊州蠻酋徙代父與平城鎮長史歸義侯普泰中子鵠貴乃贈荊州刺史子鵠逢北鎮擾亂南至幷州尒朱榮引爲都督府倉曹參軍使詣京師靈太后問榮兵勢子鵠應對稱旨太后嘉之除直齊封南和縣子令還赴榮建義初拜晉州刺史封永安縣伯永安二年以招納叛蜀進封中都縣公又兼尚書行臺政有威信尋徵授都官尚書西荊州大中正後兼右僕射爲行臺進封西陽郡公尚書如故假驃騎將軍率所部爲都督時尒朱榮在晉陽京師之事子鵠頗預委寄故在臺閣征官不解後出爲殷州刺史屬歲旱儉子鵠恐人流亡乃勸有粟家分濟貧者幷遣人牛易力多種二麥州內以此獲安尒朱榮死世隆等遣書招子鵠子鵠不從以母在晉陽啓求移鎮河南莊帝嘉之除都督豫州刺史行達汲郡聞尒朱兆入洛乃度河見仲遠仲遠遣鎮汲郡兆徵子鵠赴洛既見責以乖異之意奪其部衆將還晉陽元曄以爲侍中御史中尉中軍大都督太昌初兼尚書左僕射東南道大行臺總大都督杜德等追討尒朱仲遠仲遠奔梁收其兵馬時梁遣元樹入寇陷據譙城詔子鵠與

德討之樹大敗奔入城門遂圍之樹請歸南以地還魏許之及樹衆半出子鵠擊破之禽樹及梁譙州刺史朱文開班師還吏部尚書轉尚書右僕射尋加驃騎大將軍開府典選後除兗州刺史子鵠先遣腹心緣歷人間採察得失及至境太山太守彭穆參候失儀子鵠責讓穆弁數其罪狀穆皆引伏於是州內震悚及孝武帝入關子鵠據城爲應南青州刺史大野拔率衆就子鵠天平初齊神武遣儀同三司婁昭等討之城久不拔昭以水灌城而大野拔因與相見令左右斬子鵠以降

侯深神武尖山人也機警有膽略孝明末年六鎮飢亂深隨杜洛周南寇後與妻兄念賢背洛周歸尒朱榮路中遇寇身被苦禍榮賜其衣帽厚待之以爲中軍副都督莊帝卽位封厭次縣子從榮討葛榮於滏口戰功尤多除燕州刺史時葛榮別帥韓樓郝長等屯據薊城榮令深討樓配衆甚少或以爲言榮曰深臨機設變是其所長若總大衆未必能用止給騎七百深遂廣張軍聲率數百騎深入樓境去薊百餘里遇賊帥陳周馬步萬餘大破之虜其卒五千餘人尋

還其馬仗縱令入城左右諫深曰我兵少不可力戰事須爲計以離隙之深度
其已至遂率騎夜進昧旦叩其城門韓樓果疑降卒爲內應遂遁走追禽之以
功賜爵爲侯尋爲平州刺史仍鎭范陽及尒朱榮死太守盧文偉誘深出獵閉
門拒之深率部曲屯於郡南爲榮舉哀勒兵南向莊帝使東萊王貴平爲大使
慰勞燕薊乃詐降貴平信之遂執貴平自隨進至中山行臺僕射魏蘭根邀擊
之爲深所敗元曄立授深儀同三司定州刺史左軍大都督漁陽郡公節閔帝
立仍加開府後隨尒朱兆拒齊神武於廣阿兆敗走深後從神武破尒朱氏於
韓陵永熙初除齊州刺史孝武帝末深與兗州刺史樊子鵠青州刺史東萊王
貴平使信往來以相連結又遣使通誠於神武及孝武入關復懷顧望汝陽王
暹既除齊州刺史深不時迎納城人劉桃符等潛引暹入據西城深爭門不克
率騎出奔妻兒部曲爲暹所虜行達廣里會承制以深行青州事齊神武又遣
書深曰卿勿以部曲輕少難於東邁齊人澆薄齊州人尙能迎汝陽王青州人
豈不能開門待卿也深乃復還暹始歸其部曲而貴平自以斛斯椿黨亦不受

代深襲高陽郡克之置部曲家累於城中親率輕騎夜趣青州城人執貴平出降深自惟反覆慮不獲安遂斬貴平傳首于鄴明不同於斛斯椿及子鴒平詔以封延之爲青州刺史深既不獲州任情又恐懼行達廣州遂劫光州庫軍反遣騎詣平原執前膠州刺史賈璐夜襲青州南郭劫前廷尉卿崔光韶以惑人情攻掠郡縣其部下督帥叛拒之遂奔梁達南青州境爲賣漿者斬之傳首于鄴家口配沒

賀拔允字可泥神武尖山人也其先與魏氏同出陰山有如回者魏初爲大莫弗祖尒頭驍勇絕倫以良家鎮武川因家焉獻文時以功賜爵龍城縣男爲本鎮軍主父度拔性果毅襲爵亦爲本鎮軍主正光末沃野人破六韓拔陵反懷朔鎮將楊鈞聞度拔名召補統軍配以一旅其賊僞署王衛可瓌徒黨尤盛既攻沒武川又陷懷朔度拔父子並爲賊所虜度拔乃與周德皇帝合謀率州里豪傑珍念賢乙弗庫根尉遲檀等招義勇襲殺可瓌朝廷嘉之未及封賞度拔與鐵勒戰沒孝昌中追贈度拔肆州刺史允便弓馬頗有膽略初度拔之死允

兄弟俱奔恆州刺史廣陽王深深敗歸尒朱榮允父子兄弟並以武藝稱榮素聞其名待之甚厚建義初封壽陽縣侯永安中進爵爲公魏長廣王立除開府儀同三司封燕郡王兼侍中使蠕蠕還至晉陽屬齊神武將出山東允素知神武非常人早自結託神武以其北土之望尤親禮之遂與允出信都參定大策中興初轉司徒領尚書令神武入洛進爵爲王轉太尉加侍中魏孝武既忌神武以允弟岳據關中有重兵深相委託潛使來往當時咸慮允爲變及岳死孝武又委岳兄勝心腹之寄神武重舊尤全護之天平元年因與神武獵或告允引弓擬神武乃置於樓上餓殺之年四十八神武親臨哭之贈太保允三子世文世樂難陁與和末齊神武並召與諸子同學武定中勑居定州賜田宅允弟

勝

勝字破胡少有志操善左右馳射北邊莫不推其膽略衛可瓌之圍懷朔勝時亦爲軍主從父度拔鎮守既被圍經年而外援不至勝乃慷慨白鎮將楊鈞請告急於大軍鈞許之乃募勇敢少年得十餘騎夜潰圍出賊追及之勝曰我賀

拔破胡也賊不敢逼至朔州白臨淮王彧以懷朔被圍之急彧以勝辭義懇至許以出師還令報命乃復攻圍而入賊追之射殺數人至城下大呼曰賀拔破胡與官軍至矣城中納之鈎復遣勝出覘武川武川已陷勝乃馳還報懷朔懷朔亦潰勝父子遂爲賊所虜尋而襲殺可瓌衆令勝馳告朔州未反而度拔已卒刺史費穆奇勝才略厚禮留之委以兵事時廣陽王深在五原爲破六韓賊所圍召勝爲軍主以功拜統軍又隸僕射元纂鎮恆州時有鮮于河胡擁朔州流人南下爲寇恆州城人應之勝與兄允弟岳相失勝南投肆州允岳投尒朱榮榮與肆州刺史尉慶賓構隙引岳攻肆州陷榮得勝大悅曰吾得卿兄弟天下不足定勝兄弟三人遂委質事榮時杜洛周據幽定葛榮據冀瀛榮謂勝曰井陘險要我之東門欲屈君鎮之如何勝曰是所願也榮乃表勝鎮井陘以所乘大馬幷銀鞍遺之及榮入洛以預定策立孝莊帝功封易陽縣伯後元天穆北征葛榮大破之時杜洛周餘燼韓樓在薊城結聚以勝爲大都督鎮中山樓讋勝威名竟不敢南寇元顥入洛陽榮徵勝使與尒朱兆自硤石度大破顥軍

禽其子冠受遂前驅入洛進爵真定縣公及榮死勝與田怡等奔赴榮第時宮殿之門未加嚴防怡等議卽攻門勝止之曰天子旣行大事必當更有奇謀吾衆旅不多何輕爾怡乃止及世隆夜走勝隨至河橋勝以爲臣無讐君之義遂勒所部還都莊帝大悅仲遠逼東郡詔以本官假驃騎大將軍東征都督率騎一千會鄭先護討之爲先護所疑置之營外人馬未得休息俄而仲遠兵至與戰不利降之復與尒朱氏同謀立節閔帝以功拜右衛將軍及尒朱氏將討齊神武勝時從尒朱度律度律與兆不平勝以臨敵構隙取敗之道乃與斛斯椿詣兆營和之反爲兆所執度律大懼引軍還兆將斬勝數之曰爾殺可瓌罪一也天柱薨後不與世隆等俱來而東征仲遠罪二也我欲殺爾久矣勝曰可瓌作逆勝父子誅之其功不小反以爲罪天柱被戮以君誅臣勝寧負王不負朝廷今日之事生死在王但去賊密邇內構嫌隙自古迄今未有不破亡者勝不憚死恐王失策兆乃捨之勝旣免行百餘里方追及度律齊神武旣克相州兵威漸盛於是兆及天光仲遠度律等衆十餘萬陣於韓陵兆率鐵騎陷陣出齊

神武後將乘其背而擊之度律惡兆之驍悍懼其陵己勒兵不進勝以其攜貳遂以麾下降齊神武度律軍以此免退遂大敗太昌初以勝爲領軍將軍尋除侍中孝武帝將圖齊神武以勝弟岳擁衆關西欲廣其勢援乃拜都督荆州刺史驃騎大將軍開府儀同三司南道大行臺尚書左僕射勝多所克捷沔北蠻爲丘墟梁武帝敕其子雍州刺史續曰賀拔勝北間驍將爾宜慎之勿與爭鋒續遂城守不敢出尋進位尚書令進爵琅邪郡公及齊神武與孝武帝有隙詔勝引兵赴洛至廣州猶豫未進而帝已入關勝還軍南陽遣右丞楊休之奉表入關又令府長史元潁行州事勝自率所部將西赴關中進至淅陽詔授勝太保錄尚書事聞齊神武已平潼關禽毛鴻賓勝乃還荆州州人鄧誕執元潁引齊師時齊神武已遣行臺侯景大都督高敖曹赴之勝敗中流矢奔梁在南三年梁武帝遇之甚厚勝乞師北討齊神武既不果乃求還梁武帝許之親餞於南苑勝自是之後每執弓矢見鳥獸南向者皆不射之以申懷德之意既至長安詣闕謝罪魏帝握勝手歔欷久之曰初平西徙永嘉南度漢晉皆爾事乃關

天非公之咎也乃授太師從周文帝禽竇泰於小關攻弘農下河北禽郡守孫
晏摧破東魏軍於沙苑奔追至河上仍與李弼別攻河東略定汾絳河橋之役
勝大破東魏軍周文令勝收其降卒而還及齊神武率衆攻王壁勝以前軍大
都督從周文見齊神武旗鼓識之乃募敢勇三千人配勝以犯其軍勝適與神武
遇連叱而字之曰賀六渾賀拔破胡必殺汝也時勝持矟追神武數里刃垂及
之神武汗流氣殆盡會勝馬爲流矢所中死比副騎至神武已逸去勝歎曰今
日之事吾不執弓矢者天也是歲勝諸子在東者皆爲神武所害勝憤恨因動
氣疾大統十年薨于位臨終手書與周文曰勝萬里杖策歸身闕庭冀望與公
掃除逋寇不幸殞斃微志不申若死而有知猶望魂飛賊庭以報恩遇爾周文
覽書流涕久之勝長於喪亂之中尤工武藝走馬射飛鳥十中其五六周文每
云諸將對敵神色皆動唯賀拔公臨陣如平常真大勇也自居重任始愛墳籍
乃招引文儒討論義理性又通率重義輕財身死之日唯有隨身兵仗及書千
卷而已初勝至關中自以年位素重見周文不拜尋而自悔周文亦有望焉後

從宴昆明池時有雙鳧游池中周文授弓矢於勝曰不見公射久矣請以爲歡勝射之一發俱中因拜曰使勝得奉神武以討不庭皆如此也周文悅因是恩禮日重勝亦盡誠推奉焉贈太宰錄尚書事謚曰貞獻明帝二年以勝配饗文帝廟庭無子以弟岳子仲華嗣位開府儀同三司襲爵琅邪公大象末位江陵總管勝弟岳

岳字阿斗泥少有大志愛施好士初爲太學生及長能左右馳射驍果絕人不讀兵書而暗與之合識者咸異之與父兄赴援懷朔賊王衞可瓌在城西三百餘步岳乘城射之箭中瓌臂賊大駭後廣陽王深以爲帳內軍主與兄勝俱鎮恆州州陷投尒朱榮榮以爲都督每帳下與計事多與榮意合榮與元天穆謀入匡朝廷問計於岳岳曰夫非常之事必俟非常之人將軍士馬精強位望隆重若首舉義旗伐叛匡救何往不克何向不摧古人云朝謀不及夕言發不俟駕此之謂矣榮與天穆相顧良久曰卿此言真丈夫之論也未幾孝明帝暴崩榮疑有故乃舉兵赴洛配兵甲卒二千爲先驅至河陰榮既殺朝士因欲稱帝

疑未能決岳乃從容致諫榮尋亦自悟乃尊立孝莊以定策功賜爵樊城鄉男從榮破葛榮平元顥累遷左光祿大夫武衛將軍時万俟醜奴僭稱大號關中騷動榮將遣岳討之私謂其兄勝曰醜奴足爲勍敵若岳往無功罪責立至假令克定恐讒愬生焉乃請尒朱氏一人爲元帥岳副貳之榮大悅乃以天光爲使持節大都督雍州刺史以岳爲左廂大都督又以征西將軍侯莫陳悅爲右廂大都督並爲天光之副以討之時赤水蜀賊兵斷路天光衆不滿二千及軍次潼關天光有難色岳乃進破之於渭北軍容大振時醜奴自圍岐州遣其大行臺尉遲菩薩僕射万俟行醜同向武功南度渭水攻圍趨柵天光遣岳率千騎赴援菩薩攻柵已克率步騎二萬至渭北岳以輕騎數十與菩薩隔水交言岳稱揚國威菩薩乃自驕令省事傳語省事恃水應答不遜岳怒舉弓射之應弦而倒時已逼暮於是各還岳於渭南傍水分精兵數十爲一處隨地形勢置之明日將百餘騎隔水與賊相見且並東行岳漸前進先所置騎隨岳而集騎既漸增賊不復測其多少行二十許里至水淺可濟處岳便馳馬東出似欲奔

遁賊謂岳走乃棄步兵南度渭水輕騎追岳岳東行十餘里依橫岡設伏兵以待之身先士卒急擊之賊便退走岳號令所部賊下馬者皆不聽殺賊顧見之便悉投馬俄虜三千人馬亦無遺遂禽菩薩仍度渭北降步卒萬餘醜奴尋棄岐州北走安定天光方自雍至與岳合勢宣言今氣候已熱非征討之時待至秋涼更圖進取醜奴聞之遂以爲實分遣諸軍散營農於岐州北百里細川使太尉侯伏侯元進據險立柵岳知其勢分密與天光嚴備昧旦攻圍元進柵拔之卽禽元進自餘諸柵悉降又輕騎追醜奴及之於平涼之長阬一戰禽之高平城中又執蕭寶夤以歸賊行臺万俟道洛退保牽屯岳攻之道洛敗入隴投略陽賊帥王慶雲以道洛驍果絕倫得之甚喜以爲將天光又與岳度隴至慶雲所居永洛城慶雲道洛頻出城拒戰並禽之餘衆皆悉阬之三秦河渭瓜涼鄯州咸來歸款賊帥夏州人宿勤明達降復叛岳又討禽之天光雖爲元帥而岳功効居多進封樊城縣伯尋詔岳都督涇州刺史進爵爲公天光入洛使岳行雍州事普泰初除都督岐州刺史進清水郡公尋加侍中給後部鼓吹進位

開府儀同三司兼尚書左僕射隴右行臺仍停高平後以隴中猶有土人不順岳助侯莫陳悅所在討平之二年加都督雍州刺史天光將拒齊神武遣問計於岳岳曰莫若且鎮關中以固根本天光不從後果敗岳率軍下隴赴雍禽天光弟顯壽以應齊神武及孝武卽位加關中大行臺永熙二年孝武密令岳圖齊神武遂刺心血持以寄岳岳懼乃自詰北境安置邊防率衆趨平涼西界布營數十里託以牧馬於原州爲自安之計先是費也頭万俟受洛于鐵勒斛律沙門解拔彌俄突紇豆陵伊利等擁衆自守至是皆款附秦南秦河渭四州刺史又會平涼受岳節度唯靈州刺史曹泥不應召通使於齊神武神武乃遣左丞翟嵩使至關中間岳及侯莫陳悅三年岳召悅會於高平將討曹泥令悅前驅而悅受神武指密圖岳岳弗之知而先又輕悅悅乃誘岳入營共論兵事悅詐云腹痛起而徐行令其壻元洪景斬岳於幕中朝野莫不痛惜之贈侍中太傅錄尚書事都督關中二十州諸軍事大將軍雍州刺史謚曰武壯翟嵩復命于神武神武下牀嗚其頰曰除吾病者卿也何日忘之後岳部下收岳尸葬於

雍州北石安原葬以王禮子緯嗣拜開府儀同三司周保定中錄岳舊德進爵霍國公尙周文帝女

侯莫陳悅代人也父婆羅門爲駞牛都尉故悅長於河西好田獵便騎射會牧子作亂遂歸尒朱榮榮引爲府長流參軍莊帝初除金紫光祿大夫封柏人縣侯尒朱天光之討關西榮以悅爲天光右廂大都督西伐克獲皆與天光賀拔岳略同除鄯州刺史尒朱榮死後亦隨天光下隴元曄立進爵爲公改封白水郡公普泰中除秦州刺史天光之東出將抗齊神武悅與岳下隴以應神武至雍州會尒朱覆敗永熙初加開府儀同三司都督隴右諸軍事仍兼秦州刺史三年岳召悅共討曹泥悅誘岳斬之岳左右奔散悅遣人安慰衆皆畏服悅心猶豫不卽撫納乃還入隴止永洛城岳所部聚於平涼規還圖悅周文帝時爲夏州刺史衆遣奉迎周文至遂總岳部衆并家口入高平城以自安固乃勒衆入隴征悅悅聞之棄城南據山水之險悅先召南秦州刺史李景和其夜景和遣人詣周文密許翻降至暮景和乃勒其所部使上驢駞云儀同有教欲還秦

州守以拒賊復紿帳下云儀同欲還秦州汝等何不裝辦衆謂言實以爲相驚
皆散趨秦州景和先馳至城據門以慰輯之悅部衆離散猜畏傍人不聽左右
近己與其二弟并兒及謀殺岳者八九人棄軍迸走數日之中盤回往來不知
所趣左右勸向靈州而悅不決言下隴後恐爲人見乃放馬山中令從者悉步
自乘一騾欲往靈州中路追騎將及縊死野中弟息部下悉見禽殺唯先謀殺
岳者悅中兵參軍豆盧光走至靈州後奔晉陽悅自殺岳後精神恍惚不復如
常恆言我睡即夢岳語我兄欲何處去隨逐我不相置因此彌不自安而致敗
滅
念賢字蓋盧金城枹罕人也父求就以大家子戍武川鎭仍家焉賢美容質頗
涉經史爲兒童時在學中讀書有善相者過學諸生競詣之賢獨不往笑謂諸
生曰男兒死生富貴皆在天也何遽相乎少遭父憂居喪有孝稱後以破衞可
瓌功除別將又以軍功封屯留縣伯從介朱榮入洛兼尚書右僕射東道行臺
進爵平恩縣公永熙中孝武以賢爲中軍北向大都督進爵安定郡公加侍中

開府儀同三司大統初拜太尉爲秦州刺史加太傅給後部鼓吹三年轉太師都督河州刺史大將軍久之還朝兼錄尚書事後與廣陵王欣扶風王季等同爲正直侍中時行殿初成未有題目帝詔近侍各名之對者非一莫允帝心賢乃爲圓極帝笑曰正與朕意同卽名之河橋之役賢不力戰乃先還自是名頗減五年除都督秦州刺史薨於州謚曰昭定賢於諸公皆爲父黨自周文以下咸拜敬之子華性和厚有長者風官至開府儀同三司合州刺史

梁覽字景叡金城人也其先出自安定避難走西羌世爲部落酋帥曾祖穆以枹罕城歸吐谷渾後又歸魏封臨洮公祖顯爲尚書封南安公父釗河華二州刺史封新陽縣伯覽家世豪富貲累千金孝昌初秦州莫折念生胡琛等反散財招募有二千人鎮河州從大軍平賊歷梁河二州刺史封安德縣侯覽旣爲本州刺史威脩甲仗人馬精銳吐谷渾憚不敢出皆曰梁公在未可行也永安中詔大鴻臚瑯邪王皓就策授世爲河州刺史永熙中改封郡公大統二年加太尉其年覽從弟仚定反欲圖覽覽與數戰未能平王師至始破之四年遷太

傳及河橋之役王師敗時病留長安趙青雀反北城覽爲之謀主事平乃見殺
子鸛雀位儀同三司大都督後坐事免死
雷紹字道宗武川鎮人也九歲而孤有膂力善騎射年十八給事鎮府嘗使洛陽見京都禮義之美還謂同僚曰徒知邊備尚武以圖富貴不謂文學身之實也生世不學其猶穴處何所見焉遂逃歸辭母求師經年通孝經論語嘗讀書至人行莫大於孝乃投卷嘆曰吾離違侍養非人子之道卽還鄉里躬耕奉養遭母憂哀毀骨立由是知名鎮將召補鎮佐後隨賀拔岳征討爲岳長史岳有大事常訪而後行及齊神武起兵岳恥居其下紹乃勸岳迎孝武西都長安以順討逆岳曰吾本意也後岳信諸將言欲保關中坐觀成敗紹知計不用請爲邊州建功効岳曰君有毗佐之力當總大州遂以紹爲京兆太守清平理物甚得人和在郡踰年岳被害初紹見岳數與侯莫陳悅宴語嘗謂岳曰公其愼之岳不從果及於難紹乃棄郡馳赴岳軍與寇洛等迎周文帝悅平以功授大都督涼州刺史詔請留所領兵以助東討請單騎赴州刺史李叔仁擁州逆命紹

遂歸永熙三年以紹爲渭州刺史進爵昌國伯初紹爲岳長史周文爲岳左丞
及居相常以恩舊接之卒於州紹性好施祿賜皆分贍親故及死日無以送終
兼敬信佛道遺勑其子曰吾本鄉葬法必殺犬馬於亡者無益汝宜斷之斂以
時服事從約儉還葬長安天子素服臨弔贈太尉賜東園祕器子渙

毛遐字鴻遠北地三原人也世世爲酋帥曾祖天愛太武時至定州刺史始昌子
傳至遐四世不絕正光中蕭寶夤爲大都督討關中諸賊咸陽太守韋遂時爲
都督以遐爲都督府長史寶夤敗還長安三輔騷擾遐因辭遂還北地與弟鴻
賓聚鄉曲豪傑遂東西略地氐羌多赴之共推鴻賓爲盟主既而賊帥宿勤買
奴自號京兆王於北地遐詐降之而與鴻賓攻其壁賊自相斫射縱兵追擊七
柵皆平後寶夤搆逆謀遐知之乃寄書與鴻賓索馬迎接復於馬祇柵建旗鼓
以拒寶夤攻其將盧祖遷禽之寶夤以是日拜南郊竊號禮未畢而告敗寶夤
懼口乾色變不遑部伍人皆亂還詔授遐南幽州刺史進爵爲伯遐又攻破其
將侯終德寶夤知內外勢異輕將十數騎走巴中冬万俟醜奴陷秦州詔以遐

兼尚書二州行臺孝武帝入關敕周文帝置二尚書分掌機事遐與周惠達始爲之稍遷驃騎大將軍儀同三司卒遐少任俠有智謀世爲豪右貲產巨億士流貧乏者多被賑贍故中書郎檀翥尚書郎公孫範等常依託之至於自供衣食麤弊而已死之日鄉黨赴葬咸共痛惜

鴻賓大鼻眼多鬢鬚黑而且肥狀貌頗異氐羌見者皆畏之加膽略騎射依儻不拘小節昆季之中尤輕財好施遐雖云早立而名出其下及賊起鄉里推爲盟主常與遐一守一戰後拜岐州刺史散騎常侍開國縣侯遐笑謂鴻賓曰擊賊之功吾不居汝後至於受賞汝在吾前當以德濟物不及汝故明帝以鴻賓兄弟所定處多乃改北地郡爲北雍州鴻賓爲刺史詔曰此以晝錦榮鄉也改三原縣爲建中郡以旌其兄弟後尒朱天光自關中還洛夷夏心所忌者皆將自隨鴻賓亦領鄉中壯武二千人以從洛中素聞其名衣冠貧冗者競與之交尋拜西兗州刺史羈寓倦游之輩四座常滿鴻賓資給衣食與己悉同私物不足頗有公費轉南青州刺史未幾徵還爲有司所糾鴻賓遂逃匿人間月餘特

詔原之及孝武帝與齊神武有隙令鴻賓鎭潼關爲西道之寄車駕西幸撥糗
乏絶侍官三二日間唯飲澗水鴻賓奉獻酒食迎於稠桑文武從者始解飢渴
武帝把其手曰寒松勁草所望於卿也事平之日寧忘主人仍留守潼關後神
武來寇見禽至幷州憂恚卒鴻賓弟鴻顯位散騎常侍封縣侯退乳母所產也
一字七寶退養之爲弟因姓毛氏勁悍多力後隨諸兄戰鬭多先鋒陷陣大統
四年爲廣州刺史與駱超鎭東陽陷東魏卒子野乂
乙弗朗字通照其先東部人也世爲部落大人與魏徙代後因家上樂焉朗少
有俠氣在鄉里以善騎射稱孝莊末北邊擾亂避地居幷肆間介朱榮見而重
之甚相接待以功封蓮勺子後隸賀拔岳從介朱天光西討爲岳左廂都督孝
武帝之禦齊神武授朗閤內大都督及帝西入詔朗爲軍司先驅靖路至長安
封長安縣公卒於岐州刺史初朗患積冷周文賜三石東生散令朗法服之使
人間疾朝夕相繼見重如此臨終惟云恨不見河洛清平重反京縣以此爲恨
三舉手搥牀而便氣盡贈太尉子鳳位宮伯開府儀同三司與周閔帝謀宇文

護見殺

論曰朱瑞以向義受戮延慶以違順遇禍各其命焉斛斯椿屢踐危機終獲貞吉豈人謀之所致也徵洽聞強記以夔襄任己終使咸英不墜韶濩惟新加以盡心所事無忘直道抗辭正色顛沛不渝蓋有周之忠烈乎賈顯智樊子鵠侯深等並驅馳風塵之際但自陷夷戮觀其遺跡雖獲罪於霸政求之有魏得失未可知也賀拔允昆季以勇略之資當馳競之日並邀時投隙展效立功始則委質尒朱中乃結款高氏太昌之後即帝圖高察其所由固非守節之士及勝垂翅江左憂魏室之危亡奮翼關西感梁朝之顧遇有長者之風矣終能保榮持寵良有以焉岳以二千羸兵抗三秦勍敵奮其智勇克翦凶渠雜種畏威遐方慕義斯亦一時之盛矣卒以勳高速禍無備嬰戮惜哉昔陳涉首事不終有漢因而創業賀拔功成夙殞周文藉以開基不有所廢君何以興信乎其然矣侯莫陳悅肆行殘慝死不旋踵觀其亡滅蓋自取之念賢有始有卒取敬羣公梁覽終以取禍鮮克之義雷紹馳騖雲雷之秋毛遐兄弟致力經綸之日乙弗

朗展轉擾攘之中卒獲歸順矣

北史卷四十九

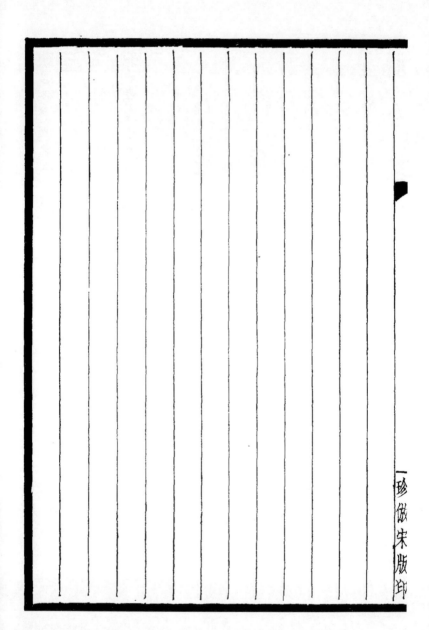

北史卷四十九考證

賀拔允弟勝傳度律軍以此免退遂大敗○免當係先字之訛

勝弟岳傳乃請尒朱氏一人爲元帥○請監本訛謂今改從南本

梁覽傳歷梁河二州刺史○梁南本作涼

毛遐傳咸陽太守韋遂時爲都督○遂南本作邃

史臣論周文藉以開基○藉監本作籍今從南本

北史卷四十九考證

北史卷五十

唐　李延壽　撰

列傳第三十八

辛雄族祖琛　琛子術　雄族子德源　楊機　高道穆兄謙之　綦儁

山偉　宇文忠之　費穆　孟威

辛雄字世賓隴西狄道人也父暢汝南鄉郡二郡太守雄有孝性居父憂殆不可識清河王懌爲司空辟爲左曹懌遷司徒仍授左曹雄用心平直加以閑明政事經其斷割莫不悅服懌每謂人曰必也無訟辛雄有焉歷尚書駕部三公郎會沙汰郎官唯雄與羊深等八人見留餘悉罷遣先是御史中丞東平王匡復欲輿棺諫諍尚書令任城王澄劾匡大不敬詔恕死雄奏理匡曰竊惟白衣元匡歷奉三朝每蒙寵遇諤諤之性簡自帝心故高祖錫之以匡名陛下任之以彈糾當高肇之時匡造棺致諫主聖臣直卒以無咎假欲重造先帝已容之於前陛下亦宜寬之於後未幾匡除平州刺史右僕射元欽稱雄之美左僕射

蕭寶夤曰吾聞游僕射云得如雄者四五人共省事足矣今日之賞何其晚哉
初廷尉少卿袁翻以犯罪之人經恩競訴枉直難明遂奏曾染風聞者不問曲
直推爲獄成悉不斷理詔門下尚書廷尉議之雄議曰春秋之義不幸而失寧
僭不濫僭則失罪人濫乃害善人今議者不忍罪姦吏使出入縱情令君子小
人薰蕕不別豈所謂賞善罰惡殷勤隱恤者也古人唯患察獄之不精未聞知
冤而不理詔從雄議自後每有疑議雄與公卿駁難事多見從於是公能之名
甚盛又爲祿養論稱仲尼陳五孝自天子至於庶人無致仕之文禮記八十一
子不從政九十家不從政鄭玄注云復除之然則止復庶人非公卿士大夫之
謂以爲宜聽祿養不約其年書奏孝明納之後除司空長史時諸公皆慕其名
欲屈爲佐莫能得也時諸方賊盛而南寇侵境山蠻作逆孝明欲親討以荆州
爲先詔雄爲行臺左丞與臨淮王彧東趣葉城別將裴衍西通鵶路衍稽留未
進彧師已次汝濱逢北溝求救議以處分道別不欲應之雄曰王直麾閫外唯
利是從見可而進何必守道或恐後有得失之責要雄符下雄以車駕將親伐

蠻夷必懷震動乘彼離心無往不破遂符或軍令速赴擊賊聞果自走散在軍
上疏曰凡人所以臨堅陳而忘身觸白刃而不憚者一則求榮名二則貪重賞
三則畏刑罰四則避禍難非此數事雖聖王不能勸其臣慈父不能厲其子明
主深知其情故賞必行罰必信使親疎貴賤勇怯賢愚聞鐘鼓之聲見旍旗之
列莫不奮激競赴敵場豈厭久生而樂早死也利害縣於前欲罷不能耳自秦
隴逆節將歷數年蠻左亂常稍已多載凡在戎役數十萬人三方之師敗多勝
少跡其所由不明賞罰故也陛下欲天下之早平愍征夫之勤悴乃降明詔賞
不移時然兵將之勳歷稔不決亡軍之卒晏然在家致令節士無所勸慕庸人
無所畏懾進而擊賊死交而賞賒退而逃散身全而無罪此其所以望敵奔沮
不肯進力者矣爲重發明詔更量賞罰則軍威必張賊難可弭臣聞必不得已
去食就信以此推之信不可斯須廢也賞罰陛下之所易尚不能全而行之攻
敵士之所難欲其必死寧可得也後爲吏部郎中及尒朱榮入洛河陰之難人
情未安雄潛竄不出孝莊欲以雄爲尚書門下奏曰辛雄不出存亡未知孝莊

曰寧失亡而用之可失存而不用也遂除度支尚書後以本官兼侍中關西慰
勞大使將發請事五條一言逋懸租調宜悉不徵二言簡罷非時徭役以紓人
命三言課調之際使豐儉有殊令州郡量檢不得均一四言兵起歷年死亡者
衆或父或子辛酸未歇見存者老請假板職悅生者之意慰死者之魂五言喪
亂既久禮儀罕習如有閨門和穆孝悌卓然者宜旌其門閭莊帝從之因詔人
年七十者授縣八十授郡九十加四品將軍百歲從三品將軍永熙三年兼吏
部尚書時近習專恣雄懼其譖𧩂不能守正論者頗譏之孝武南狩雄兼左僕
射留守京師永熙末兼侍中帝入關右齊神武至洛於永寧寺大集朝士責雄
及尚書崔孝芬劉廞楊機等曰爲臣奉主匡危救亂若處不諫諍出不陪隨緩
則耽寵急便竄避臣節安在乃誅之二子士璨士貞逃入關中雄從父兄纂字
伯將學涉文史温良雅正初爲兗州安東府主簿與祕書丞同郡李伯尚有舊
伯尚與咸陽王禧同逆逃竄投纂事覺坐免官後爲太尉騎兵參軍每爲府主
清河王懌所賞至定考懌曰辛騎兵有學有才宜爲上第及梁將曹義宗攻新

野詔纂爲荊州軍司纂善撫將士人多用命賊甚憚之會孝明崩諱至咸以對
敵欲祕凶問纂曰安危在人豈關是也遂發喪號哭三軍縞素還入州城申以
盟約尋爲義宗所圍相率固守孝莊卽位除兼尚書仍行臺後大都督費穆擊
義宗禽之入城因舉酒屬纂曰微辛行臺之在斯吾亦無由見此功也永安二
年元顥乘勝至城下爲顥禽之孝莊還宮纂謝不守之罪帝曰於時朕亦北巡
東軍不守豈卿之過轉滎陽太守百姓姜落生康乞得者舊是前太守鄭仲明
左右豪猾偷竊境內患之纂伺捕禽獲梟於郡市百姓欣然纂僑屬洛陽太昌
中乃爲河南邑中正永熙三年除河內太守齊神武赴洛兵集城下纂出城謁
神武慰勉之因命前侍中司馬子如曰吾行途疲弊宜代吾執河內手也尋爲
兼尚書南道行臺西荊州刺史時蠻酋樊大能應西魏纂攻之不剋而敗爲西
魏將獨孤信所害贈司徒公雄族祖琛
琛字僧貴祖敬宗父樹寶並代郡太守琛少孤曾過友人見其父母無恙垂涕
久之釋褐奉朝請滎陽郡丞太守元麗性頗使酒琛每諫之麗後醉輒令閉閤

曰勿使丞入也孝文南征麗從輿駕詔琛曰委卿郡事如太守也景明中爲揚州征南府長史刺史李崇多事產業琛每諫折崇不從遂相糾舉詔並不問後加龍驤將軍南梁太守崇因置酒謂琛曰長史後必爲刺史但不知得上佐何如人耳琛對曰若萬一叨忝得一方正長史朝夕聞過是所願也崇有慚色卒於官琛寬雅有度量涉獵經史喜慍不形於色當官奉法所在有稱長子悠字元壽早有器業爲侍御史監揚州軍賊平錄勳書時李崇猶爲刺史欲寄人名悠不許崇曰我昔逢其父今復逢其子早卒悠弟俊字叔義有文才魏子建爲山南行臺以爲郎中有軍國機斷還京於滎陽爲人所劫害贈東秦州刺史俊弟術

術字懷哲少明敏有識度解褐司空胄曹參軍與僕射高隆之共典營構鄴都宮室術有思理百工尅濟再遷尚書右丞出爲清河太守政有能名追授幷州長史遭父憂去職清河父老數百人詣闕上書請立碑頌德齊文襄嗣事與尚書左丞宋游道中書侍郎李繪等並追詣晉陽俱爲上客累遷散騎常侍武定

六年侯景叛除東南道行臺尚書封江夏縣男與高岳等破侯景禽蕭明還東徐州刺史爲淮南經略使齊天保元年侯景徵江西租稅術率諸軍度淮斷之燒其稻數百萬石還鎮下邳人隨術北度淮者三千餘家東徐州刺史郭志殺郡守文宣聞之敕術自今所統十餘州地諸有犯法者刺史先啓聽報以下先斷後表聞齊代行臺兼總人事自術始也安州刺史臨清太守盱台蘄城二鎮將犯法術皆案奏殺之睢州刺史及所部郡守俱犯大辟朝廷以其奴婢百口及貲財盡賜術三辭不見許術乃送詣所司不復以聞邢邵聞之遺術書曰昔鍾離意云孔子忍渴於盜泉便以珠璣委地足下今能如此可謂異代一時及王僧辯破侯景術招攜安撫城鎮相繼款附前後二十餘州於是移鎮廣陵獲傳國璽送鄴文宣以璽告於太廟此璽卽秦所制方四寸上紐交盤龍其文曰受命於天既壽永昌二漢相傳又歷魏晉晉懷帝敗沒於劉聰聰敗沒於石氏石氏敗晉穆帝永和中濮陽太守戴僧施得之遣督護何融送于建業歷宋齊梁梁敗侯景得之景敗侍中趙思賢以璽投景南兖州刺史郭元建送于術故

術以進焉尋徵爲殿中尙書領太常卿仍與朝賢議定律令遷吏部尙書食南兗州梁郡幹遷鄴以後大選之職知名者數四互有得失未能盡美文襄少年高朗所弊也踈袁叔德沉密謹厚所傷者細楊愔風流辯給取士失於浮華唯術性尙貞明取士以才以器循名責實新舊參舉管庫必擢門閥不遺考之前後銓衡在術最爲折衷甚爲當時所稱舉天保末文宣嘗令術選百員官參選者二三千人術題目士子人無謗讟其所旌擢後亦皆致通顯術淸儉寡嗜欲勤於所職未嘗暫懈臨軍以威嚴牧人有惠政少愛文史晚更勤學雖在戎旅手不釋卷及定淮南凡諸貲物一毫無犯唯大收典籍多是宋齊梁時佳本鳩集萬餘卷幷顧陸之徒名畫二王已下法書數亦不少俱不上王府唯入私門及還朝頗以饟遺貴要物議以此少之十年卒年六十皇建二年贈開府儀同三司中書監靑州刺史子閤卿尙書郎閤卿弟衡卿有識學開府參軍事隋大業初卒於太常丞術族子德源

德源字孝基祖穆魏平原太守父子馥尙書左丞德源沉靜好學十四解屬文

及長博覽書記美儀容中書侍郎裴讓之特相愛好兼有龍陽之重齊尚書僕射楊遵彥殿中尚書辛術皆一時名士竝虛襟禮敬同舉薦之後爲兼員外散騎侍郎聘梁使副德源本貧素因使薄有資裝遂餉執事爲父求贈時論鄙之中書侍郎劉逖上表薦德源弱齡好古晚節逾厲枕藉六經漁獵百氏文章綺豔體調清華恭慎表於閨門謙撝著於朋執實後進之辭人當今之雅器由是除員外散騎侍郎後兼通直散騎常侍聘陳及還待詔文林館位中書舍人齊滅仕周爲宣納上士因取急詣相州會尉遲迥起逆以爲中郎德源辭不獲免遂亡去隋受禪不得調者久之隱林慮山鬱鬱不得志著幽居賦以自寄素與武陽太守盧思道友善時相往來魏州刺史崔彥武奏德源潛爲交結恐有姦計由是謫令從軍討南寧及還祕書監牛弘以德源才學顯著奏與著作郎王劭同修國史德源每於務隙撰集注春秋三傳三十卷注楊子法言二十三卷蜀王秀奏以爲掾轉諮議參軍卒官有集二十卷又撰政訓內訓各二十卷有子素臣德源從祖兄元植齊天保中司空司馬學涉有名聞於世德源族叔珍

之少有氣俠歷位北海太守後行平州事卒於州贈驃騎大將軍洛州刺史謚
曰恭子懿武定末開府鎧曹參軍
楊機字顯略天水冀人也祖伏恩徙居洛陽因家焉機少有志節爲士流所稱
河南尹李平元暉並召署功曹暉尤委以郡事或謂暉曰弗躬弗親庶人弗信
何得委事於機高臥而已暉曰吾聞君子勞於求士逸於任賢吾既委得其才
何爲不可由是聲名更著時皇子國官多非其人詔選清直之士機見舉爲京
兆王愉國中尉愉甚敬憚之後爲洛陽令京輦伏其威風訴訟者一經其前後
皆識其名姓并記其事理歷司州別駕清河內史河北太守並有能名永熙中
除度支尚書機方直之心久而彌厲奉公正己爲時所稱家貧無馬多乘小犢
車時論許其清白與辛雄等並爲齊神武所誅
高恭之字道穆自云遼東人也祖潛獻文初賜爵陽關男詔以沮渠牧犍女賜
潛爲妻封武威公主拜駙馬都尉父崇字積善少聰敏以端謹稱家資富厚而
崇志尚儉素初崇舅氏坐事誅公主痛本生絕胤遂以崇繼牧犍後改姓沮渠

景明中啓復本姓襲爵除洛陽令爲政清斷吏人畏其威風發擿不避強禦縣內肅然卒贈滄州刺史諡曰成道穆以字行於世學涉經史所交皆名流儁士幼孤事兄如父母謂人曰人生厲心立行貴於見知當使夕脫羊裘朝佩珠玉若時不我知便須退迹江海自求其志御史中尉元匡高選御史道穆奏記求用於匡匡遂引爲御史其所糾擿不避權豪正光中出使相州前刺史李世哲卽尚書令崇之子多有非法逼買人宅廣興屋宇皆置鴟尾又於馬埒堠上爲木人執節道穆繩糾悉毀去之幷表發其贓貨尒朱榮討蠕蠕道穆監其軍事榮甚憚之蕭寶夤西征以爲行臺郎中委以軍機之事後屬兄謙之被害情不自安遂託身於孝莊孝莊時爲侍中深相保護及卽位賜爵龍城侯除太尉長史領中書舍人及元顥逼武牢或勸帝赴關西者帝以問道穆道穆言關中殘荒請車駕北度循河東下帝然之其夜到河內郡北帝命道穆燭下作詔書布告遠近於是四方知乘輿所在尋除給事黃門侍郎安喜縣公於時尒朱榮欲迴師待秋道穆謂榮曰大王擁百萬之衆輔天子而令諸侯此桓文之舉也今

若還師令顯重完守具可謂養虺成蚍悔無及矣榮深然之及孝莊反政因宴
次謂尒朱榮曰前若不用高黃門計社稷不安可爲朕勸其酒令醉因榮陳其
作監軍時臨事能決實可任用尋除御史中尉仍兼黃門道穆外執直繩內參
機密凡是益國利人之事必以奏聞諫諍盡言無所顧憚選用御史皆當世名
輩李希宗李繪陽休之陽斐封君義邢子明蘇淑宋世良等三十人於時用錢
稍薄道穆表曰百姓之業錢貨爲本救弊改鑄王政所先自頃以來私鑄薄濫
官司糾繩挂網非一在市銅價八十一文得銅一斤私鑄薄錢斤餘二百既示
之以深利又隨之以重刑得罪者雖多姦鑄者彌衆今錢徒有五銖之文而無
二銖之實薄甚榆莢上貫便破置之水上殆欲不沉因循有漸科防不切朝廷
失之彼復何罪昔漢文帝以五分錢小改鑄四銖至武帝復改三銖爲半兩此
皆以大易小以重代輕也論今據古宜改鑄大錢文載年號以記其始則一斤
所成止七十六文銅價至賤五十有餘其中人功食料錫炭松砂縱復私營不
能自潤直置無利自應息心況復嚴刑廣設也以臣測之必當錢貨永通公私

獲允後遂用楊侃計鑄永安五銖錢僕射尒朱世隆當朝權㰻因內見衣冠失儀道穆便即彈糾帝姊壽陽公主行犯清路執赤棒卒呵之不止道穆令卒棒破其車公主深恨泣以訴帝帝曰高中尉清直人彼所行者公事豈可私恨責之也道穆後見帝帝曰一日家姊行路相犯深以爲愧道穆免冠謝帝曰朕以愧卿卿反謝朕尋敕監儀注又詔祕書圖籍及典書緗素多致零落可令道穆總集帳目幷牒儒學之士編比次第道穆又上疏曰高祖太和之初置廷尉司直論刑辟是非雖事非古始交濟時要竊見御史出使悉受風聞雖時獲罪人亦不無枉濫何者得堯之罰不能不怨守令爲政容有愛憎姦猾之徒恆思報惡多有妄造無名共相誣謗御史一經檢究恥於不成杖木之下以虛爲實無罪不能自雪者豈可勝道哉臣雖愚短守不假器繡衣所指冀以清肅若仍更踵前失或傷善人則尸祿之責無所逃罪如臣鄙見請依太和故事還置司直十人名隸廷尉以五品選歷官有稱心平性正者爲之御史若出糾劾即移廷尉令知人數廷尉遣司直與御史俱發所到州郡分居別館御史檢了移付司

直司直覆問事訖與御史俱還中尉彈聞廷尉科案一如舊式庶使獄成罪定無復稽寬爲惡取敗不得稱枉若御史司直糾劾失實悉依所斷獄罪之聽以所檢送相糾發如二使阿曲有不盡理聽罪家詣門下通訴別加案檢如此則肺石之傍怨從可息叢棘之下受罪吞聲者矣詔從之復置司直及尒朱榮死帝召道穆付赦書令宣於外謂曰今當得精選御史矣先是榮等常欲以其親黨爲御史故有此詔及尒朱世隆等戰於大夏門北道穆受詔督戰又贊成太府卿李苗斷橋之計世隆等於是北遁加衞將軍大都督兼尚書右僕射南道大行臺時雖外託征蠻而帝恐北軍不利欲爲南巡之計未發會尒朱兆入洛道穆慮禍託病去官世隆以其忠於前朝遂害之太昌中贈車騎大將軍儀同三司雍州刺史子士鏡襲爵爲北豫州刺史道穆兄謙之

謙之字道讓少事後母以孝聞專意經史天文算歷圖緯之書多所該涉好文章留心老易襲父爵孝昌中行河陰令先是有人囊盛瓦礫指作錢物詐市人馬因而逃去詔令追捕必得以聞謙之乃僞枷一囚立於馬市宣言是前詐市

馬賊今欲刑之密遣腹心察市中私議者有二人相見忻然曰無復憂矣執送案問悉獲其黨并出前後盜處失物之家各得其本物具以狀告尋正河陰令在縣二年損益政體多爲故事時道穆爲御史亦有能名世美其父子兄弟並著當官之稱舊制二縣令得面陳得失時佞幸之輩惡其有所發聞遂共奏罷謙之乃上疏曰臣以無庸謬宰神邑實思奉法不撓稱是官方酬朝廷無貲之恩盡人臣守器之節但豪家支屬戚里親媾縲紲所及舉目多是皆有盜憎之色咸起惡上之心縣令輕弱何能克濟先帝昔發明詔得使面陳所懷臣亡父先臣崇之爲洛陽令常得入奏是非所以朝貴斂手無敢干政近年已來此制遂寢致使神宰威輕下情不達今二聖遠遵堯舜憲章高祖愚臣亦望策其駑蹇少立功名乞行新典更明往制庶姦豪知禁頗自屏心詔付外量聞謙之又上疏以爲自正光以來邊城屢擾命將出師相繼於路但諸將師或非其才多遣親者妄稱入募唯遣奴客充數而已對寇臨敵略不彎弓則是王爵虛加征夫多闕賊虜何可殄除忠貞何以勸誡也且近習侍臣戚屬朝士請託官曹擅

作威福如有清貞奉法不爲回者咸共譖毀橫受罪罰在朝顧望誰肯申聞蔽
上擁下虧風損政使讒諂甘心忠讜息義且頻年以來多有徵發人不堪命動
致流離苟保妻子競逃王役不復顧其桑井憚此刑書正由還有必困之理歸
無自安之路若聽歸其本業徭役微甄則還者必衆墾田增闢數年之後大獲
課入今不務以理還之但欲嚴符切勒恐數年之後走者更多故有國有家者
不患人不我歸唯患政之不立不恃敵不我攻唯恃吾不可侮此乃千載共遵
百王一致伏願少垂覽察靈太后得其疏以責左右近侍諸寵要者由是疾之
乃啓太后曰謙之有學藝除爲國子博士謙之與袁翻常景酈道元溫子昇之
徒或申款舊好施贍恤言諾無虧居家僮隸對其兒不撻其父母生三子便免
其一世無髡黥奴婢常稱俱稟人體如何殘害謙之以父舅氏沮渠蒙遜曾據
涼土國書漏闕乃修涼書十卷行於世涼國盛事佛道爲論貶之稱佛是九流
之一家當世名流競以佛理來難謙之還以佛義對之竟不能屈以時所行曆
多未盡善乃更改元修者撰爲一家之法雖未行於世識者歎其多能時朝議

鑄錢以謙之爲鑄錢都將長史乃上表求鑄三銖錢曰蓋錢貨之立本以通有無便交易故錢之輕重世代不同太公爲周置九府圜法至景王時更鑄大錢秦兼海內錢重半兩漢興以秦錢重改鑄楡莢錢至文帝五年復爲四銖孝武時悉復銷壞更鑄三銖至元狩中變爲五銖又造赤仄之錢以一當五王莽攝政錢有六等大錢重十二銖次九銖次七銖次五銖次三銖次一銖魏文帝罷五銖錢至明帝復立孫權江左鑄大錢一當五百權赤烏年復鑄大錢一當千輕重大小莫不隨時而變竊以食貨之要八政爲首聚財之貴詒訓典文是以昔之帝王乘天地之饒御海內之富莫不腐紅粟於太倉藏朽貫於泉府儲畜旣盈人無困弊可以寧謐四海如身使臂者矣昔漢之孝武地廣財饒外事四戎遂虛國用於是草茅之臣出財助邊興利之計納稅廟堂市列榷酒之官邑有告緡之令鹽法旣興錢弊屢改少府遂豐上林饒積外闢百蠻內不增賦者皆計利之由也今羣祆未息四郊多壘徵稅旣煩千金日費倉儲漸耗財用將竭誠楊氏獻稅之秋桑兒言利之日夫以西京之盛錢猶屢改並行大小子母

相權況今寇難未除州郡淪敗人物彫零軍國用少別鑄小錢可以富益何損
於政何妨於人也且政與不以錢大政衰不以錢小唯貴公私得所政化無虧
既行之於古亦宜效之於今矣昔禹遭大水以歷山之金鑄錢救人之困湯遭
大旱以莊山之金鑄錢贖人之賣子者今百姓窮悴甚於曩日欽明之主豈得
垂拱而觀之哉臣今此鑄以濟交乏五銖之錢任使並用行之無損國得其益
詔將從之事未就會卒初謙之弟道穆正光中爲御史糾相州刺史李世哲事
大相挫辱其家恆以爲憾至是世哲弟神軌爲靈太后深所寵任會謙之家僮
訴良神軌左右之入諷尚書判禁謙之於廷尉時將赦神軌乃啓靈太后發詔
於獄賜死朝士莫不哀之所著文章百餘篇別有集錄永安中贈營州刺史諡
曰康又除一子出身以明寃屈謙之弟謹之字道脩父崇既還本姓以謹之繼
沮渠氏
綦儁字檦顯河南洛陽人也其先居代儁孝莊時仕累遷爲滄州刺史甚爲吏
人畏悅尋除太僕卿及尒朱世隆等誅齊神武召文武百司下及士庶議所立

莫有應者儁避席曰廣陵王雖爲尒朱扶戴當今之聖主也神武將從之時黃門崔㥄議不同高乾魏蘭根等固執㥄言遂立孝武帝及帝入關神武深恩儁言常以爲恨尋除御史中尉於路與僕射賈顯度相逢顯度恃勳貴排儁騶列倒儁忿見於色自入奏之尋加散騎常侍驃騎大將軍左光祿大夫儀同三司儁佞巧能候當塗斛斯椿賀拔勝皆與友善性多詐賀拔勝出鎮荊州過儁別因辭儁母儁故見敗氈弊被勝更遺之錢物後兼吏部尚書復爲滄州刺史徵還兼中尉章武縣伯尋除殷州刺史薨於州贈司空公謚曰文貞子洪賓字巨正位尚書左右郎魏郡邑中正嗜酒好色無行檢卒

山偉字仲才河南洛陽人也其先居代祖強美容貌身長八尺五寸工騎射彎弓五石爲奏事中散從獻文獵方山有兩狐起於御前詔強射之百步內二狐俱獲位內行長父幼之位金明太守偉涉獵文史孝明初元匡爲御史中尉以偉兼侍御史入臺五日便遇正會偉司神武門其妻從叔爲羽林隊主撾直長於殿門偉即劾奏匡善之俄然奏正帖國子助教還員外郎廷尉評時天下無

事進仕路難代遷之人多不霑預及六鎮隴西二方起逆領軍元乂欲用代來寒人爲傳詔以慰悅之而牧守子孫投狀求者百餘人乂因奏立勳附隊令各依資出身自是北人悉被收敘偉遂奏記贊乂德美乂素不識偉訪侍中安豐王延明黃門郎元順順等因是稱薦之乂令僕射元欽引偉兼尚書二千石郎後正名士郎修起居注僕射元順領選表薦爲諫議大夫尒朱榮之害朝士偉時守直故免禍及孝莊入宮仍除偉給事黃門侍郎先是偉與儀曹郎袁昇屯田郎李延考外兵郎李奐三公郎王延業方駕而行偉少居後路逢一尼望之歎曰此輩緣業同日而死謂偉曰君方近天子當作好官而昇等四人皆於河陰遇害果如其言俄領著作郎節閔帝立除祕書監仍著作初尒朱兆入洛官守奔散國史典書高法顯密埋史書故不遺落偉自以爲功訴求爵賞偉挾附世隆遂封東阿縣伯而法顯止獲男爵偉尋進侍中孝靜初除衞大將軍中書令監起居後以本官復領著作卒官贈驃騎大將軍開府儀同三司都督幽州刺史謚曰文貞公國史自鄧彥海崔深崔浩高允李彪崔光以還諸人相繼撰

錄綦儁及偉等諂悅上黨王天穆及尒朱世隆以爲國書正應代人修緝不宜委之餘人是以綦偉等更主大籍守舊而已初無述著故自崔鴻死後迄終偉身二十許載時事蕩然萬不記一後人執筆無所憑據史之遺闕偉之由也外示沉厚內實矯競與綦儁少甚相得晚以名位之間遂若水火與宇文忠之之徒代人爲黨時賢畏惡之而愛尚文史老而彌篤偉弟少亡偉撫寡訓孤同居二十餘載恩義甚篤不營產業身亡之後賣宅營葬妻子不免飄泊士友歎愍之長子昂襲爵

宇文忠之河南洛陽人也其先南單于之遠屬世據東部後居代都父侃卒於書侍御史忠之涉獵文史頗有筆札釋褐太學博士天平初除中書侍郎裴伯茂與之同省常侮忽之以忠之色黑呼爲黑宇後敕修國史元象初兼通直散騎常侍副鄭伯猷使梁武定初爲尚書右丞仍修史未幾以事除名忠之好榮利自爲中書郎六七年矣遇尚書省選右丞預選者皆射策忠之試焉既獲丞職大爲忻滿志氣囂然有驕物之色識者笑之既失官爵怏怏發疾卒于君山

費穆字朗興代人也祖于位商賈二曹令懷州刺史賜爵松陽男父萬襲爵位梁州鎮將贈冀州刺史穆性剛烈有壯氣頗涉文史好尚功名宣武初襲爵稍遷涇州平西府長史時刺史皇甫集靈太后之元舅恃外戚之親多爲非法穆正色匡諫集亦憚之後蠕蠕主婆羅門自涼州歸降其部衆因飢侵掠邊邑詔穆銜旨宣慰莫不款附明年復叛入寇涼州除穆兼尚書右丞西北道行臺仍爲別將往討之穆至涼州蠕蠕遁走穆謂其所部曰夷狄獸心見敵便走若不令其破膽終恐疲於奔命乃簡練精騎伏於山谷使羸劣之衆爲外營以誘之賊騎覘見俄而競至伏兵奔擊大破之及六鎮反叛穆爲別將隸都督李崇北伐都督崔暹失利崇將議班師以朔州是白道之衝賊之咽喉若不全則幷肆危選將鎮捍僉議舉穆崇乃請穆爲朔州刺史尋改雲州刺史穆招集離散頗得人心北境州鎮皆沒唯穆獨存久之援軍不至穆乃棄城南走投尒朱榮於秀容既而詣闕請罪詔原之孝昌中以都督討平二絳反蜀拜散騎常侍後祅賊李洪於陽城起逆連結蠻左詔穆兼武衛將軍擊破之及尒朱榮向洛靈太

后徵穆令屯小平榮推奉孝莊穆遂先降榮素知穆見之甚悅穆潛說榮曰公士馬不出萬人長驅向洛前無橫陳者政以推奉主上順人心故今以京師之衆百官之盛一知公之虛實必有輕侮之心若不大作討罰更樹親黨公還北之日恐不得度太行而內難行矣榮心然之於是有河陰之事天下聞之莫不切齒榮入洛穆爲吏部尚書魯縣侯進封趙平郡公爲侍中前鋒大都督與大將軍元天穆討平邢杲時元顥入京師穆與天穆既平齊地將擊顥穆圍武牢將拔屬天穆北度既無後繼穆遂降顥顥以河陰酷濫事起於穆引入詰讓殺之孝莊還宮贈侍中司徒公諡曰武宣

孟威字能重河南洛陽人也頗有氣尚尤知北土風俗歷東宮齋帥羽林監後以明解北人語敕在著作以備推訪累遷沃野鎭將前後頻使遠藩粗能稱旨普泰中除大鴻臚卿卒贈司空公子恂嗣

論曰辛雄吏能歷職琛以公方行己懷哲體有清監德源雅業無虧並素門之所德也楊機清斷在公道穆兄弟有政事之用綦儁遭逢受職山偉位行頗爽

忠之雖文史足用而雅道羲閭費穆出身効力功名著矣末路一言禍延簪帶

其死也宜哉孟威以方言陳力其勤亦可稱矣

北史卷五十

北史卷五十考證

辛雄傳先是御史中丞東平王匡復欲輿棺諫諍○復監本訛服今改從魏書

高恭之傳祖潛獻文初賜爵陽關男○陽關魏書作開陽又陽監本作楊今從南本

邢子明蘇淑宋世良等○淑監本訛叔今從閣本

謙之傳時佞幸之輩惡其有所發聞○佞監本訛使今從南本

山偉傳綦儁及偉等諂悅上黨王天穆及尒朱世隆○悅監本訛亂今從閣本改正

宇文忠之傳卒于君山○于魏書作子

北史卷五十考證

珍傲宋版邾

北史卷五十一

唐　李延壽撰

列傳第三十九

齊宗室諸王上

趙郡王琛 子叡　清河王岳 子勱　廣平公盛
陽州公永樂　襄樂王顯國　上洛王思宗 子元海 弟思好
平秦王歸彥 兄子武興王普　長樂王靈山　神武諸子

趙郡王琛字元寶齊神武皇帝之弟也少便弓馬有志氣封南趙郡公累遷定州刺史六州大都督甚有聲譽及斛斯椿等釁結神武帥師入洛陽以晉陽根本召琛留總相府政事天平中除御史中尉正色糾彈無所回避遠近肅然尋亂神武後庭因杖而斃時年二十三贈太尉尚書令謚曰貞天平三年又贈假黃鉞左丞相太師錄尚書事進爵為王配享神武廟庭子叡嗣

叡小名須拔幼孤聰慧夙成特為神武所愛養於宮中令游娘母之恩異諸子

魏與和中襲爵南趙郡公年至四歲未嘗識母其母魏華山公主也其從母姊
鄭氏戲謂曰汝是我姨兒何倒親游氏叡因訪問遂失精神神武疑其感疾叡
曰兒無患苦但聞有所生欲得暫見神武驚命元夫人至就宮見之叡前跪拜
因抱頸大哭神武甚悲傷謂平秦王曰此兒至孝吾子無及者遂爲休務一日
叡讀孝經至資於事父輒流涕歔欷十歲喪母神武親送至領軍府爲發哀舉
聲殞絶三日水漿不入口神武與武明太后殷勤敦譬方漸順旨居喪長齋骨
立杖而後起神武令常山王與同臥起日夜喻之幷勑左右不許進水雖絶清
漱午輒不肯食由是神武食必呼與同案神武崩哭泣歐血及壯將婚貌有戚
容文襄謂曰我爲爾娶鄭述祖女何嫌而不樂對曰自痛孤遺方從婚冠彌用
感切言未卒嗚咽不自勝文襄爲之憫然勵之勤學常夜久方罷文宣受禪進
爵爲王叡身長七尺容儀甚偉閑習吏事有知人之鑒天保二年出爲定州刺
史六州大都督時年十七稱爲良牧六年詔叡領兵監築長城于時六月叡途
中屏蓋扇親與軍人同勞苦定州先常藏冰長史宋欽道以叡冒熱遣倍道送

冰正遇炎盛咸謂一時之要叡對之歎曰三軍皆飲温水吾何義獨進寒冰遂至銷液竟不一嘗兵人感悅先是役罷任其自歸丁壯先返羸弱多致僵殞叡於是親帥營伍強弱相持賴全者十三四焉八年除都督北朔州刺史叡撫慰新遷量置烽戍備有條法大爲兵人所安無水處禱而掘井泉源湧出至今號曰趙郡王泉九年濟南以太子監國因立大都督府與尚書省分理衆事仍開府置佐史文宣特崇其選除叡侍中攝大都督府長史叡後因侍宴帝從容謂常山王演等曰由來亦有如此長史不皇建初兼幷州事孝昭帝臨崩預受顧託奉迎武成於鄴拜尚書令天統中追贈父琛假黃鉞母元氏贈趙郡王妃謚曰貞昭華陽長公主如故有司備禮儀就墓拜受時隆冬盛寒叡跣步號哭面皆破裂歐血數升及還不堪參謝帝親就第看問拜司空攝錄尚書事河清三年周師及突厥至幷州武成戎服將以宮人避之叡叩馬諫乃止帝親御戎六軍進止並令取叡節度而使段孝先總焉帝與宮人被緋甲登故北城以望軍營甚整突厥咎周人曰爾言齊亂故來伐之今齊人眼中亦有鐵何可當邪乃

還至陘嶺凍滑乃鋪氈以度胡馬寒瘦膝已下皆無毛比至長城死且盡乃截
矟杖之以歸是役也段孝先持重不與賊戰自晉陽失道爲虜所屠無遺類焉
斛律光自三堆還帝以遭大寇抱其頭哭任城王湝進曰何至此乃止光面折
孝先於帝前曰段婆善爲送女客於是以叡爲能加尙書令封宣城郡公拜太
尉監五禮晩節頗以酒色爲和士開所構叡久典朝政譽望日隆漸被疎忌乃
撰古忠臣義士號曰要言以致其意武成崩葬後數日叡與馮翊王潤安德王
延宗及元文遙奏後主云和士開不宜仍居內幷入奏太后因出士開爲兗州
刺史太后欲留過百日叡正色不許太后令酌酒賜叡叡正色曰今論國家大
事非爲巵酒言訖便出其夜叡方寢見一人長可丈五尺臂丈餘當門向牀以
臂壓叡良久遂失甚惡之起坐嘆曰大丈夫運命一朝至此旦欲入朝妻子咸
諫止之叡曰社稷事重吾當以死効之吾寧死事先皇不忍見朝廷顚沛至殿
門又有人曰願勿入叡曰吾上不負天死亦無恨入見太后太后復以爲言叡
執之彌固出至永巷被送華林園於雀離佛院令劉桃枝拉殺之時年三十六

大霧三日朝野寃惜之其年詔聽以王禮葬竟無贈謚子整信嗣好學有行檢
位儀同三司後終於長安

清河王岳字洪略神武從父弟也父翻字飛雀以器度知名卒於侍御中散元象中贈假黃鉞大將軍太傅太尉錄尚書事謚孝宣公岳幼孤貧人未之知長而敦直姿貌嶷然深沉有器量初居洛邑神武每使入洛必止岳舍岳母山氏嘗夜起見神武室中無火而有光移於別室如前所見怪之詣卜者筮遇乾卦大有占者曰吉易稱飛龍在天大人造也貴不可言山氏歸報神武神武後起兵於信都山氏謂岳曰赤光之瑞今當驗矣汝可從之岳遂往信都神武見之大悅及戰於韓陵神武將中軍高昂將左軍岳將右軍中軍敗岳舉麾大呼橫衝賊陣神武因大破賊以功除衞將軍左光祿大夫封清河郡公母山氏封郡君授女侍中入侍皇后天平二年除侍中六州軍事都督尋加開府岳辟引時賢以爲僚屬論者美之尋授使持節六州大都督冀州大中正俄拜京畿大都督其六州事悉隸京畿時神武統務晉陽岳與侍中孫騰等京師輔政岳性至

孝母疾衣不解帶及遭喪去職哀毀骨立神武憂之每日遣人勞勉尋起復本位歷冀晉二州刺史西南道大都督有綏邊之稱及神武崩侯景叛梁武乘間遣其貞陽侯明於寒山擁泗水灌彭城與景爲掎角聲援岳總諸軍南討與行臺慕容紹宗擊破明禽之景仍於渦陽與左衛將軍劉豐等相持岳又破之以功除太尉又統慕容紹宗劉豐等攻王思政於長社岳引洧水灌城紹宗劉豐爲思政所獲西魏出兵援思政岳內外防禦城不沒者三板會文襄親臨數日剋城獲思政等以功別封真定縣男文襄以爲己功故賞典不弘文襄崩文宣出撫晉陽令岳以本官兼尚書左僕射留鎮鄴天保初進封清河郡王五年加太保尋爲西南道大行臺統司徒潘相樂等救江陵師次義陽西魏克荊州因略地克郢州獲梁郢州刺史陸法和送鄴詔岳旋師岳自討寒山長社及出隨陸並有功威名彌重性華侈尤悅酒色歌姬舞女陳鼎擊鍾諸王皆莫及初高歸彥少孤神武令岳撫養輕其年幼情禮甚薄歸彥內銜之及歸彥爲領軍岳謂其德已更倚仗之歸彥密構其短奏岳造城南大宅僭擬爲永巷但無闕耳

帝後夜行見壯麗意不平仍屬帝召鄴下婦人薛氏入宮而岳先嘗迎之至宅由其姊也帝縣薛氏姊而鋸殺之讓岳以爲姦人女岳曰臣本欲取之嫌其輕薄非姦也帝益怒使高歸彥就宅賜以鴆岳曰臣無罪彥曰飲之飲而薨朝野惜之時年三十四詔大鴻臚護喪事贈太宰太傅假黃鉞給轀輬車謚曰昭武敕以城南宅爲莊嚴寺初岳與神武經綸天下家有私兵戎器儲甲千餘領文襄末岳表求納之文襄推心相任不許文宣時亦頻請納又不許將薨遺表謝恩幷請上甲葬畢方許納焉皇建中配享文襄廟廷後歸彥反武成知其前譖以歸彥良賤百口贈岳家贈岳太師太保餘如故子勱

勱字敬德幼聰敏美風儀以仁孝聞七歲襲爵清河王十四爲青州刺史歷祠部尚書開府儀同三司改封安樂侯性剛直有才幹斛律光雅敬之每征伐則引爲副遷侍中尚書右僕射及後主爲周師所敗勱奉太后歸鄴時宦官放縱儀同苟子溢尤幸勱將斬以狥太后救之乃得釋劉文殊竊謂勱曰子溢之徒言成禍福何得如此勱攘袂曰今西軍日侵朝貴多叛正由此輩弄權若今日

殺之明日就誅無恨文殊甚愧之勱勸後主五品已下家略悉置三臺上脅之
曰若戰不捷則燒之此輩必死戰乃可捷也後主不從遂棄鄴東遷勱恆後殿
爲周軍所得武帝與語大悅因問齊亡所由勱發言流涕悲不自勝帝爲改容
授開府儀同三司隋文帝爲丞相謂曰齊亡由任邪佞公父子忠良聞於隣境
宜善自愛勱拜謝曰勱亡齊末屬不能扶危定傾既蒙獲宥已多優幸況濫叨
名級致速官謗帝甚器之再遷楚州刺史城北有伍子胥廟其俗敬鬼祈者必
以牛酒至破產業勱歎曰子胥賢者豈宜損百姓乎告諭所部自是遂止百姓
賴之開皇七年轉光州刺史上表曰陳氏數年已來荒悖滋甚天厭亂德祆實
人興或空裏時有大聲或行路共傳鬼怪或刳人肝以祠天狗或自捨身以厭
祆訛人神怨憤怪異荐發臣以庸才猥蒙朝寄頻歷藩守與其隣接密邇仇讎
知其動靜天討有罪此即其時若戎車雷動戈船電邁臣雖駑怯請効鷹犬幷
上平陳五策帝嘉之答以優詔及大舉伐陳以勱爲行軍總管從宜陽公王世
積下陳江州以功拜上開府賜物三千段時隴右諸羌數爲寇亂朝廷以勱有

威名拜洮州刺史下車大崇威惠人夷悅附豪猾屏迹路不拾遺以善政稱後吐谷渾來寇勱時遇疾不能拒戰賊遂大掠而去憲司奏勱亡戶口坐免卒于家大唐褒顯前代名臣追贈都督四州諸軍事定州刺史子士廉最知名

廣平公盛神武從叔祖也寬厚有長者風神武起兵於信都盛來赴以爲中軍大都督封廣平郡公歷位司徒太尉天平三年薨於位贈假黃鉞太尉太師錄尙書事無子以兄子子瑗嗣天保初改封平昌王卒於魏尹

陽州公永樂神武從祖兄子也太昌初封陽州縣伯進爵爲公累遷北豫州刺史河橋之戰司徒高昂失利奔退永樂守洛陽南城昂走趣城南西軍追者將至永樂不開門昂遂爲西軍所禽神武大怒杖之二百後罷豫州家產不立神武問其故對曰裴監爲長史辛公正爲別駕受王委寄斗酒隻雞不敢入神武乃以永樂爲濟州仍以監公正爲長史別駕謂永樂曰爾勿大貪小小義取莫復畏永樂至州監公正諫不見聽以狀啓神武神武封啓以示永樂然後知二人清直並擢用之永樂卒於州贈太師太尉錄尙書事諡曰武昭無子從兄思

宗以第二子孝緒爲後襲爵天保初改封修城郡王永樂弟長弼小名阿伽性
麤武出入城市好毆擊行路時人皆呼爲阿伽郎君以宗室封廣武王時有天
恩道人至凶暴橫行閭肆後入長弼黨專以鬭爲事文宣並收掩付獄天恩等
十餘人皆棄市長弼鞭一百尋爲南營州刺史在州無故自驚走叛亡入突厥
竟不知死所
襄樂王顯國神武從祖弟也無才伎直以宗室謹厚天保元年封襄樂郡王位
右衛將軍卒
上洛王思宗神武從子也性寬和頗有武幹天保初封上洛郡王歷位司空太
傅薨於官
子元海累遷散騎常侍願處山林修行釋典文宣許之乃入林慮山經二年絕
棄人事志不能固自啓求歸徽復本任便縱酒肆情廣納姬侍又除領軍將軍
器小志大頗以智謀自許皇建末孝昭幸晉陽武成居守元海以散騎常侍留
典機密初孝昭之誅楊愔等謂武成云事成以汝爲皇太弟及踐位乃使武成

在鄴主兵立子百年爲皇太子武成甚不平先是恆留濟南於鄴除領軍庫狄
伏連爲幽州刺史以斛律豐樂爲領軍以分武成之權武成留伏連而不聽豐
樂視事乃與河陽王孝瑜僞獵謀於野暗乃歸先是童謠云中興寺內白鳧翁
四方側聽聲雍雍道人聞之夜打鍾時丞相府在北城中卽舊中興寺也鳧翁
謂雄雞蓋指武城小字步落稽也道人濟南王小名也打鍾言將被擊也旣而
太史奏言北城有天子氣昭帝以爲濟南應之乃使平秦王歸彥之鄴迎濟南
赴幷州武成先告元海幷問自安之計元海曰皇太后萬福至尊孝性非常殿
下不須別慮武成曰此豈我推誠之意邪元海乞還省一夜思之武成卽留元
海後堂元海達旦不眠唯遶牀徐步夜漏未盡武成遽出曰神筭如何答云夜
中得三策恐不堪用耳因說梁孝王懼誅入關事請乘數騎入晉陽先見太后
求哀後見主上請去兵權以死爲限求不干朝政必保太山之安此上策也若
不然當具表云威權大盛恐取謗衆口請青齊二州刺史沉靖自居必不招物
議此中策也更問下策曰發言卽恐族誅因逼之答曰濟南世嫡主上假太后

令而奪之今集文武示以此敕執豐樂斬歸彥尊濟南號令天下以順討逆此萬世一時也武成大悅狐疑竟未能用乃使鄭道謙卜之皆曰不利舉事靜則吉又召曹魏祖問之國事對曰當有大凶又時有林慮令姓藩知占候密謂武成曰宮車當晏駕殿下爲天下主武成拘之於內以候之又令巫覡卜之多云不須舉兵自有大慶武成乃奉詔令數百騎送濟南於晉陽及孝昭崩武成即位除元海侍中開府儀同三司太子詹事河清二年元海爲和士開譖被馬鞭六十責云爾在鄴城說我以弟反兄幾許不義以鄴城兵馬抗幷州幾許無智不義無智若爲可使出爲兗州刺史元海後妻陸太姬甥也故尋被追任使武平中與祖珽共執朝政元海多以太姬密語告珽珽求領軍元海不可珽乃以其所告報太姬姬怒出元海爲鄭州刺史鄴城將敗徵爲尚書令周建德七年於鄴城謀逆伏誅元海好亂樂禍然詐仁慈不飲酒噉肉文宣天保末年敬信內法乃至宗廟不血食皆元海所爲及爲右僕射又說後主禁屠宰斷酤酒然本心非靖故終致覆敗

思宗弟思好本浩氏子也思宗養以爲弟遇之甚薄少以騎射事文襄及文宣受命爲左衛大將軍本名思孝天保五年討蠕蠕文宣悅其驍勇謂曰爾擊賊如鶻入鴉羣宜思好事故改名焉累遷尚書令朔州道行臺朔州刺史開府南安王甚得邊朔人心後主時斫骨光弁奉使至州思好迎之甚謹光弁倨傲思好因心銜恨武平五年遂舉兵反與幷州諸貴書曰主上少長深宮未辨人之情僞昵近凶狡疏遠忠良遂使刀鋸刑餘貴溢軒階商胡醜類擅權帷幄剝削生靈劫掠朝市闇於聽受專行忍害幽母深宮無復人子之禮二弟殘戮頓絕孔懷之義仍縱子立奪馬於東門光弁掣鷹於西市駮龍得儀同之號逍遙受郡君之名犬馬班位榮冠軒冕人不堪役思長亂階趙郡王叡實曰宗英社稷惟寄左丞相斛律明月世爲元輔威著鄰國並非有辜奄見誅殄孤既忝預皇枝實蒙殊獎今便擁率義兵指除君側之害幸悉此懷無致疑惑行臺郎王行思之辭也思好至陽曲自號大丞相置百官以行臺左丞王尚之爲長史武衛趙海在晉陽掌兵時倉卒不暇奏矯詔發兵拒之軍士皆曰南安王來我輩唯

須唱萬歲奉迎耳帝聞變使唐邕莫多婁敬顯劉桃枝中領軍庫狄士文馳之
晉陽帝勒兵續進思好軍敗與行思投水而死其麾下二千人桃枝圍之且殺
且招終不降以至於盡時帝在道叱奴世安自晉陽送露布於城平都遇斛斯
孝卿孝卿誘使食因馳詣行宮叫已了帝大懽左右呼萬歲良久世安乃以狀
自陳帝曰告爾何物事乃得坐食於是賞孝卿而免世安罪暴思好屍七日然
後屠剝焚之烹尚之於鄴市令內參射其妃於宮內仍火焚殺之思好反前五
旬有人告其謀反韓長鸞女適思好子故奏言有人誣告諸貴事相擾動不殺
無以息後乃斬之思好既誅死者弟伏闕下訴求贈兄長鸞不爲通也
平秦王歸彥字仁英神武族弟也父徽魏末坐事當徙涼州行至河渭間遇賊
以軍功得免流因於河州積年以解胡言爲西域大使得胡師子以功行河東
事遂死焉徽於神武舊恩甚篤及神武平京洛迎徽喪與穆同營葬贈司徒諡
曰文宣初徽嘗過長安市與婦人王氏私通而生歸彥至是年已九歲神武追
見之撫對悲喜稍遷徐州刺史歸彥少質朴後更改節放縱好聲色朝夕酣歌

妻魏上黨王元天穆女也貌不美而甚嬌妬數忿爭密啓文宣求離事寢不報天保元年封平秦王嫡妃康及所生母王氏並爲太妃善事二母以孝聞徵爲兼侍郎稍被親寵以討侯景功別封長樂郡公除領軍大將軍領軍加大自歸彥始也文宣誅高德正金寶財貨悉以賜之乾明初拜司徒仍總知禁衞濟南自晉陽之鄴楊愔宣敕留從駕兵五千於西中陰備非常至鄴數日歸彥乃知之由是陰怨楊燕等楊燕等欲去二王問計於歸彥歸彥詐喜請共元海量之元海亦口許心違馳告長廣長廣於是誅楊燕等孝昭將入雲龍門都督成休寧列杖拒而不內歸彥諭之然後得入進向柏閣永巷亦如之孝昭踐阼以此彌見優重每入常在平原王段韶上以爲司空兼尚書令齊制宮內唯天子紗帽臣下皆戎帽特賜歸彥紗帽以寵之孝昭崩歸彥從晉陽迎武成於鄴及武成即位進位太傅領司徒常聽將私部曲三人帶刀入仗從武成還都諸貴戚等競要之其所往處一坐盡傾歸彥既地居將相志氣盈滿發言陵侮傍若無人議者以威權震主必爲禍亂上亦尋其前翻覆之迹漸忌之高元海畢義雲

高乾和等咸數言其短上幸歸彥家召魏收對御作詔草欲加右丞相收曰至尊以右丞相登帝位今爲歸彥威名太盛故出之豈可復加此號乃拜太宰冀州刺史卽乾和繕寫晝日仍敕門司不聽輒內時歸彥在家縱酒經宿不知至明欲參至門知之大驚而退及通名謝敕令早發別賜錢帛鼓吹醫藥事事周備又敕武職督將悉送至清陽宮拜而退莫敢共語唯與趙郡王叡久語時無聞者至州不自安謀逆欲待受調訖班賜軍士望車駕如晉陽乘虛入鄴爲其郎中令呂思禮所告詔平原王段韶襲之歸彥舊於南境置私驛聞軍將逼報之便嬰城拒守先是冀州長史宇文仲鸞司馬李祖挹別駕陳季璩中從事房子弼長樂郡守尉普興等疑歸彥有異使連名密啓歸彥追而獲之遂收禁仲鸞等五人仍並不從皆殺之軍已逼城歸彥登城大叫云孝昭皇帝初崩六軍百萬衆悉由臣手投身向鄴迎陛下當時不反今日豈有異心正恨高元海畢義雲高乾和誑惑聖上疾忌忠良但爲殺此三人卽臨城自刎其後城破單騎北走至交津見獲鎖送鄴帝令趙郡王叡私問其故歸彥曰使黃頷少兒牽挽

我何可不反曰誰邪歸彥曰元海乾和豈是朝廷老宿如趙家老公時又詎懷怨於是帝又使讓焉對曰高元海受畢義雲宅用作本州刺史給後部鼓吹臣爲藩王太宰仍不得鼓吹正殺元海義雲而已上令都督劉桃枝牽入歸彥猶作前語望活帝命議其罪皆云不可赦乃載以露車銜枚面縛劉桃枝臨之以刃擊鼓隨之并子孫十五人皆棄市贈仁州刺史魏時山崩得石角二藏在武庫文宣入庫賜從臣兵器特以二石角與歸彥謂曰爾事常山不得反事長廣得反反時將此角嚇漢歸彥額骨三道著幘不安文宣見之怒使以馬鞭擊其額血被面曰爾反時當以此骨嚇漢其言反竟驗云

武興王普字德廣歸彥兄歸義之子也性寬和有度量九歲歸彥自河州俱入洛神武使與諸子同游處天保初封武與郡王武平二年累遷司空六年爲豫州道行臺尚書令後主奔鄴就加太宰周師逼乃降卒於長安贈上開府豫州刺史

長樂太守靈山字景嵩神武族弟也從神武起兵信都終長樂太守贈大將軍

司空謚曰文宣子懿卒於武平鎮將無子文宣以靈山從父兄齊州刺史建國子伏護爲靈山後伏護字臣援粗有刀筆天統初累遷黃門侍郎伏護歷事數朝恆參機要而性嗜酒每多醉失末路逾劇乃至連日不食專事酣酒神識恍惚遂以卒贈兗州刺史建國侯孫乂襲乂少謹武平末給事黃門侍郎隋開皇中爲太府少卿坐事死

神武皇帝十五男武明婁皇后生文襄皇帝文宣皇帝孝昭皇帝襄城景王清武成皇帝博陵文簡王濟王氏生永安簡平王浚穆氏生平陽靖翼王淹大尒朱氏生彭城景思王浟華山王凝韓氏生上黨剛肅王渙小尒朱氏生任城王湝游氏生高陽康穆王湜鄭氏生馮翊王潤馬氏生漢陽敬懷王洽

永安簡平王浚字定樂神武第三子也初神武納浚母當月而有孕及產浚疑非己類不甚愛之而浚早慧後更被寵年八歲謂博士盧裕曰祭神如神在爲有神邪無神邪對曰有浚曰有神當云祭神神在何煩如字景裕不能答及長嬉戲不節曾以屬請受納大見杖罰拘禁府獄既而見原後稍折節頗以讀書

爲務元象中封永安郡公豪爽有氣力善騎射爲文襄所愛文宣性雌懦每參文襄有時洟出浚恆責帝左右何因不爲二兄拭鼻由是見銜累遷中書監兼侍中出爲青州刺史雖頗好畋獵聰明矜恕上下畏悅之保定初進爵爲王文宣末年多酒浚謂親近曰二兄舊來不甚了了自登阼已後識解頓進今因酒敗德朝臣無敢諫者大敵未滅吾甚以爲憂欲乘驛至鄴面諫不知用吾不人有知密以白帝又見銜八年來朝從幸東山帝裸裎爲樂雜以婦女又作狐掉尾戲浚進言此非人主所宜帝甚不悅浚又於屏處召楊遵彥譏其不諫帝時不欲大臣與諸王交通遵彥懼以奏帝大怒曰小人由來難忍遂罷酒還宮浚尋還州又上書切諫詔令徵浚浚懼禍謝疾不朝上怒馳驛收浚老幼泣送者數千人至鄴以鐵籠與上黨王渙俱寘北城地牢下飲食溲穢共在一所明年帝親將左右臨穴歌謳令浚等和之浚等惶怖且悲不覺聲戰帝爲愴然因泣將赦之長廣王湛先與浚不睦進曰猛獸安可出穴帝默然浚等聞之呼長廣王小字曰步落稽皇天見汝左右聞者莫不悲傷浚與渙皆有雄略爲諸王所

傾服帝恐爲害乃自刺渙又使壯士劉桃枝就籠亂刺槊每下浚渙輒以手拉
折之號哭呼天於是薪火亂投籠燒殺之填以石土後出皮髮皆盡屍色如炭
天下爲之痛心後帝以其妃陸氏配儀同劉郁捷舊帝蒼頭也以軍功見寵時
令郁捷害浚故以配焉後數日帝以陸氏先無寵於浚勅與離絶乾明元年贈
太尉無子詔以彭城王浟第二子準字茂則嗣
平陽靖翼王淹字子邃神武第四子也元象中封平陽郡公累遷尚書左僕射
天保初進爵爲王歷位尚書開府儀同三司司空太尉皇建初爲太傅與彭城
河間王並給仗衞羽林百人太寧元年遷太宰性沉謹以寬厚稱河清三年薨
於晉陽或云以酖終還葬鄴贈假黃鉞太宰錄尚書事子德素嗣
彭城景思王浟字子深神武第五子也元象二年拜通直散騎常侍封長樂郡
公博士韓毅教浟書見浟筆迹未工戲浟曰五郎書畫如此忽爲常侍開國今
日後宜更用心浟正色答曰昔甘羅爲秦相未聞能書凡人唯論才具何如豈
必勤勤筆迹博士當今能者何爲不作三公時年蓋八歲矣毅甚慚武定六年

出爲滄洲刺史爲政嚴察部內肅然守令參佐下及胥吏行游往來皆自齎糧
食澈纖介知人間事有隰沃縣主簿張達嘗詣州夜投人舍食雞羹澈察知之
守令畢集澈對衆曰食雞羹何不還他價直也達卽伏罪合境號爲神明又有
一人從幽州來驢馱鹿脯至滄州界脚痛行遲偶會一人爲伴遂盜驢及脯去
明旦告州澈乃令左右及府僚吏分市鹿脯不限其價其主見脯識之推獲盜
者轉都督定州刺史時有人被盜黑牛背上有白毛長史韋道建謂中從事魏
道勝曰使君在滄州日禽姦如神若捉得此賊定神矣澈乃詐爲上符市牛皮
倍酬價直使牛主認之因獲其盜建等歎服又有老母姓王孤獨種菜三畝數
被偷澈乃令人密往書菜葉爲字明日市中看菜葉有字獲賊爾後境內無盜
政化爲當時第一天保初封彭城王四年徵爲侍中人吏送別悲號有老公數
百人相率具饌白澈曰自殿下至來五載人不識吏吏不欺人百姓有識已來
始逢今化殿下唯飲此鄉水未食百姓食聊獻疏薄澈重其意爲食一口七年
轉司州牧選從事皆取文才士明剖斷者當時稱爲美選州舊案五百餘澈未

朞悉斷盡別駕羊脩等恐犯權戚乃詣闕諮陳澈使告曰吾直道而行何憚權
戚卿等當成人之美反以權戚爲言脩等慚悚而退後加特進兼司空太尉州
牧如故太妃薨解任尋詔復本官俄拜司空兼尚書令濟南嗣位除開府儀同
三司尚書令領大宗正卿皇建初拜大司馬兼尚書令轉太保武成入承大業
遷太師錄尚書澈明練世務果於斷決事無大小咸悉以情趙郡李公統預高
歸彥之逆其母崔氏卽御史中丞崔昂從父姊兼右僕射魏收之內妹也依令
年出六十例免入官崔增年陳訴所司以昂收故崔遂獲免澈摘發其事昂等
以罪除名自後車駕巡幸澈常留鄴河清三年三月羣盜白子禮等數十人謀
劫澈爲主詐稱使者徑向澈第至內室稱敕呼澈牽上馬臨以白刃欲引向南
殿澈大呼不從遂遇害時年三十二朝野痛惜焉初澈未被劫前其妃鄭氏夢
人斬澈頭持去惡之數日而澈見殺贈假黃鉞太師太尉錄尚書事給轀輬車
子寶德嗣位開府兼尚書左僕射

上黨剛肅王渙字敬壽神武第七子也天姿雄傑俶儻不羣雖在童幼恆以將

略自許神武壯而愛之曰此兒似我及長力能扛鼎材武絕倫每謂左右曰人不可無學但要不爲博士耳故讀書頗知梗概而不甚躭習元象中封平原郡公文襄之遇賊渙年尚幼在西學聞宮中讙驚曰大兄必遭難矣彎弓而出武定末除冀州刺史在州有美政天保初封上黨王歷中書令尚書左僕射與常山王演等築伐惡諸城遂聚鄴下輕薄陵犯郡縣爲法司所糺文宣戮其左右數人渙亦被譴六年率衆送梁王蕭明還江南仍破東關斬梁特進裴之橫等威名甚盛八年錄尚書事初術士言亡高者黑衣由是自神武後每出行不欲見桑門爲黑衣故也是時文宣幸晉陽以所忌問左右曰何物最黑對曰莫過漆帝以渙第七爲當之乃使庫真都督破六韓伯昇之鄴徵渙渙至紫陌橋殺伯昇以逃憑河而度土人執以送帝鐵籠盛之與永安王浚同置地牢下歲餘與浚同見殺時年二十六以其妃李氏配馮文洛是帝家舊奴積勞位至刺史帝令文洛等殺渙故以其妻妻焉至乾明元年收二王餘骨葬之贈司空諡曰剛肅有勑李氏還第而文洛尚以故意脩飾詣李李盛列左右引文洛立於階

下數之曰遭難流離以至大辱志操寡薄不能自盡幸蒙恩詔得反蕃闈汝是誰家執奴猶欲見侮於是杖之一百流血灑地渙無嫡子庶長子寶嚴以河清二年襲爵位終金紫光祿大夫開府儀同三司

襄城景王淯神武第八子也容貌甚美弱年有器望元象中封章武郡公天保初封襄城郡王二年春薨齊氏諸王選國臣府佐多取富商羣小鷹犬少年唯襄城廣寧蘭陵王等頗引文藝清識之士當時以此稱之乾明元年二月贈假黃鉞太師太尉錄尚書事無子詔以常山王演第二子亮嗣亮字彥道性恭孝美風儀好文學為徐州刺史坐奪商人財物免官後主敗奔鄴亮從焉遷兼太尉太傅周師入鄴亮於啓夏門拒守諸軍皆不戰而敗周軍於諸城門皆入亮軍方退走亮入太廟行馬內慟哭拜辭然後為周軍所執入關依例授儀同分配遠邊卒於龍州

任城王湝神武第十子也少明慧天保初封自孝昭武成時車駕還鄴嘗令湝鎮晉陽總并省事歷司徒太尉并省錄尚書事天統三年拜太保并州刺史別

封正平郡公時有婦人臨汾水浣衣有乘馬人換其新靴馳而去者婦人持故靴詣州言之湝召居城諸嫗以靴示之紿曰有乘馬人於路被賊劫害遺此靴焉得無親屬乎一嫗撫膺哭曰兒昨着此靴向妻家如其語捕獲之時稱明察武平初遷太師司州牧出爲冀州刺史加太宰遷右丞相都督青州刺史湝頻牧大蕃雖不潔己然寬恕爲吏人所懷五年青州人崔蔚波等夜襲州城湝部分倉卒之際咸得齊整擊賊大破之拜左丞相轉瀛州刺史及後主奔鄴加湝大丞相及安德王稱尊號於晉陽使劉子昂脩啓於湝至尊出奔宗廟既重羣公勸迫權主號令事寧終歸叔父湝曰我人臣何容受此啓執子昂送鄴帝至濟州禪位於湝竟不達湝與廣寧王孝珩於冀州召募得四萬餘人拒周軍周齊王憲來伐先遣送書并赦詔湝並沉諸井戰敗湝孝珩俱被禽憲曰任城王何苦至此湝曰下官神武帝子兄弟十五人幸而獨存逢宗社顛覆今日得死無愧墳陵憲壯之歸其妻子將至鄴城湝馬上大哭自投于地流血滿面至長安尋與後主同死妃盧氏賜斛斯徵盧蓬首垢面長齋不言笑徵放之乃爲尼

隋開皇三年表請文帝葬湝及五子於長安北原
高陽康穆王湜神武第十一子也天保元年封十年稍遷尚書令以滑稽便辟
有寵於文宣在左右行杖以撻諸王太后深銜之其妃父護軍長史張宴之嘗
要道拜湜湜不禮焉帝問其故對曰無官職漢何須禮帝於是擢拜宴之為徐
州刺史文宣崩湜兼司徒導引梓宮吹笛云至尊頗知臣不又擊胡鼓為樂太
后杖湜百餘未幾薨太后哭之哀曰我恐其不成就與杖何期帶創死也乾明
初贈假黃鉞太師司徒錄尚書事子士義襲爵
博陵文簡王濟神武第十二子也天保元年封濟嘗從文宣巡幸在路忽憶太
后遂逃歸帝怒臨以白刃因此驚悅歷位太尉河清初出為定州刺史天統五
年在州語人云計次第亦應到我後主聞之陰使人殺之贈假黃鉞太尉錄尚
書事子智襲爵
華山王凝神武第十三子也天保元年封新平郡王九年改封安定十五年封
華山歷位中書令齊州刺史就加太傅薨於州贈左丞相太師錄尚書凝諸王

中最爲孱弱妃王氏太子洗馬王洽女也與蒼頭姦凝知而不能限禁後事發
王氏賜死詔杖凝一百其愚如此
馮翊王潤字子澤神武第十四子也幼時神武稱曰此吾家千里駒也天保初
封歷位東北道行臺右僕射都督定州刺史潤美姿儀年十四五母鄭妃與之
同寢有穢雜之聲及長廉慎方雅習於吏職至於摘發隱僞姦吏無所匿其情
開府王回洛與六州大都督獨孤枝侵竊官田受納賄賂潤按舉其事二人表
言王出送臺使登魏孝文舊壇南望歎息不測其意武成使元文遙就州宣敕
曰馮翊王少小勤慎在州不爲非法朕信之熟矣登高遠望人之常情鼠輩欲
輕相間構曲生眉目於是回洛決鞭二百獨孤枝決杖一百尋爲尚書令領太
子少師歷司徒太尉大司馬司州牧太保河南道行臺錄尚書別封文成郡公
太師太宰復爲定州刺史薨贈假黃鉞左丞相子茂德嗣
漢陽敬懷王洽字敬延神武第十五子也天保元年封五年薨年十三乾明元
年贈太保司空無子以任城王第二子建德爲後

論曰趙郡王以跗蕚之親當顧命之重安夫一德固此貞心踐畏途而不疑履危機而莫懼以斯忠義取斃凶慝豈道光四海不遇周成之明將朝去三仁終見殷墟之禍不然則邦國殄瘁何若斯之速歟清河屬經綸之期青雲自致出將入相翊成鴻業雖漢朝劉賈魏室曹洪俱未足論其風烈適足以彰文宣之失德焉思好屬昏亂之機歸彥因猜嫌之釁咫尺鄴都以速其禍智小謀大理則宜然神武諸王多有聲譽永安以諫爭遇禍固齊室之比干彭城莅人布政乃與循良比迹求之近古未爲易遇上黨申威淮海受辱牢穽以英俠之氣迫悲歌之思欲食藜藿之羹處茅茨之下其可得乎馮翊廉慎閑明妄被讒慝以武成陰忌之朝而見免夫角弓之刺已爲幸矣

北史卷五十一

北史卷五十一考證

趙郡王琛傳琛字元寶○元一本作永

叡傳自痛孤遺方從婚冠○自監本訛目今改正

於雀離佛院令劉桃枝拉殺之○雀監本訛崔今改從齊書

清河王岳傳神武後起兵於信都○兵監本訛岳今改從齊書

俄拜京畿大都督其六州事悉隸京畿○隸齊書作詣

勱傳勱勱後主五品已下家略悉置三臺上○下齊書作上

廣平公盛傳廣平公盛神武從叔祖也○考世系盛爲神武從叔此祖字衍

陽州公永樂傳永樂守洛陽南城○齊書洛作河又無南字

元海傳又時有林慮令姓潘知占候○潘一本作潘

思宗弟思好傳自晉陽送露布于城平都○齊書無城字

令內參射其妃於宮內仍火焚殺之○射監本訛謝今改從齊書

平秦王歸彥傳父徽魏末坐事當徒涼州○徒一本作徙

爲西域大使得胡師子以功行河東事〇以功上齊書有來獻二字

神武皇帝十五男傳襄城景王淸〇淸齊書作淯今各本及本傳俱作淸故仍之

永安簡平王浚傳與上黨王渙俱寘北城地牢下〇牢監本譌空今改從齊書

彭城景思王浟傳豈必勤勤筆迹〇勤勤一本作勤誇

使君在滄州日禽姦如神〇使監本譌史今改正

任城王湝傳錄尚書事〇監本脫書字今增入

北史卷五十一考證

北史卷五十二

唐　　李　延　壽　撰

列傳第四十

齊宗室諸王下

文襄諸子　文宣諸子　孝昭諸子　武成諸子　後主諸子

文襄六男文敬元皇后生河閒王孝琬宋氏生河南王孝瑜王氏生廣寧王孝珩蘭陵王長恭不得母氏姓陳氏生安德王延宗燕氏生漁陽王紹信

河南康獻王孝瑜字正德文襄長子也初封河南郡公齊受禪進爵爲王歷位中書令司州牧初孝瑜養於神武宮中與武成同年相愛將誅楊愔等孝瑜預其謀及武成卽位禮遇特隆帝在晉陽手敕之曰吾飲汾清二盃勸汝於鄴酌兩盃其親愛如此孝瑜容貌魁偉精彩雄毅謙愼寬厚兼愛文學讀書敏速十行俱下覆棊不失一道初文襄於鄴東起山池游觀時俗眩之孝瑜遂於第作水堂龍舟植幡矟於舟上數集諸弟宴射爲樂武成幸其第見而悅之故盛興

後園之翫於是貴賤慕斅處處營造武成嘗使和士開與胡后對坐握槊孝瑜諫曰皇后天下之母不可與臣下接手帝深納之後又言趙郡王父死非命不可而親由是叡及士開皆側目士開密告其奢僭叡又言山東唯聞河南王不聞有陛下帝由是忌之尒朱御女名摩女本事太后孝瑜先與之通後因太子婚夜孝瑜竊與之言武成大怒頓飲其酒三十七盃體至肥大腰帶十圍使婁子彥載以出酖之於車至西華門煩熱躁悶投水而絕贈太尉錄尙書事子弘節嗣孝瑜母魏吏部尙書宋弁孫也本魏頴川王斌之妃爲文襄所納生孝瑜孝瑜還第爲太妃孝瑜妃盧正山女武成胡后之內姊也孝瑜薨後宋太妃爲盧妃所譖訴武成殺之

廣寧王孝珩文襄第二子也歷位司州牧尙書令司空司徒錄尙書大將軍大司馬孝珩愛賞人物學涉經史好綴文有技藝嘗於聽事壁自畫一蒼鷹見者皆以爲眞又作朝士圖亦當時之妙絕後主自晉州敗奔鄴詔王公議於含光殿孝珩以大敵既深事藉機變宜使任城王領幽州道兵入土門揚聲趣幷州

珍倣宋版印

獨孤永業領洛州道兵趣潼關揚聲取長安臣請領京畿兵出滏口鼓行逆戰
敵聞南北有兵自然潰散又請出宮人寶物賞將士帝不能用承光即位以孝
珩爲太宰與呼延族莫多婁敬顯尉相願同謀期正月五日孝珩於千秋門斬
高那肱相願在內以禁兵應之族與敬顯自游豫園勒兵出既而阿那肱從別
宅取便路入宮事不果乃求出拒西軍謂阿那肱韓長鸞陳德信等云朝廷不
賜遣擊賊豈不畏孝珩反邪破宇文邕遂至長安反時何與國家事以今日之
急猶作如此猜高韓恐其變出孝珩爲滄洲刺史至州以五千人會任城王於
信都共爲匡復計周齊王憲來伐兵弱不能敵怒曰由高阿那肱小人吾道窮
矣齊叛臣乞扶令和以矟刺孝珩墜馬奴白澤以身扞之孝珩猶傷數處遂見
虜齊王憲問孝珩齊亡所由孝珩自陳國難辭淚俱下俯仰有節憲爲之改容
親爲洗瘡傳藥禮遇甚厚孝珩獨歎曰李穆叔言齊氏二十八年今果然矣自
神武皇帝以外吾諸父兄弟無一人得至四十者命也嗣君無獨見之明宰相
非柱石之寄恨不得握兵符受廟筭展我心力耳至長安依例受開府縣侯後

周武帝在雲陽宴齊君臣自彈胡琵琶命孝珩吹笛辭曰亡國之音不足聽也固命之舉笛裁至口淚下嗚咽武帝乃止其年十月疾甚啓歸葬山東從之尋卒還葬鄴

河間王孝琬文襄第三子也天保元年封天統中累遷尚書令初突厥與周師入太原武成將避之而東孝琬叩馬諫請委趙郡王部分之必整齊帝從其言孝琬免冑將出帝使追還之周軍退拜并州刺史孝琬以文襄世嫡驕矜自負河南王之死諸王在宮內莫敢舉聲唯孝琬大哭而出又怨執政爲草人而射之和士開與祖珽譖之云草人擬聖躬也又前突厥至州孝琬脫兜鍪抵地云豈是老嫗須着此此言屬大家也初魏世謠言河南種穀河北生白楊樹頭金雞鳴珽以說曰河南河北河間也金雞鳴孝琬將建金雞而大赦帝頗惑之時孝琬得佛牙置於第內夜有神光照玄都法順請以奏不從帝聞使搜之得填庫矟幡數百帝聞以爲反狀訊其諸姬有陳氏者無寵誣對曰孝琬畫作陛下形哭之然實是文襄像孝琬時時對之泣帝怒使武衛赫連輔玄倒鞭撾之孝

琬呼阿叔帝怒曰誰是爾叔敢喚我作叔孝琬曰神武皇帝嫡孫文襄皇帝嫡子魏孝靜皇帝外甥何爲不得喚作叔也帝愈怒折其兩脛而死瘞諸西山帝崩後乃改葬子正禮嗣幼聰頴能誦左氏春秋齊亡遷綿州卒

蘭陵武王長恭一名孝瓘文襄第四子也累遷并州刺史突厥入晉陽長恭盡力擊之芒山之敗長恭爲中軍率五百騎再入周軍遂至金墉之下被圍甚急城上人弗識長恭免冑示之面乃下弩手救之於是大捷武士共歌謠之爲蘭陵王入陣曲是也歷司州牧青瀛二州頗受財貨後爲太尉與段韶討柏谷又攻定陽韶病長恭總其衆前後以戰功別封鉅鹿長樂樂平高陽等郡公芒山之捷後主謂長恭曰入陣太深失利悔無所及對曰家事親切不覺遂然帝嫌其稱家事遂忌之及在定陽其屬尉相願謂曰王既受朝寄何得如此貪殘長恭未答相願曰豈不由芒山大捷恐以威武見忌欲自穢乎長恭曰然相願曰朝廷若忌王於此犯便當行罰求福反以速禍長恭泣下前膝請以安身之術相願曰王前既有勳今復告捷威聲太重宜屬疾在家勿預時事長恭然其言

未能退及江淮寇擾恐復爲將歎曰我去年面腫今何不發自是有疾不療武平四年五月帝使徐之範飲以毒藥長恭謂妃鄭氏曰我忠以事上何辜於天而遭鴆也妃曰何不求見天顏長恭曰天顏何由可見遂飲藥而薨贈太尉長恭貌柔心壯音容兼美爲將躬勤細事每得甘美雖一瓜數果必與將士共之初在瀛州行參軍陽士深表列其贓免官及討定陽士深在軍恐禍及長恭聞之曰吾本無此意乃求小失杖深二十以安之嘗入朝而出僕從盡散唯有一人長恭獨還無所譴罰武成賞其功命賈護爲買妾二十人唯受其一有千金責券臨死悉燔之

安德王延宗文襄第五子也母陳氏廣陽王妓也延宗幼爲文宣所養年十二猶騎置腹上令溺己齊中抱之曰可憐止有此一箇問欲作何王對曰欲作衝天王文宣問楊愔愔曰天下無此郡名願使安於德於是封安德焉爲定州刺史於樓上大便使人在下張口承之以蒸豬糝和人糞以飼左右有難色者鞭之孝昭帝聞之使趙道德就州杖之一百道德以延宗受杖不謹又加三十又

以因試刀驗其利鈍驕縱多不法武成使撻之殺其昵近九人從是深自改悔蘭陵王芒山凱捷自陳兵勢諸兄弟咸壯之延宗獨曰四兄非大丈夫何不乘勝徑入使延宗當此勢關西豈得復存及蘭陵死妃鄭氏以頸珠施佛廣寧王使贖之延宗手書以諫而淚滿紙河間死延宗哭之淚赤又爲草人以像武成鞭而訊之曰何故殺我兄奴告之武成覆臥延宗於地馬鞭撾之二百幾死後歷司徒太尉及平陽之役後主自禦之命延宗率右軍先戰城下禽周開府宗挺及大戰延宗以麾下再入周軍莫不披靡諸軍敗延宗獨全軍後主將奔晉陽延宗言大家但在營莫動以兵馬付臣臣能破之帝不納及至幷州又聞周軍已入鼩鼠谷乃以延宗爲相國幷州刺史總山西兵事謂曰幷州阿兄取兒今去也延宗曰陛下爲社稷莫動臣爲陛下出死力戰駱提婆曰至尊計已成王不得輒沮後主竟奔鄴在幷將卒咸請曰王若不作天子諸人實不能與王出死力延宗不得已卽皇帝位下詔曰武平孱弱政由宦豎釁結蕭牆盜起疆埸斬關夜遁莫知所之則我高祖之業將墜於地王公卿士猥見推逼今便祗

承寶位可大赦天下改武平七年爲德昌元年以晉昌王唐邕爲宰輔齊昌王
莫多婁敬顯沐陽王和阿于子右衛大將軍段暢武衛將軍相里僧伽開府韓
骨胡侯莫陳洛州爲爪牙衆聞之不召而至者前後相屬延宗容貌充壯坐則
仰偃則伏人皆笑之及是赫然奮發氣力絕異馳騁行陣勁捷若飛傾府藏及
後宮美女以賜將士籍沒內參千餘家後主謂近臣曰我寧使周得幷州不欲
安德得之左右曰理然延宗見士卒皆親執手陳辭自稱名流涕嗚咽衆皆爭
爲死童兒女子亦乘屋攘袂投磚石以禦周軍特進開府那盧安得守太谷以
萬兵叛周軍圍晉陽望之如黑雲四合延宗命莫多婁敬顯韓骨胡拒城南和
阿于子段暢拒城東延宗親當周齊王於城北奮大矟往來督戰所向無前尚
書令史沮山亦肥大多力捉長刀步從殺傷甚多武衛蘭芙蓉綦連延長皆死
於陣和阿于子段暢以千騎投周軍周軍攻東門際昏遂入進兵焚佛寺門屋
飛焰照天地延宗與敬顯自門入夾擊之周軍大亂爭門相填齊人後斫刺死
者一千餘人周武帝左右略盡自拔無路承御上士張壽輒牽馬頭賀拔佛恩

以鞭拂其後以崎嶇僅得出齊人奮擊幾中馬城東隈曲佛恩及降者皮子信爲之導僅免時四更也延宗謂周武帝崩於亂兵使於積屍中求長鬛者不得時齊人既勝入坊飲酒盡醉臥延宗不復能整周武帝出城飢甚欲爲遁逸計齊王憲及柱國王誼諫以爲去必不免延宗叛將段暢亦盛言城內空虛周武帝乃駐馬鳴角收兵俄頃復振詰旦還攻東門克之又入南門延宗戰力屈走至城北於人家見禽周武帝自投下馬執其手延宗辭曰死人手何敢迫至尊帝曰兩國天子有何怨惡直爲百姓來耳勿怖終不相害使復衣帽禮之先是高都郡有山焉絕壁臨水忽有墨書云齊亡延宗洗視逾明帝使人就寫使者改亡爲上至是應焉延宗敗前在鄴聽事以十二月十三日晡時受敕守并州明日建尊號不間日而被圍經宿至食時而敗年號德昌好事者言其得二日云既而周武帝問取鄴計辭曰亡國大夫不可以圖存此非臣所及強問之乃曰若任城王援鄴臣不能知若今主自守陛下兵不血刃及至長安周武與齊君臣飲酒令後主起舞延宗悲不自持屢欲仰藥自裁侍婢苦執諫而止未幾

周武誣後主及延宗等云遙應穆提婆反使並賜死皆自陳無之延宗攘袂泣
而不言以椒塞口而死明年李妃收殯之後主之傳位於太子也孫正言竊謂
人曰我昔武定中爲廣州士曹聞襄城人曹普演有言高王諸兒阿保當爲天
子至高德之承之當滅阿保謂天保德之謂德昌也承之謂後主年號承元其
言竟信云
漁陽王紹信文襄第六子也歷特進開府中領軍護軍青州刺史行過漁陽與
大富人鍾長命同牀坐太守鄭道蓋來謁長命欲起紹信不聽曰此何物小人
主人公爲起乃與長命結爲義兄弟妃與長命妻爲姉妹責其闔家長幼皆有
贈賄鍾氏因此遂貧齊滅死於長安
文宣五男李后生廢帝及太原王紹德馮世婦生范陽王紹義裴嬪生西河王
紹仁顏嬪生隴西王紹廉
太原王紹德文宣第二子也天保末爲開府儀同三司武成因怒李后罵紹德
曰爾父打我時竟不來救以刀環築殺之親以土埋之游豫園武平元年詔以

范陽王子辯才爲後襲太原王

范陽王紹義文宣第三子也初封廣陽徙封范陽歷位侍中清都尹好與羣小同飲擅致內參打殺博士任方榮武成嘗杖之二百送付昭信后后又杖一百及後主奔鄴以紹義爲尙書令定州刺史周武帝克幷州以封輔相爲北朔州總管此地齊之重鎭諸勇士多聚焉前長史趙穆司馬王當萬等謀執輔相迎任城王於瀛州事不果迎紹義紹義至馬邑輔相及其屬韓阿各奴等數十人皆齊叛臣自肆州以北城戍二百八十餘盡從輔相及紹義至皆反焉紹義與靈州刺史袁洪猛引兵南出欲取幷州至新興而肆州已爲周守前隊二儀同以所部降周周兵擊顯州執刺史陸瓊又攻陷諸城紹義還保北朔周將宇文神舉軍逼馬邑紹義遣杜明達拒之兵大敗紹義曰有死而已不能降人遂奔突厥衆三千家令之曰欲還者任意於是哭拜別者大半突厥他鉢可汗謂文宣爲英雄天子以紹義重踝似之甚見愛重凡齊人在北者悉隸紹義高寶寧在營州表上尊號紹義遂即皇帝位稱武平元年以趙穆爲天水王他鉢聞寶

寧得平州亦招諸部各舉兵南向云共立范陽王作齊帝爲其報讎周武帝大集兵於雲陽將親北伐遇疾暴崩紹義聞之以爲天贊己盧昌期據范陽亦表迎紹義俄而周將宇文神舉攻滅昌期其日紹義適至幽州聞周總管出兵于外欲乘虛取薊城列天子旌旗登燕昭王冢乘高望遠部分兵衆神舉遣大將軍宇文恩將四千人馳救幽州半爲齊軍所殺紹義聞范陽城陷素服舉哀回軍入突厥周人購之於他鉢又使賀若誼往說之他鉢又不忍遂僞與紹義獵於南境使誼執之流于蜀紹義妃勃海封孝琬女自突厥逃歸紹義在蜀遺妃書云夷狄無信送吾於此竟死蜀中

西河王紹仁文宣第四子也天保末爲開府儀同三司尋薨

隴西王紹廉文宣第五子也初封長樂後改焉性麤暴嘗拔刀逐紹義紹義走入廄閉門拒之紹義初爲清都尹未及理事紹廉先往喚囚悉出率意決遣之能飲酒一舉數升終以此薨

孝昭七男元皇后生樂陵王百年桑氏生襄城王亮出後襄城景王諸姬生汝

南王彥理始平王彥德城陽王彥基定陽王彥康汝陽王彥忠

樂陵王百年孝昭第二子也孝昭初卽位在晉陽羣臣請建中宮及太子帝謙未許都下百寮又請乃稱太后令立爲皇太子帝臨崩遺詔傳位於武成幷有手書其末曰百年無罪汝可以樂處置之勿學前人太寧中封樂陵王河清三年五月白虹圍日再重又橫貫而不達赤星見帝以盆水承星影而蓋之一夜盆自破欲以百年厭之會博陵人賈德胄教百年書百年嘗作數敕字德胄封以奏帝帝發怒使召百年百年被召自知不免割帶玦留與妃斛律氏見帝於玄都苑涼風堂使百年書敕字驗與德胄所奏相似遣左右亂捶擊之又令人曳百年遶堂且走且打所過處血皆徧地氣息將盡曰乞命願與阿叔作奴遂斬之棄諸池池水盡赤於後園親看埋之妃把玦哀號不肯食月餘亦死玦猶在手拳不可開時年十四其父光自擘之乃開後主時改九院爲二十七院掘得小屍緋袍金帶一髻一解一足有靴諸內參竊言百年太子也或以爲太原王紹德詔以襄城王子白澤襲爵樂陵王齊亡入關徙蜀死

汝南王彥理武平初封王位開府清都尹齊亡入關隨例授儀同大將軍封縣子女入太子宮故得不死隋開皇初卒於幷州刺史

始平王彥德城陽王彥基定陽王彥康汝南王彥忠與汝南王同受封並加儀同三司後事闕

武成十三男胡皇后生後主及琅邪王儼李夫人生南陽王綽後宮生齊安王廓北平王貞高平王仁英淮南王仁光西河王仁機樂平王仁邕穎川王仁儉安樂王仁雅丹楊王仁直東海王仁謙

南陽王綽字仁通武成長子也以五月五日辰時生至午時後主乃生武成以綽母李夫人非正嫡故貶爲第二初名融字君明出後漢陽王河清三年改封南陽別爲漢陽置後綽始十餘歲留守晉陽愛波斯狗尉破胡諫之欻然斫殺數狗狼籍在地破胡驚走不敢復言後爲司徒冀州刺史好裸人畫爲獸狀縱大噬而食之左轉定州汲井水爲後池在樓上彈人好微行游獵無度恣情强暴云學文宣伯爲人有婦人抱兒在路走避入草綽奪其兒飼波斯狗婦人號

哭綽怒又縱狗使食狗不食塗以兒血乃食焉後主聞之詔鎖綽赴行在所至而宥之問在州何者最樂對曰多取蠍將蛆混看極樂後主即夜索蠍一斗比曉得二三升置諸浴斛使人裸臥浴斛中號叫宛轉帝與綽臨觀喜噱不已謂綽曰如此樂事何不早馳驛奏聞綽由是大爲後主寵拜大將軍朝夕同戲韓長鸞聞之除齊州刺史將發長鸞令綽親信誣告其反奏云此犯國法不可赦後主不忍顯戮使寵胡何猥薩後園與綽相撲搤殺之瘞於興聖佛寺經四百餘日乃大斂顏色毛髮皆如生俗云五月五日生者腦不壞綽兄弟皆呼父爲兄兄嫡母爲家家乳母爲姊姊婦爲妹妹齊亡妃鄭氏爲周武帝所幸請葬綽敕所司葬於永平陵北

琅邪王儼字仁威武成第三子也初封東平王拜開府侍中中書監京畿大都督領軍大將軍領御史中丞遷大司徒尚書令大將軍錄尚書事大司馬魏氏舊制中丞出千步清道與皇太子分路行王公皆遙住車去牛頓軛於地以待中丞過其或遲違則赤棒棒之自都鄴後此儀浸絕武成欲雄寵儼乃使一依

舊制儼初從北宮出將上中丞凡京畿步騎領軍之官屬中丞之威儀司徒之鹵簿莫不畢備帝與胡后在華林園東門外張幕隔青紗步障觀之遣中貴驟馬趣仗不得入言自奉敕赤棒應聲碎其鞍馬驚人墜帝大笑以爲善更敕令駐車傳語良久觀者傾京邑儼恆在宮中坐含章殿以視事諸父皆拜焉帝幸并州儼恆居守每送駕或半路或至晉陽乃還王師羅嘗從駕後至武成欲罪之辭曰臣與第三子別留連不覺晚武成憶儼爲之下泣舍師羅不問儼器服翫飾皆與後主同所須悉官給於南宮嘗見新冰綠李還怒曰尊兄已有我何意無從是後後主先得新奇屬官及工匠必獲罪太上胡后猶以爲不足儼嘗患喉使醫下針張目不瞬又言於帝曰阿兄陋何能率左右帝每稱曰此黠兒也當有所成以後主爲劣有廢立之意武成崩改封琅邪儼以和士開駱提婆等奢恣盛修第宅意甚不平嘗謂曰君等所營宅早晚當就何太遲也二人相謂曰琅邪王眼光奕奕數步射人向者蹔對不覺汗出天子門奏事尚不然由是忌之武平二年出儼居北宮五日一朝不復得無時見太后四月詔除太保餘

官悉解猶帶中丞且京畿以北城有武庫欲移儼於外然後奪其兵權書侍御史王子宜與儼左右開府高舍洛中常侍劉辟強說儼曰殿下被疏正由士開間構何可出北宮入百姓叢中也儼謂侍中馮子琮曰士開罪重兒欲殺之子琮心欲廢帝而立儼因贊成其事儼乃令子宜表彈士開罪請付禁推子琮雜以他文書奏之後主不審省而可之儼誑領軍庫狄伏連曰奉敕令領軍收士開伏連以諮子琮且請覆奏子琮曰琅邪王受敕何須重奏伏連信之伏五十人於神獸門外詰旦執士開送御史儼使馮永洛就臺斬之儼徒本意唯殺士開及是因逼儼曰事既然不可中止儼遂率京畿軍士三千餘人屯千秋門外帝使劉桃枝將禁兵八十人召儼桃枝遙拜儼命反縛將斬之禁兵散走帝又使馮子琮召儼儼辭曰士開昔來實合萬死謀廢至尊剃家家頭使作阿尼故擁兵馬欲坐着孫鳳珍宅上臣爲是矯詔誅之尊兄若欲殺臣不敢逃罪若放臣願遣姊姊來迎臣臣卽入見姊姊卽陸令萱也儼欲誘出殺之令萱執刀帝後聞之戰慄又使韓長鸞召儼儼將入劉辟強牽衣諫曰若不斬提婆母子殿

下無由得入廣寧安德二王適從西來欲助成其事曰何不入辟強曰人年安德王顧衆而言曰孝昭殺楊遵彥止八十人今乃數千何言人少後主泣啓太后曰有緣更見家家無緣永別乃急召斛律光儼亦召之光聞殺士開撫掌大笑曰龍子作事固自不似凡人入見後主於永巷帝率宿衛者步騎四百授甲將出光曰小兒輩弄兵與交手卽亂鄙諺云奴見大家心死至尊宜自至千秋門琅邪必不敢動皮景和亦以爲然後主從之光步道使人走出曰大家來儼徒駭散帝駐馬橋上遙呼之儼猶立不進光就謂曰天子弟殺一漢何苦執其手強引以前請帝曰琅邪王年少腸肥腦滿輕爲舉措長大自不復然願寬其罪帝拔儼帶刀環亂築辮頭良久乃釋之收伏連及高舍洛王子宜劉辟強都督翟顯貴於後園帝親射之而後斬皆支解暴之都街下文武職吏盡欲殺之光以皆勳貴子弟恐人心不安趙彥深亦云春秋責帥於是罪之各有差儼之未獲罪也鄴北城有白馬佛塔是石季龍爲澄公所作儼將修之巫曰若動此浮圖此城失主不從破至第二級得白蛇長數丈回旋失之數旬而敗自是太

后處儼於宮內食必自嘗之陸令萱說帝曰人稱琅邪王聰明雄勇當今無敵觀其根表殆非人臣自專殺以來嘗懷恐懼宜早爲計何洪珍與和士開素善亦請殺之未決以食輿密迎祖珽問之珽稱周公殺管叔季友酖慶父帝納其言以儼之晉陽使右衞大將軍趙元侃誘執儼元侃曰臣昔事先帝日見先帝愛王今寧就死不能行帝出元侃爲豫州刺史九月下旬帝啓太后曰明旦欲與仁威出獵須早還是夜四更帝召儼儼疑之陸令萱曰兄兄喚兒何不去儼出至永巷劉桃枝反接其手儼呼曰乞見家家尊兄桃枝以袖塞其口反袍蒙頭負出至大明宮鼻血滿面立殺之時年十四不脫靴裹以席埋於室內帝使啓太后臨哭十餘聲便擁入殿明年三月葬於鄴西贈謚曰楚恭哀帝以慰太后有遺腹四男生數月皆幽死以平陽王淹孫世俊嗣儼妃李祖欽女也進爲楚帝后居宣則宮齊亡乃嫁焉

齊安王廓字仁弘武成第四子也性長者無過行位特進開府儀同三司定州刺史

北平王貞字仁堅武成第五子也沉審寬恕帝常曰此兒得我鳳毛位司州牧京畿大都督兼尚書令錄尚書事帝行幸總留臺事積年後主以貞長大漸忌之阿那肱承旨令馮士幹劾繫貞於獄奪其留後權

高平王仁英武成第六子也舉止軒昂精神無檢格位定州刺史

淮南王仁光武成第七子也性躁又暴位清都尹次西河王仁機生而無骨不自支持次樂平王仁邕次潁川王仁儉次安樂王仁雅從小有瘖疾次丹陽王仁直次東海王仁謙皆養於北宮琅邪王死後諸王守禁彌切武平末年仁邕已下始得出外供給儉薄取充而已尋後主窮蹙以廓爲光州貞爲青州仁英爲冀州仁儉爲膠州仁直爲濟州刺史自廓已下多與後主死於長安仁英以清狂仁雅以瘖疾獲免俱徙蜀隋開皇中追仁英詔與蕭琮陳叔寶修其本宗祭祀未幾而卒

後主五男穆皇后生幼主諸姬生東平王恪次善德次質德次質錢胡太后以恪嗣琅邪王尋夭折齊滅周武帝以任城已下大小三十王歸長安皆有封爵

其後不從戮者散配西土皆死邊

論曰文襄諸子咸有風骨雖文雅之道有謝間平然武藝英姿多堪禦侮縱咸陽賜劍殲覆有徵若使蘭陵獲全未可量也而終見誅翦以至土崩可爲太息者矣安德以時艱主暗晦迹韜光及平陽之陣奮其忠勇蓋以臨難見危義深家國德昌大舉事迫羣情理至淪亡無所歸命廣陵請出後宮竟不獲遂非孝珩辭致有謝李同自是後主心識去平原已遠存亡事異安可同年而說武成殘忍姦穢事極人倫太原跡異猜嫌情非釁逆禍起昭信遂及淫刑嗟呼欲求長世未之有也以孝昭德音庶可慶流後嗣百年之酷蓋濟南之濫觴其云莫效前人之言可爲傷歎各愛其子豈其然乎瑯邪雖無師傅之資而早聞氣尚士開淫亂多歷歲年一朝勦絕慶集朝野以之受斃深可痛焉然專戮之釁未之或免贈帝謚恭矯枉過直觀過知仁不亦異於是乎

北史卷五十二

北史卷五十二考證

河南康獻王孝瑜傳時俗眩之○眩南本作駭

范陽王紹義傳歷位侍中清都尹○都南本作郡下文隴西王紹廉傳亦云紹義初爲清都尹當從此爲是

武成十三男傳安樂王仁雅○監本缺樂王二字今從閣本增入

南陽王綽傳以五月五日辰時生至午時後主乃生○監本缺生至二字今從閣本增入

故貶爲第二○監本缺爲第二字今從閣本增入

琅邪王儼傳王公皆遙住車去牛頓軶於地以待中丞過○軶監本訛軛今改正

北史卷五十二考證

北史卷五十三

唐　李延壽　撰

列傳第四十一

万俟普字普撥太平人其先匈奴之别也少雄果有武力正光中破六韓拔陵構逆逼授太尉後歸魏累遷第二鎭人酋長孝武帝初封清水郡公隨入關拜司空神武平夏州普自覆鞦城率部歸齊神武神武躬自迎接封河西郡公位太尉薨贈太師大司馬錄尚書事子洛洛字受洛干隨孝武入關除尚書左僕射天平中隨父東歸封建昌郡公再遷領軍將軍初神武以其父普尊老特崇禮之嘗親扶上馬洛免冠稽首願出萬死力以報深恩及河陰之戰諸軍北度橋洛以一軍不動謂西人曰万俟受洛干在此能來可來也西人畏而去之神武名其所營地爲迴洛洛慷慨有氣節勇鋭冠世卒贈太師大司馬太尉錄尚書謚曰武

可朱渾元字道元自云遼東人也曾祖護野肱爲懷朔鎭將遂家焉元寬仁有武略少與神武相知尒朱榮以爲别將隸尒朱天光平万俟醜奴等以功封東縣伯孝武帝立累遷渭州刺史元既早爲神武知遇兼其母兄在東恆表疏與神武往來周文帝有疑心元乃率所部三千戸發渭州西北度烏蘭津歷河源

二州境乃得東出靈州刺史曹泥待元甚厚泥女壻劉豐生與元深相結遂資遣元元從靈州東北入雲州界周文每遣兵邀元元戰必摧之神武聞其來遣平陽太守高崇持金環一枚賜元幷運資糧候接元至引見執手後進幷州刺史以貪汚劾特見原累以軍功拜司空天保初封扶風郡王位太傅太師薨贈假黃鉞太宰太師錄尚書元用兵務持重未嘗敗皇建初配享文襄廟庭子長舉襲道元弟天元亦有將略便弓馬封昌陽縣伯天保初位殿中七兵二尚書卒贈都督滄州刺史謚曰恭武天元弟天和以道元勳重尚東平長公主賜爵宜安鄉男文宣受禪加駙馬都尉位開府儀同三司封成皋郡公濟南即位加特進改封博陵郡公與楊愔同被殺追贈司空

劉豐字豐生普樂人也有雄姿壯氣果毅絕人破六韓拔陵之亂以守城功除普樂太守山鹿縣公靈州鎮城大都督賀拔岳與靈州刺史曹泥不睦豐助泥守岳將自討泥爲侯莫陳悅所殺周文帝遣行臺趙善大都督万俟受洛干復來攻圍引河灌之泥與豐堅守不下豐乃東奔神武神武以豐爲南汾州刺史

河陰之役豐功居先神武執其手嗟賞之及王思政據長社豐與高岳等攻之先是訛言大魚道上行百姓苦之豐建水攻策遏洧水灌城水長魚鱉皆游焉城將陷豐與行臺慕容紹宗見忽有暴風從東北來正晝昏暗飛沙走礫船纜忽絕漂至城下豐拍浮向土山爲浪激不時至西人鉤之並爲敵所害豐壯勇善戰死日朝野駭惋贈大司馬司徒公尚書令謚武忠子暈嗣第三子龍有巧思位亦通顯隋開皇中歷將作大匠卒於領軍大將軍八子俱非嫡妻所生每一子所生喪諸子皆爲制服三年武平中暐所生喪諸弟並請解官朝廷義而不許

破六韓常單于之裔也初呼廚貌入朝漢爲魏武所留遣其叔父右賢王去卑監本國戶魏氏方興率部南轉去卑遣弟右谷蠡王潘六奚率軍北禦軍敗奚及五子俱沒于魏其子孫遂以潘六奚爲氏後人訛誤以爲破六韓世領部落父孔雀少驍勇背其宗人拔陵率部降尒朱榮詔封永安縣侯第一領人酋長常孔雀少子沉敏有膽略善騎射尒朱榮死常居河西天平中與冀州刺史万

侯受洛干等東歸神武上爲武衞將軍齊受禪封廣川縣公拜太子太保卒於滄州刺史贈尚書令司徒公太傅第一領人酋長假王謚曰忠武

金祚字神敬安定人也性驍雄尚氣俠魏末以軍功至太中大夫隨元天穆討平邢杲歷涇岐二州刺史後大行臺賀拔岳表授東雍州刺史令討仇池氏楊紹先於百頃未還岳爲侯莫陳悅所殺祚克仇池還莫知所歸俄而神武遣行臺侯景慰諭祚遂解甲而還封安定縣公後隨魏孝武西入周文帝以祚爲兗州刺史歷太僕衞尉二卿尋除東北道大都督晉州刺史入據東雍州神武遣尉景攻降之芒山之戰以大都督從破西軍除華州刺史文宣受禪加開府儀同三司別封臨濟縣子卒贈司空公

劉貴秀容陽曲人也剛格有氣斷歷尒朱榮府騎兵參軍榮性猛急貴尤嚴峻任使多愜榮心普泰初行汾州事棄戍歸齊神武累遷御史中尉肆州大中正加開府西道行臺僕射貴所歷莫不肆其威酷非理殺害視下如草芥性峭直攻訐無所回避雖非佐命元功然與神武布衣舊特見親重卒贈太保太尉公

錄尚書事諡忠武齊受禪詔祭告其墓皇建中配享神武廟庭次子洪徽嗣樂
縣男卒贈都督燕州刺史
蔡儁廣寧石門人也父普北方擾亂走奔五原守戰有功拜寧朔將軍卒贈燕
州刺史儁豪爽有膽略齊神武微時深相親附儁初爲杜洛周所虜時神武亦
在洛周軍中神武謀誅洛周儁預其計事泄奔葛榮仍背榮歸尒朱榮從入洛
及從破葛榮平元顥封烏洛縣男隨神武舉義及平鄴破韓陵並有戰功進爵
爲侯出爲齊州刺史爲政嚴暴又多受納然亦明解有部分吏人畏服之性好
賓客頗稱施惠天平中卒於揚州刺史贈尚書令司空公諡曰威武齊受禪詔
祭告其墓皇建初配享神武廟庭
韓賢字普賢廣寧石門人也壯健有武用初隨葛榮作逆榮破後尒朱榮擢充
左右榮死尒朱度律以賢爲帳內都督封汾陽縣伯後爲廣州刺史及齊神武
起義度律以賢素爲神武所知恐有變遣使徵之不願去乃密遣羣蠻多舉烽
若有寇至使者遂爲啓得停賢仍潛使人通誠於神武後拜建州刺史天平初

爲洛州刺史州人韓木蘭等起兵賢破之親自案檢收甲仗有一賊窘迫藏屍間見將至忽起斫賢斷其脛而卒始漢明帝時西域以白馬負佛經送洛因立白馬寺其經函傳於此寺形制厚朴世以古物歷代寶之賢知故斫破之未幾而死論者謂因此致禍贈尙書令司空子裔嗣

尉長命太安狄那人也父顯魏代郡太守長命性和厚有器識參預齊神武起兵破尒朱氏於韓陵拜安南將軍樊子鵠據兗州反除東南道大都督與諸軍討平之徙幽州刺史督安平二州雖多聚斂然以恩撫人少得安集卒贈司空謚曰武壯子與字敬與便弓馬有武藝位冠軍將軍

王懷字懷周不知何許人也少好弓馬頗有氣尙隨齊神武於冀州起兵討破尒朱兆於廣阿又從破四胡於韓陵以功封盧鄉縣侯天平中爲都督廣州刺史後從神武襲剋西夏州還爲大都督鎭下館除車騎大將軍儀同三司卒贈司徒公尙書僕射懷以武藝勳誠爲神武所知志力未申論者惜其不遂皇建初配饗神武廟庭

任祥字延敬廣寧人也少和厚有器度初從葛榮榮署爲王榮敗擁所部先降拜廣寧太守賜爵西河縣公隨齊神武起兵封魏郡公後兼尚書左僕射進位開府儀同三司祥位望既重能以寬和接物人士稱之及斛斯椿釁發祥棄官北走歸神武天平初拜侍中遷徐州刺史在州大有受納然政不殘不爲人所疾苦潁川長史賀若徽執刺史田迅據城降西魏祥戰失利還北與行臺侯景司徒高昂共攻拔潁川元象元年卒於鄴贈太尉公錄尚書事子冑性輕俠頗敏慧少在神武左右天平中擢爲東郡太守家本豐財又多聚斂動極豪華賓客往來將迎至厚興和末神武攻王壁還留清河公岳爲行臺鎮守晉州以冑隸之冑飲酒游縱不勤防守神武責之懼遂潛遣使送款於周爲人所糾推勘未得實神武特免之冑內不自安乃與儀同尒朱文暢參軍房子遠鄭仲禮等陰圖弒逆伏誅

莫多婁貸文太安狄那人也驍果有膽氣從神武起兵破尒朱兆於廣阿封石城縣子從破四胡於韓陵進爵爲侯從平尒朱兆於赤谼嶺兆自縊貸文獲其

屍天平中進爵爲公晉州刺史元象初除車騎大將軍儀同三司南道大都督與行臺侯景攻獨孤信於金墉城周文帝出函谷景與高昂議待其至貸文請率所部擊其前鋒景等固不許貸文性勇而專不受命以輕騎一千軍前斥堠死於周軍贈尚書左僕射司徒公子敬顯嗣彊直勤幹少以武力見知恆從斛律光征討數有戰功光每令敬顯前驅置營中夜巡察或達旦不眠臨敵置陣亦命部分將士深見重位至開府儀同三司武平七年從後主平陽敗歸在幷州與唐邕等推立安德王稱尊號安德敗武將皆投周軍唯敬顯走還鄴授司徒周武帝平鄴執之斬於閶闔門外責其不留晉陽也

庫狄迴洛代人也少有武力儀貌魁偉初事尒朱榮榮死隸尒朱兆神武舉兵於信都迴洛擁衆來歸從破四胡於韓陵以軍功封順陽縣子累遷夏州刺史昭帝卽位封順陽郡王大寧初爲朔州刺史轉太子太師卒贈太尉定州刺史

庫狄盛字安盛懷朔人也性和柔少有武用初爲神武親信都督從征伐累遷幽州刺史封長廣縣公齊受禪改封華陽縣公後拜特進卒贈太尉公

張保洛自云本出南陽西鄂家世好賓客尙氣俠頗爲北土所知保洛少便弓馬初從葛榮榮敗仍爲尒朱榮統軍後隸齊神武神武起兵保洛爲帳內從破尒朱兆於廣阿及韓陵戰元象初爲西夏州刺史以前後功封安武縣伯又從戰芒山進爵爲侯文襄嗣事歷梁州刺史進爵爲公齊受禪加開府仍爲刺史聚斂爲百姓所患濟南初兼侍中尋出爲滄州刺史封敷城郡王以聚斂免官奪王爵卒贈前官追復本封從神武出山東又有賀拔仁麴珍段琛尉摽子相貴康德韓建業封輔相范舍樂牒舍樂並以軍功至大官史失其事仁字天惠無善人以帳內都督從神武破尒朱氏於韓陵力戰有功天保初封安定郡王歷數州刺史太保太師右丞相錄尙書事武平元年薨贈假黃鉞相國太尉錄尙書十二州諸軍事朔州刺史謚曰武珍字舍樂西平酒泉人壯勇騎射以帳內從神武天統中封安康郡王武平初爲豫州道行臺尙書令豫州刺史卒贈太尉琛字懷寶代人少有武用從起兵天寶中開府儀同三司兗州刺史摽代人太寧初位司徒封海昌王卒子相貴嗣相貴武平末開府儀同三司晉州道

行臺尚書僕射晉州刺史及行臺左丞侯子欽等密啓周武帝請師求爲內應周武自率衆至城下子欽等夜開城門引軍入鎖相貴送長安卒弟相願彊幹有膽略武平末開府儀同三司領軍大將軍自平陽至并州及到鄴每立計將殺高阿那肱廢後主立廣寧王事竟不果及廣寧被出相願拔佩刀斫柱而歎曰大事去矣知復何言德代人歷數州刺史并省尚書左僕射開府儀同三司封新蔡王建業輔相俱不知所從來建業位領軍大將軍并州刺史以輔相爲朔州總管范舍樂代人有武藝筋力絕人位東雍州刺史開府儀同三司封平舒侯牒舍樂武威人開府儀同三司營州刺史封漢中郡公戰歿關中

侯莫陳相代人也祖社伏頹魏第一領人酋長父斛古提朔州刺史白水公相七歲喪父號慕過人及長性雄傑後從神武起兵破四胡於韓陵力戰有功封陽平縣伯後改封白水郡公天保初累遷司空公進爵白水王又遷大將軍拜太尉公兼瀛州刺史歷太保朔州刺史又授太傅別封義寧郡公薨於州贈假黃鉞右丞相太宰太尉都督朔州刺史次子晉貴嚴重有文武幹略襲爵白水

王武衛將軍開府儀同三司梁州刺史歸周授上大將軍封信安縣公子仲宣
太常丞子弘頴弘信雍州司士參軍子行方行儉行恭

薛孤延代人也少驍果從神武起兵以功累加儀同三司從西征至蒲津及竇泰失利神武班師延後殿且戰且行一日斫折十五刀神武嘗閱馬於北牧道逢暴雨大雷震地火燒浮圖神武令延覘之延案矟直前大呼繞浮圖走火遂滅延還鬚及馬鬉尾皆焦神武歎其勇決曰延乃能與霹靂鬬後封平秦公與諸將討頴川延專監造土山以酒醉爲敵所襲據頴川平諸將還京師讌華林園文襄啓魏帝坐延階下以辱之齊受禪別賜爵都昌縣公延性好酒率多昏醉以善戰每大軍征討常爲前鋒位太子太保太傅

斛律羌舉太安人也世爲部落酋長羌舉少驍果從尒朱兆兆破乃歸誠神武神武以其忠於所事亦加嗟賞天平中除大都督後從神武戰於沙苑時議進趣討羌舉曰黑獺若欲固守無糧援可恃今揣其情欲一死決有同猘犬或能噬人且渭曲土濘無所用力若不與戰徑趣咸陽咸陽空虛可不戰而剋拔其

根本則黑獺之首可懸軍門神武欲縱火焚之侯景曰當禽以示百姓燒殺誰復信之諸將議既有異同遂戰於渭曲大軍敗績後封密縣侯爲東夏州刺史有疫疾刺匈竹箭吮之垂愈因怒創裂而卒贈儀同三司子孝卿嗣孝卿少聰敏機悟有風檢武平末位侍中開府儀同三司封義寧王知內省事典外兵騎兵機密時政由羣豎自趙彥深死後朝貴典機密者唯孝卿一人差居雅道不至貪穢後主至齊州以孝卿爲尚書令又以中書侍郎薛道衡爲侍中封北海王二人勸後主作承光詔禪位任城王令孝卿齎詔策及傳國璽往瀛州孝卿便詣鄴仍從周武帝入關授儀同大將軍宣納上士隋開皇中位太府卿戶部尚書

張瓊字德連代人也少壯健有武用初隨葛榮爲亂榮敗尒朱榮以爲都督後歷位濟州刺史及尒朱氏敗歸神武拜滄州刺史加驃騎大將軍開府儀同三司天平中神武襲剋夏州以瓊爲慰勞大使留鎮之尋爲周文帝所陷卒贈司徒都督恆州刺史瓊子欣尚魏平陽公主除駙馬都尉驃騎大將軍開府儀同

三司建州刺史南鄭伯瓊常憂其太盛每謂親識曰凡人官爵莫若處中欣位
秩太高深爲憂慮而欣豪險遂與公主情好不篤尋爲孝武所害時人稱瓊先
見
宋顯字仲華敦煌效穀人也性果毅有幹用初事尒朱榮稍遷爲記室參軍榮
死世隆等以爲晉州刺史後歸神武爲行臺左丞拜西兗州刺史在州多所受
納然勇決有氣幹檢御左右咸得其心力及河陰之戰深入沒于行陣贈司徒
公
王則字元軌自云太原人也少驍果有武藝初隨叔父魏廣平內史老生征討
每有戰功老生爲朝廷所知則頗有力初以軍功賜白水子元顥入洛則與老
生俱降顥顥疑老生遂殺之則奔廣州刺史鄭先護與同拒顥顥敗爲東徐州
防城都督尒朱榮之死也東徐州刺史斛斯椿是其枝黨內懷憂懼時梁立魏
汝南王悅爲魏主資其士馬送之境上椿遂降悅則與蘭陵太守李義擊其偏
師破之魏因以則行北徐州事隸尒朱仲遠仲遠敗乃歸神武天平初頻以軍

功都督荆州刺史則有威武邊人畏伏之渭曲之役則爲西師圍逼棄城奔梁梁尋放還神武恕而不責元象初洛州刺史以前後勳封太原縣伯則性貪在州不法舊京諸像毀以鑄錢於時號河陽錢皆出其家以武用除徐州刺史取受狼藉令送晉陽文襄恕其罪卒贈司空謚烈懿則弟敬寶位東廣州刺史與蕭軌攻建業不剋死焉

慕容紹宗字紹宗晃第四子太原王恪之後也曾祖騰歸魏遂居代祖郁岐州刺史父遠恆州刺史紹宗容貌恢毅少言深沉有膽略尒朱榮卽其從舅子也榮入洛私告曰洛中人士繁盛驕侈成俗不除翦恐難制吾欲因百官出迎悉誅之若何對曰太后淫虐天下共棄公既執忠義忽欲殲夷多士實謂非策不從後以軍功封索盧侯遷尒朱兆長史及兆敗紹宗於烏突城見神武遂攜尒朱榮妻子幷兆餘衆自歸神武神武仍加恩禮所有官爵並如故軍謀兵略時參預焉及遷鄴令紹宗與高隆之共知府庫圖籍諸事累遷青州刺史時丞相記室孫搴屬紹宗以其兄爲州主簿紹宗不用搴譖之神武曰紹宗嘗登廣固

城長歎謂所親云大丈夫有復先業理不由是徵還元象初以軍功進爵爲公累遷御史中尉屬梁人劉烏黑入寇徐方授徐州刺史執烏黑殺之還除尚書左僕射侯景反命紹宗爲東南道行臺加開府改封燕郡公又與大都督高岳禽梁貞陽侯蕭明於寒山迴軍討侯景於渦陽時景軍甚盛初聞韓軌往討之曰噉猪腸小兒聞高岳往曰此兵精人凡爾諸將被輕及聞紹宗至扣鞍曰誰教鮮卑小兒解遣紹宗來若然高王未死邪及與景戰諸將頻敗無肯先者紹宗麾兵徑進諸將從之因大捷西魏遣王思政據潁川又以紹宗爲南道行臺與太尉高岳儀同劉豐圍擊之堰洧水灌城時紹宗數有凶夢每惡之私謂左右曰吾自數年已還恆有蒜髮昨來忽盡蒜者筭也其筭盡乎未幾與劉豐臨堰見北有塵氣乃入艦同坐暴風從東北來纜斷飄艦徑向敵城紹宗自度不免遂投水卒三軍將士莫不悲惋朝廷嗟傷焉贈太尉諡曰景惠長子士肅以謀反伏法朝廷以紹宗功罪止士肅身皇建初配享文襄廟庭士肅弟三藏三藏幼聰敏多武略頗有父風武平初襲爵燕郡公以軍功歷位武衛大將軍周

師入鄴齊後主東遁委三藏留守鄴宮齊王公已下皆降三藏猶拒戰及齊平
武帝引見恩禮甚厚授儀同大將軍隋開皇元年授吳州刺史九年副襄陽公
韋洸討平嶺南至廣州洸中流矢卒詔三藏檢校廣州道行軍事以功授大將
軍後還廓州刺史人歌頌之文帝數有勞問又畜產繁滋獲醍醐奉獻賚物百
段十三年州界連雲山響稱萬歲者三詔頒郡國仍遣使醮山所其日景雲浮
於上雉兔馴壇側使還以聞上大悅改封河內縣男歷疊州總管和州刺史淮
南郡太守所在有惠政改授金紫光祿大夫大業七年卒
叱列平字殺鬼代郡西部人世爲酋帥平有容貌美鬚髯善射馭龔第一領人
酋長臨江伯魏末以軍功至武衛將軍隨尒朱榮破葛榮平元顥封𤨏陶縣伯
榮死尒朱氏陵僭平懼禍後歸神武從破四胡於韓陵以軍功天保初累遷兗
州刺史開府儀同三司卒贈都督瀛州刺史諡曰莊惠子孝沖嗣孝沖弟長乂
武平末侍中開府儀同三司封新寧王隋開皇中位上柱國卒於涇州刺史長
乂無他才技在官以清幹稱

步大汗薩代郡西部人祖榮代郡太守父居龍驤將軍領人別將薩初從尒朱榮入洛及平葛榮累功爲都督榮死又從兆入洛及韓陵之敗以所部降神武稍遷車騎大將軍封行唐縣公晉州刺史齊受禪改封義陽郡公

薛脩義字公讓河東汾陰人也曾祖紹魏七兵尚書祖壽仁秦州刺史汾陰公父寶集定陽太守脩義少而姦俠輕財重義魏正光末天下兵起特詔募能得三千人者用爲別將脩義得七千餘人假安北將軍西道別將以軍功拜龍門鎮將後宗人鳳賢等作亂圍鎮城脩義以天下紛擾遂爲逆自號黃鉞大將軍詔都督宗正珍孫討之軍未至脩義慙悔遣表乞一大將招慰乃降鳳賢等猶據險不降脩義與書降之乃授鳳賢龍驤將軍陽夏子改封汾陽縣侯尒朱榮以脩義反覆錄送晉陽與高昂等並見拘防榮赴洛並以自隨置於駝牛署榮死魏孝莊以脩義爲弘農河北河東正平四郡大都督時神武爲晉州刺史見之相待甚厚及韓陵之捷以脩義行幷州事孝武帝入關神武以脩義爲關右行臺自龍門濟河招下西魏北華州刺史薛崇禮初神武欲大城晉中外府司

馬房毓曰若使賊到此處雖城何益乃止及沙苑之敗徙秦南汾東雍三州人於幷州又欲棄晉以遣家屬向英雄城脩義諫曰若晉州敗定州亦不可保神武怒曰爾輩皆負我前不聽我城幷州城使我無所趣脩義曰若失守則請誅斛律金曰還仰漢小兒守收家口爲質勿與兵馬神武從之以脩義行晉州事及西魏儀同長孫子彥圍逼城下脩義開門伏甲待之子彥不測虛實於是遁去神武嘉之就拜晉州刺史後除齊州刺史以黷貨除名追其守晉州功復其官爵俄以軍功進正平郡公加開府天保中卒於太子太保贈司空子文殊嗣脩義從弟嘉族性亦豪爽從神武平四胡於韓陵歷華陽二州刺史卒官子震字文雄位廉州刺史亦著軍功又歷南汾譙二州刺史

慕容儼字恃德清都人㕎之後也容貌出羣衣冠感偉不好讀書頗學兵法尒朱氏敗歸神武以勳累遷五城太守見東雍州刺史潘相樂長揖而已丞尉已下數懼其罪乃謂儼曰府君少爲羣下屈節儼攘袂曰吾狀貌如此行望人拜豈可拜人神武聞三人在邊不和徵相樂還朝以儼代爲刺史還東荆州刺史

行次長社忽為其部下人所執將投山賊張儉為守人王崇祖私放獲免神武
乃授以軍司共擊平儉始得達州沙苑之敗時諸州多翻陷唯儼獲全天保初
以軍功除開府儀同三司六年梁司徒陸法和儀同宋莅等以郢州城内附時
清河王岳帥師江上議以城在江外求忠勇過人者守之衆推儼遂遣鎮郢城
始入而梁大都督侯瑱任約率水陸軍奄至城下於上流鸚鵡洲造荻䔲竟數
里以塞船路衆懼儼悅以安之城中先有神祠一所俗號城隍神儼於是順士
卒心祈請須臾衝風驚波漂斷荻䔲約復以鐵鏁連緝防禦彌切儼還共祈請
風浪夜驚䔲復斷絶如此再三城人大喜以為神助儼出城奮擊大破之瑱約
又併力圍城唯煮槐楮葉幷紵根水萍葛艾等及靴皮帶筋角等食之人死即
火別分食唯留骸骨儼猶信賞必罰分甘同苦自正月至六月人無異志後蕭
方智立請和文宣以城在江表有詔還之及至望帝悲不自勝帝親執其手捋
儼鬚脫帽看髮歎息久之曰自古忠烈豈過此也除趙州刺史天統四年別封
寄氏縣公幷賜金銀酒鍾各一枚胡馬一匹五年進爵為義安王武平元年為

光州刺史儼少從征討經略雖非所長而有將帥之節所歷諸州雖不能清白守道亦不貪殘害物卒贈司徒子子會位郢州刺史周武帝平鄴使其子送敕喻之子會枷其子付獄尋赦書至云行臺武王已降子會乃與寮屬北面慟哭然後奉命尒朱氏將帥歸神武者又有代人庫狄伏連字仲山本名伏憐語音連事尒朱榮至直閤將軍後從神武賜爵蚍丘男天保初儀同三司尋加開府性質朴勤公事直衞宮闕曉夕不離帝所頗以此見知然鄙恡愚狠爲鄭州刺史好聚斂又嚴酷居室患蠅杖門者曰何故聽入其妻病以百錢買藥每自恨之不識士流開府參軍多是衣冠士族皆加捶撻逼遣築牆武平中封宜都郡王除領軍大將軍尋與琅邪王儼殺和士開伏誅被支解伏連家口百餘盛夏人料倉米二升不給鹽菜常有飢色冬至日親表稱賀其妻爲設豆餅問豆餅得處云於馬豆中分減伏連大怒典馬掌食人並加杖罰積年賜物藏在別庫遣一婢專掌管籥每入庫檢閱必語妻子此官物不得輒用至死時唯着敝褌而積絹至二萬匹簿錄並歸天府

潘樂字相貴廣寧石門人也本廣宗大族魏世分鎮北邊因家焉父永有技藝襲爵廣宗男樂初生有一雀止其母左肩占者咸言富貴之徵因名相貴後始爲字及長寬厚有膽略初歸葛榮榮授京兆王時年十九榮敗隨尒朱榮爲別將討元顥以功封敷城縣男齊神武出牧晉州引樂爲鎮城都將後從破尒朱兆於廣阿進爵廣宗縣伯累以軍功拜東雍州刺史神武嘗議欲廢州樂以東雍地帶山河境連胡蜀形勝之會不可棄也遂如故後從破周師於河陰議欲追之令追者在西不願者東唯樂與劉豐居西神武善之以衆之不同而止改封金門郡公文宣嗣事鎮河陽破西將楊標等時帝以懷州刺史平鑒等所築城深入敵境欲棄之樂以軹關要害必須防固乃更修理增置兵將而還還鎮河陽拜司空齊受禪樂進璽綬進封河東郡王遷司徒周文東至崤陝遣其行臺侯莫陳崇齊子嶺趣軹關儀同楊摽從鼓鍾道出劍州陷孤公戍詔樂總大衆禦之樂晝夜兼行至長子遣儀同韓永與從建州西趣崇崇遂遁又爲南道大都督討侯景樂發石鱉南度百餘里至梁涇州涇州舊在石梁侯景改爲淮

州樂獲其地仍立涇州又克安州之地除瀛州刺史仍略淮漢天保六年薨於懸瓠贈假黃鉞太師大司馬尙書令子子晃嗣諸將子弟率多驕縱子晃沉密謹慤以清靖自居尙公主拜駙馬都尉武平末爲幽州道行臺右僕射幽州刺史周師將入鄴子晃率突騎數萬赴援至博陵知鄴城不守詣冀州降周齊王軍授上開府隋大業初卒

彭樂字興安定人也驍勇善騎射初隨杜洛周賊知其不立降尒朱榮從破葛榮於滏口又爲都督從神武與行臺僕射于暉討破羊侃于瑕丘後叛投逆賊韓樓封北平王及尒朱榮遣大都督侯深擊樓樂又叛樓降深神武出山東樂又隨從韓陵之役樂先登陷陣賊衆大崩封樂城縣公後以軍功進爵汨陽郡公除肆州刺史天平四年從神武西討與周文相拒神武欲緩持之樂氣奮請決戰曰我衆賊少百人取一差不可失也神武從之樂因醉入深被刺腸出內之不盡截去復戰身被數創軍勢遂挫不利而還神武每追諭以戒之高仲密之叛也周文援之神武迎擊於芒山候騎言賊去洛州四十里蓐食乾飯神武

曰自應渴死何待我殺乃勒陣以待之西軍至皆喉燥樂以數千精騎爲右甄衝西軍北垂所向奔退遂馳入周文營人告樂叛神武曰樂棄韓樓事尒朱榮背尒朱歸我又叛入西事成敗豈在一樂但念小人反覆爾俄而西北塵起樂使告捷虜西魏臨洮王東蜀郡王榮宗江夏王昇鉅鹿王闡譙郡王亮詹事趙善督將寮佐四十八人皆係頸反接平臨以刃歷兩陣而唱名焉諸將乘勝斬首三萬餘西軍退神武使樂追之周文大窘而走曰癡男子今日無我明日豈有汝邪何不急還前營收金寶樂從其言獲周文金帶一束以歸言周文漏刃破膽矣神武詰之樂以周文言對且曰不爲此語放之神武雖喜其勝且怒令伏諸地親稱其頭連頓之并數沙苑之失舉刀將下者三噤齘良久乃止更請五千騎取周文神武曰爾何放而復言捉邪取絹三千匹壓樂因賜之累遷司徒天保初封陳留王遷太尉二年謀反爲前行襄州事劉章等告伏誅

暴顯字思祖魏郡斥丘人也祖喟仕魏爲朔州刺史因家焉父誕恆州刺史樂安公顯幼時見一沙門指之曰此郎子好相表大必爲良將貴極人臣語終失

之顯善騎射曾從魏孝莊獵一日中手獲禽獸七十三後從齊神武起義信都累遷北徐州刺史封屯留公天保中以贓貨解州大理禁止處判未訖爲合肥被圍遣顯與步大汗薩等攻梁北徐州禽其刺史王彊天統中累遷位特進封定陽王卒

皮景和琅邪下邳人也父慶賓魏淮南王開府中兵參軍正光中因使遇亂遂家廣寧之石門縣景和少通敏善騎射初以親信事神武後征步落稽疑賊有伏令景和將五六騎深入一谷遇賊百餘人便戰景和射數十人莫不應弦而倒神武嘗令景和射一野豕一箭獲之深見賞異除庫直正都督天保初授通州刺史封永寧縣子景和趫捷有武用從襲庫莫奚度黃龍征契丹定稽胡討蠕蠕每有戰功累遷殿中尚書侍中景和於武職中兼掌吏事又性識平均故頻有美授周通好後冠蓋往來嘗令景和對接每與同射百發百中甚見推重武平中詔獄多令中黃門等監之恆令景和案覆據理執正由是過無枉濫後除特進封廣漢郡公遷領軍將軍琅邪王之殺和士開兵指西闕內外莫知所

爲景和請後主出千秋門自號令事平除尚書左僕射陳將吳明徹寇淮南令景和拒之除領軍大將軍封文城郡王又有平陽人鄭子饒詐依佛道設齋會用米麵不多供贍甚廣密從地藏漸出餅飯愚人以爲神力見信於魏衞之間將爲逆亂謀泄乃潛度河聚衆自號長樂王已破乘氏縣景和遣騎擊破之禽子饒送鄴烹之及吳明徹圍壽陽敕景和與賀拔伏恩救之是時拒明徹者多傾覆唯景和全軍而還除尚書令武平六年卒贈太尉錄尚書長子信機悟有風神位開府儀同三司武衞將軍於勳貴子弟中稱其識鑒降周軍授上開府軍正中大夫隋開皇中卒於洮州刺史少子宿達開皇中通事舍人母憂起復將赴京辭靈慟哭而絶久而獲蘇不能下食三日而死

綦連猛字武兒代人也其先姬姓六國末避亂出塞保祈連山因以山爲姓北人語訛故曰綦連父元成燕郡太守猛少有志氣便弓馬初爲尒朱榮親信榮被害從尒朱兆入洛猛父母兄弟皆在山東尒朱京纏欲投神武召之與俱舉猶謂曰不從我者死乃從之去城五十餘里猛以素蒙兆恩卽背京纏復歸兆

北敗猛與斛律羌舉乞伏貴和逃亡及見獲各杖一百以猛配尉景貴和配妻昭羌舉以故酋長子故無所配既而三人並爲神武親信後都督尒朱文暢將爲逆猛曰昔事其父兄寧今日受死不忍告而殺之神武聞之曰事人當如此舍其罪而益親之以軍功封廣興縣侯梁使來聘云求角武藝文襄遣猛就館接之雙帶兩鞬左右馳射校挽彊弓梁人引弓兩張皆三石猛遂併取四張疊挽之過度梁人嗟服天保初除東秦州刺史河清三年加開府突厥侵逼晉陽敕猛覘賊中一騎將超出來鬭猛卽斬之天統五年除幷省尚書令領軍大將軍封山陽王猛自和士開死後漸預朝政疑議舉奪咸亦咨稟趙彥深以猛武將之中頗疾姦佞言議時有可采故引知機事祖珽奏言猛與彥深前推瑯邪王事有意故於是出猛爲定州刺史彥深爲西兗州刺史卽日首途先是謠曰七月刈禾太早九月噉餻未好本欲尋山射虎激箭旁中趙老至是其言乃驗猛行至牛蘭有人告和士開被害時猛亦知情遂被追還削王爵以開府赴州在任寬惠清愼吏人稱之淮陰王阿那肱與猛有舊每欲攜引之韓長鸞等沮

難復授膠州刺史後除大將軍齊亡入周卒初猛與尉與慶謝猥餧並善射小心給事神武左右神武使相者視之曰猛大貴尉謝無官及芒山之役與慶救神武之窘爲軍所殺神武嘆曰富貴定在天也猛竟如相者言卒以榮寵自畢與慶事見齊本紀與慶每入陣常自署名於背神武使求其尸祭之於死處立浮圖世謂高王浮圖云於是超贈儀同涇州刺史謚曰閔壯

元景安河南洛陽人魏昭成皇帝之五世孫也高祖虔陳留王景安沉敏有幹局少工騎射善於事人父永啓迴代郡公授之隨魏孝武帝西入關天平末周齊交戰景安臨陣東歸芒山之戰以功賜爵西華縣男代郡公如故景安妙閑馳騁有容則每梁使至恆與斛律光皮景和等對客騎射見者稱善天保初別封與勢伯帶定襄縣令賜姓高氏累遷兼七兵尚書時初築長城鎮戍未立詔景安與諸將緣塞以備守督領既多且所部軍人富於財物遂賄貨公行文宣聞之遣使推檢唯景安纖毫無犯帝深嘉歎乃以所斂贓絹五百匹賜以彰清節孝昭嘗與功臣西園宴射侯去堂一百三十步中的者賜以良馬及金玉錦

綵有一人射中獸頭去鼻寸餘唯景安最後有矢未發帝令景安解之景安引滿正中獸鼻帝嗟異稱善特賞馬二匹玉帛雜物又加常等天統四年除豫州刺史加開府儀同三司武平三年授行臺尚書令刺史如故封歷陽郡王景安久在邊州人物安之又管內蠻多華少景安被以恩威咸得寧輯武平末徵拜領軍大將軍入周以大將軍義寧郡公討稽胡戰沒初永兄祚襲爵陳留王祚卒子景皓嗣天保時誅諸元親近者如景安之徒疏宗議請姓高氏景皓云豈得棄本宗逐他姓大丈夫寧可玉碎不能瓦全景安以白文宣乃收景皓誅之家屬徙彭城由是景安獨賜姓高氏自外聽從本姓永弟种子豫字景豫美容儀有器幹景安告景皓慢言引豫云相應和豫占云爾時以衣袖掩景皓口云莫妄言問景皓與豫同獲免卒於東徐州刺史

獨孤永業字世基本姓劉中山人也母改適獨孤氏永業幼隨母爲獨孤家養遂從其姓天保初除中書舍人永業解書計善歌舞甚爲文宣所知後爲洛州刺史河陽行臺左丞甚有威信遷行臺尚書永業久在河陽善於招撫周人憚

之性鯁直不交權勢斛律光求二婢弗得毀之於朝廷河清末徵爲太僕卿以
乞伏貴和代之於是西境蹙弱河洛人情騷動武平三年遣永業取斛律豐洛
因以爲北道行臺僕射幽州刺史河洛人庶多思永業又除河陽道行臺洛州
刺史周武帝親攻金墉永業出兵禦之問是何達官作何行動周人曰至尊自
來主人何不出看客永業曰客行忩忩故不出看乃通夜辦馬槽二千周人聞
之以爲大軍至乃去進位開府臨川王有甲士三萬聞晉州敗請出兵北討奏
寢不報永業慨憤又聞并州亦陷乃遣子須達告降於周授上柱國應公宣政
末爲襄州總管大象二年爲行軍總管崔彥睦所殺
鮮于世榮漁陽人也父寶業懷朔鎮將武平初贈儀同三司祠部尚書世榮少
沉敏有器幹興和二年爲神武親信都督稍遷平西將軍賜爵石門縣子天統
二年累加開府儀同三司除鄭州刺史武平中以領軍從平高思好封義陽郡
王領軍大將軍太子太傅及周武帝入代送瑪瑙酒鍾與之得便撞破周兵入
鄴諸將皆降世榮在三臺之前獨鳴鼓不輟及被執不屈乃見殺世榮雖武人

無文藝以朝危政亂每常竊歎見徵稅無厭賞賜過度發言歎息焉子貞武平末假儀同三司

傅伏太安人也少從戎以戰功稍至開府永橋領人大都督周武帝前攻河陰伏自永橋夜入中潬城南城陷被圍二旬不下救兵至周師還後除東雍州刺史周剋晉州執行臺尉相貴招伏伏不從周剋并州遣韋孝寬以伏子世寬來招伏授上大將軍武鄉郡公即給告身以金瑪瑙二酒鍾爲信伏不受曰事君有死無二此兒爲臣不能竭忠爲子不能盡孝人所讎疾願即斬之以號令天下周武自鄴還至晉州遣高阿那肱等臨汾召伏伏聞後主已被獲仰天大哭率衆入城於聽事前北面哭良久然後降周武見曰何不早降伏流涕曰臣三世衣食齊家被任如此革命不能自死羞見天地周武親執手曰爲臣當若此朕平齊唯見公一人乃自食一羊肋以骨賜伏曰骨親肉疎所以相付遂引與同食令於侍伯色宿衞授上儀同敕之曰若即與公高官恐歸投者心動勿慮不富貴又問前救河陰得何官曰蒙一轉授特進永昌郡公周武謂後主曰朕

前三年決意取河陰正爲傅伏不可動公當時賞授何其薄也賜伏金酒巵後
以爲岷州刺史尋卒齊軍晉州敗後兵將罕有全節有其殺身成仁者有儀同
叱于苟生鎮南兗州周武破鄴赦書至苟生自縊死又有開府中侍中宦者田
敬宣本字鵬鸞人也年十四五便好讀書既爲閹寺伺隙便周章詢請每至文
林館氣喘汗流問書之外不暇他語及視古人節義事未嘗不感激沉吟顏之
推重其勤學甚加開奬後遂通顯後主之奔青州遣其西出參伺動靜爲周軍
所獲問齊主何在紿云已去毆捶服之每折一支辭色愈厲竟斷四體而卒又
有雷顯和晉州敗後爲建州道行臺左僕射周武帝使其子招焉顯和禁其子
而不受聞鄴城敗乃降後主失幷州使開府紇奚永安告急於突厥他鉢略可
汗及聞齊滅他鉢處永安於吐谷渾使下永安抗言曰本國既敗永安豈惜賤
命欲閉氣自絕恐天下不知大齊有死節臣唯乞一刀以顯示遠近他鉢嘉之
贈馬七十匹歸之又有代人高寶寧武平末爲營州刺史鎮黃龍夷夏重其威
信周武帝平齊遣信招慰不受敕書范陽王紹義在突厥中寶寧上表勸進范

陽王署寶寧爲丞相及盧昌期據范陽起兵寶寧引紹義集夷夏兵數萬救之
至潞河知周將宇文神舉屠范陽還據黃龍
論曰尒朱殘逆遠効誠款知神武陵逼隨帝西遷去就之途未爲失節道元感
母兄之戀荷知遇之恩思親懷舊固其宜矣生不屈西朝歸誠河朔保年之於
開義異策名並乘幾獨運異夫盜寶竊邑者也神武招攜理殊納叛諸將擇木
情非背恩故能各立功名終極榮寵神敬力屈東維未虧臣節其被恩化蓋亦
明主之仁焉劉貴蔡儁有先見之明匡贊霸業配饗清廟豈徒然也韓賢尉長
命王懷任祥莫多婁貸文庫狄迴洛庫狄盛張保洛侯莫陳相薛孤延斛律羌
舉張瓊宋顯王則等並運屬時來或因羈旅馮附末光申其志力化爲王侯固
爲宜矣孝卿功臣之胤自致公卿立履之地亦足稱也慕容紹宗兵機武略在
世見重昔事尒朱固執忠義不用范增之言終見烏江之禍侯景狠戾固非後
主之臣神武遺言實表知人之鑒寒山禍水往若摧枯筭盡數奇逢斯禍酷悲
夫三藏連屬危亡貞概自處可謂不隕門節矣叱列平步大汗薩薛脩義慕容

儼潘樂彭樂綦顯皮景和綦連猛元景安等策名戎幕備開夷險位高任重咸

遂本誠永業世榮之徒國危方見忠節不然則丹青簡冊安所貴乎

北史卷五十三

北史卷五十三考證

万俟普傳普自覆轃城率部歸齊神武○自監本訛尊今改從齊書

可朱渾元傳封成皐郡公○臯監本訛皇今改從齊書

破六韓常傳詔封永安縣侯第一領人酋長○第字下監本衍第字今刪

斛律羌舉傳後封密縣侯爲東夏州刺史○侯監本訛候今從閣本

慕容紹宗傳獲醍醐奉獻○醍監本訛醍今改從南本

薛修義傳詔都督宗正珍孫討之○監本脫正字今從魏書增正

史臣論咸遂本誠○咸監本訛成今改從南本

北史卷五十三考證

珍做朱版鈄

北史卷五十四

唐　李延壽　撰

列傳第四十二

孫騰　高隆之　司馬子如（子消難 兄子膺之 裴藻）

竇泰　尉景　婁昭（兄子叡）

厙狄干（孫士文）　韓軌　段榮（子韶 孝言）

斛律金（子光 羨）

孫騰字龍雀咸陽石安人也祖通仕沮渠氏爲中書舍人沮渠氏滅因徙居北邊及騰貴魏朝贈司徒父機贈太尉騰少質直明解吏事魏正光中北方擾亂歸介朱榮尋爲齊神武都督長史神武爲晉州又引爲長史封石安縣伯及起兵於信都常以誠款預謀策累遷郡公入爲侍中尋兼尚書左僕射時魏京兆王愉女平原公主寡騰願尚之而公主欲侍中封隆之騰妬隆之遂相間搆神武啓免騰官俄而復之與斛斯椿同掌機密隆之見忌慮禍奔晉陽神武入討椿

留騰行幷州事入爲尚書左僕射內外之事騰咸知之兼司空除侍中兼尚書
令時西魏攻南兗州詔騰率諸將討之騰性怯無威略失利而還又除司徒餘
官如故初北境亂騰亡一女及貴推訪不得疑其爲人婢及爲司徒奴婢訴良
者皆免之願免千人冀得其女神武知之大怒解司徒尋爲尚書左僕射太保
仍侍中遷太傅初博陵崔孝芬取貧家子賈氏爲養女孝芬死其妻元更適鄭
伯猷攜賈於鄭氏賈有色騰納之爲妾其妻袁死騰以賈有子正以爲妻詔封
丹楊郡君復請以袁氏爵回授其女其違禮肆情多此類也騰早依神武神武
深信待之置於魏朝寄以心腹遂志氣驕盈與奪自己納賄不知紀極官贈非
財不行餚藏銀器盜爲家物親狎小人專爲聚斂與高岳高隆之司馬子如號
四貴非法專恣騰爲甚焉神武文襄屢加誚讓終不悛改朝野深非笑之武定
六年薨贈太師開府錄尚書事謚曰文天保初以騰佐命詔祭告其墓皇建中
配饗神武廟庭子鳳珍嗣性庸暗卒於儀同三司
高隆之字延興洛陽人也爲閹人徐成養子少時以賃升爲事或曰父幹爲姑

壻高氏所養因從其姓隆之後有參定功神武命爲弟仍云勃海蓨人幹贈司徒公隆之身長八尺美鬚髯深沉有志氣初行臺于暉引爲郎中與神武深相結託後從起兵於山東累遷并州刺史入爲尚書右僕射時初給人田權貴皆占良美貧弱咸受墝薄隆之啓神武更均平之又領營構大將以十萬夫徹洛陽宮殿運於鄴構營之制皆委隆之增築南城周二十五里以漳水近帝城起長堤以防汎溢又鑿渠引漳水周流城郭造水碾磑並有利於時魏自孝昌之後天下多難刺史太守皆爲當部都督雖無兵事皆立佐僚所在頗爲煩擾隆之請非實邊要見兵馬者悉斷之又朝貴多假常侍以取貂蟬之飾隆之自表解侍中并陳諸假侍中服者請亦罷之詔皆如表自軍國多事冒名竊官者不可勝數隆之奏請檢括旬日獲五萬餘人而羣小讙譟隆之懼而止詔監起居事進位司徒武定中除尚書令還太保文襄作宰風俗肅清隆之時有受納文襄於尚書省大加責讓齊受禪進爵爲王尋以本官錄尚書事領太宗正卿監國史隆之性好小巧至於公家羽儀百戲服制時有改易不循典故時論非之

於射堋上立三人像爲壯勇之勢文宣曾至東山因射謂隆之曰堋上可作
猛獸以存古義何爲終日射人隆之無以對先是文襄委任崔暹崔季舒等及
文襄崩隆之啓文宣並欲害之不見許文宣以隆之舊齒委以政事隆之子姪
於楊遵彥前妻帝妹也故遵彥讒毁日至崔季舒等仍以前隙譖云隆之每見
訴訟者輒加哀矜之意以示非己能裁文宣以其受任既久知有冤狀便宜申
滌何過要名非大臣義天保五年禁止尚書省隆之曾與元昶宴語昶曰與王
交遊當死生不相背人有密言之者文帝未登庸日隆之意常侮帝帝將受禪
大臣咸言未可隆之又在其中帝深銜之因此大怒罵曰徐家老公令壯士築
百餘拳放出渴將飲水人止之隆之曰今日何在遂飲之因從駕死於路中贈
太尉太保陽夏王竟不得謚隆之雖不學涉而欽尚文雅搢紳名流必存禮接
寡姊爲尼事之如母訓督諸子必先文義世以此稱之文宣末年多猜害追忿
隆之執其子司徒中兵慧登等二十人於前慧登言乞命帝曰不得已以鞭扣
鞍一時頭絶並投之漳水發隆之冢出屍其貌不敗斬骸骨焚之棄於漳流天

下寃之隆之嗣遂絶乾明中詔其兄子子遠爲隆之後襲爵陽夏王還其財產

隆之見信神武性陰毒儀同三司崔孝芬以結婚姻不果太僕卿任集同加營

構頗相乖異瀛州刺史元晏請託不遂並構成其罪誅害之終至家門殄滅論

者謂有報應焉

司馬子如字遵業自云河內溫人也徙居雲中因家焉子如初爲懷朔鎭省事

與齊神武相結託分義甚深孝昌中𠀤州淪陷子如南奔肆州爲介朱榮所禮

封平遙子稍遷大行臺郎榮死隨榮妻子與介朱世隆等走出京城節閔帝立

以前後功進爵陽平郡公神武入洛以爲大行臺尚書朝夕左右參知軍國天

平初除尚書左僕射開府與高岳孫騰高隆之等共知朝政甚見信重神武鎭

晉陽子如時往謁見及還神武武明后俱有齎遺率以爲常子如性旣豪爽兼

恃恩舊簿領之務與奪任情公然受納與和中以北道行臺巡檢諸州守令已

下至定州斬深澤令至冀州斬東光令皆稽留時刻致之極刑進退少不合旨

者便令武士頓曳白刃臨頸士庶惶懼不知所爲轉尚書令及文襄輔政以賄

爲御史中尉崔暹劾在獄一宿而髮皆白辭曰司馬子如本從夏州策一杖投相王王給露車一乘犞牸牛犢犢在道死唯犞角存此外皆人上取得神武書敕文襄曰馬令是吾故舊汝宜寬之文襄駐馬行街以出子如脫其鎖子如懼曰非作事邪於是除削官爵神武後見之哀其顦悴以膝承其首親爲擇蝨賜酒百瓶羊五百口粳米五百石子如曰無事尙被囚幾死若受此豈有生路邪未幾起行冀州事能自改厲甚有聲譽詔復官爵別封野王縣男齊受禪以翼贊功別封須昌縣公尋除司空子如性滑稽不事檢裁言戲穢褻識者非之而事姊有禮撫諸兄子慈篤當時名士並加欽愛復以此稱之然素無鯁正不能以平道處物文襄時中尉崔暹黃門郎崔季舒俱被任用文襄崩暹等赴晉陽子如以糾劾之釁乃啓文宣言其罪勸帝誅之後子如以馬度關爲有司所奏文宣讓之曰崔暹季舒事朕先世有何大罪卿令我殺之因此免官久之猶以先帝之舊拜太尉尋以疾薨贈太師太尉諡曰文明長子消難嗣

消難字道融幼聰慧微涉經史有風神好自矯飾以求名譽子如既當朝貴盛

消難亦愛賓客邢子才王元景魏收陸卬崔贍等皆遊其門稍遷光祿卿出爲北豫州刺史文宣末年昏虐滋甚消難常有自全之謀曲意撫納頗爲百姓所附不能廉潔爲御史所劾又尙公主而情好不睦公主愬之屬文宣在幷州驛召上黨王煥煥懼害斬使者東奔鄴中大擾後竟獲於濟州煥之初走朝士疑赴成皐云若與司馬北豫連謀必爲國患此言達於文宣頗見疑消難懼密令所親人河東裴藻間行入關請降入周封滎陽郡公累遷大司寇從武帝東伐還除梁州總管大象初遷大後丞女爲靜帝后尋出爲郧州總管及隋文帝輔政消難乃與蜀公尉遲迥合勢舉兵使其子泳質於陳以求援隋文帝命襄州總管王誼討之消難奔陳位司空隋郡公初隋武元帝之迎消難結爲兄弟情好甚篤隋文每以叔禮事之及平陳消難至特免死配爲樂戶二旬而免猶以舊恩特被引見尋卒於家消難性貪淫輕於去就故世言反覆者皆以方之其妻高齊神武女也在鄴極加禮敬入關便相棄薄及赴郧州留妻及三子在京妻言於文帝曰滎陽公攜寵自隨必不顧妻子願防慮之及消難入陳高母子

因此獲免子譚卽高氏所生以消難勳拜儀同大將軍坐消難除名

裴藻字文芳少機辯有不羈之志爲子如太傅主簿消難鎭北豫又以爲中兵參軍入周封聞喜縣男除晉州刺史子如兄纂纂長子世雲輕險無行累遷潁州刺史肆行姦穢將見推懼遂從侯景文襄猶以子如恩舊免其諸弟死罪徙北邊世雲以侯景敗於渦陽復有異志爲景所殺世雲弟膺之膺之字仲慶美鬚髯有風貌好學厚自封植神氣甚高歷中書黃門侍郎天平中叔父子如執鈞當軸膺之既宰相猶子兼自有名望所與遊集盡一時名流與邢子才王景等並爲莫逆之交及兄世雲陷於逆亂期親皆應誅膺之及諸弟並有人才爲朝廷所惜文襄特減死徙近鎭文宣嗣業得還齊受禪子如別封須昌縣公迴授膺之子如撫愛甚慈膺之昆季事之如父性方古不會俗舊與楊愔同爲黃門郎至愔爲尚書令抗禮如初愔嘗有從姊慘尚書卿尹皆跪弔膺之執手而出嘗路逢愔威儀道引乃於樹下側避之愔於車望見令呼謂曰兄何意避弟膺之曰我自避赤棒本不避卿愔甚重之然以其疎簡傲物竟天保閒淪滯不

齒乾明中除衞尉少卿遷國子祭酒河清末拜金紫光祿大夫患泄痢積年不起武平中就家拜儀同三司班台之貴近世專以賞勳勤膺之雖爲猥雜名器猶重初司徒趙彥深起自孤微爲子如管記膺之甚相忽略不爲之禮及彥深爲宰相朝士輻湊膺之自念故被延請永不至門每與相見捧袂而已太常卿段孝言左丞相孝先之弟也位望甚隆嘗詣其弟幼之舉座傾敬膺之時牽疾在外齋馮几而坐不爲動容直言我患痢久太常不得致怪黃門郎陸杳貴遊後進膺之嘗與棋杳忽後至寒温而已棋遂輟園宅閑素門無雜客性不飲酒而不愛重賓遊病久不復堪讀書或以弈棋永日名士有素懷者時相尋候無雜言唯論經史好讀太玄經又注揚雄蜀都賦每云我欲與揚子雲周旋患痢十七年竟不愈亡歲以痢疾終膺之弟子瑞爲御史中丞正色舉察爲朝廷所許以疾去職就拜祠部尚書卒贈儀同三司瀛州刺史謚曰文節子瑞妻陸令萱妹及令萱得寵於後主重贈子瑞開府儀同三司中書監温縣伯諸子亦並居顯職同遊給事黃門侍郎同回太常少卿同憲通直常侍同遊終爲佳吏隋

開皇中爲尚書戶部侍郎卒於遂州刺史子瑞弟幼之清貞有行武平末爲大
理卿開皇中卒於眉州刺史
竇泰字世寧太安捍殊人也本出清河觀津冑祖羅魏統萬鎮將因居北邊父
樂魏末破六韓拔陵爲亂與鎮將楊鈞固守遇害泰貴追贈司徒初泰母夢風
雷暴起若有雨狀出庭觀之見電光奪目駛雨霑灑寤而驚汗遂有娠期而不
產大懼有巫曰度河湔裙產子必易便向水所忽見一人曰當生貴子可徙而
南泰母從之俄而生泰及長善騎射有勇略泰父兄戰歿於鎮泰身負骸骨歸
尒朱榮以從討邢杲功賜爵廣阿子神武之爲晉州請泰爲鎮城都督參謀軍
事累遷侍中京畿大都督尋領御史中尉泰以勳戚居臺雖無多糾舉而百寮
畏懼天平三年神武西討令泰自潼關入四年泰至小關爲周文帝所襲衆盡
沒泰自殺初泰將發鄴鄴有惠化尼謠云竇行臺去不迴未行之前夜三更忽
有朱衣冠幘數千人入臺云收竇中尉宿直兵吏皆驚其人入數屋俄頃而去
旦視關鍵不異方知非人皆知其必敗贈大司馬太尉錄尚書事謚曰武貞泰

妻武明婁后妹也泰雖以親見待而功名自建齊受禪祭告其墓皇建初配享
神武廟庭子孝敬嗣位儀同三司
尉景字士真善無人也秦漢置尉候官其先有居此職者因以氏焉景性温厚
頗有俠氣魏孝昌中北鎮反景與神武入杜洛周中仍共歸尒朱榮以軍功封
博野縣伯後從神武起兵信都韓陵之戰唯景所統失利神武入洛留景鎮鄴
尋進封爲公景妻常山君神武之姊也以勳戚每有軍事與庫狄干常被委重
而不能忘懷財利神武每嫌責之轉冀州刺史又大納賄發夫獵死者三百人
庫狄干與景在神武坐請作御史中尉神武曰何意下求卑官干曰欲捉尉景
神武大笑令優者石董桶戲之董桶剝景衣曰公剝百姓董桶何爲不剝公神
武誡景曰可以無貪也景曰與爾計生活孰多我止人上取爾割天子調神武
笑不答改封長樂郡公歷太保太傅坐匿亡人見禁止使崔暹謂文襄曰語阿
惠兒富貴欲殺我邪神武聞之泣詣闕曰臣非尉景無以至今日三請帝乃許
之於是黜爲驃騎大將軍開府儀同三司神武造景景恚臥不動叫曰殺我時

趣邪常山君謂神武曰老人去死近何忍煎迫至此又曰我爲爾汲水胝生因
出其掌神武撫景爲之屈膝先是景有果下馬文襄求之景不與曰土相扶爲
牆人相扶爲王一馬亦不得畜而索也神武對景及常山君責文襄而杖之常
山君泣救之景曰小兒慣去放使作心腹何須乾啼濕哭不聽打邪尋授青州
刺史操行頗改百姓安之徵授大司馬遇疾薨於州贈太師尚書令齊受禪以
景元勳詔祭詣其墓皇建初配享神武廟庭追封長樂王子粲少歷顯職性麤
武天保初封庫狄干等爲王粲以父不預王爵大恚恨十餘日閉門不朝帝怪
遣使就宅問之隔門謂使人曰天子不封粲父作王粲不如死使云須開門受
敕粲遂彎弓隔門射使者以狀聞之文宣使段韶諭旨粲見韶唯撫膺大哭不
答一言文宣親詣其宅慰之方復朝請尋追封景長樂王粲襲爵位司徒太傅
薨子世辯嗣周師將入鄴令世辯率千餘騎覘候出滏口登高阜西望遙見羣
烏飛起謂是西軍旗幟即馳還比至紫陌橋不敢顧隋開皇中卒於浙州刺史
婁昭字菩薩代郡平城人也武明皇后之母弟也祖父提雄傑有識度家僮千

數牛馬以谷量性好周給士多歸附之魏太武時以功封真定侯父內干有武力未仕而卒昭貴魏朝贈司徒齊受禪追封太原王昭方雅正直有大度深謀腰帶八尺弓馬冠時神武少親重之昭亦早識人雄曲盡禮敬數隨神武獵每致請不宜乘危歷險神武將出信都昭贊成大策即以爲中軍大都督從破尒朱兆於廣阿封安喜縣伯改濟北公又徙濮陽郡公授領軍將軍魏孝武將貳於神武昭以疾辭還晉陽後從神武入洛兗州刺史樊子鵠反以昭爲東道大都督討之子鵠既死諸將勸昭盡捕誅其黨昭曰此州無狀橫被殘賊其賊是怨其人何罪遂皆捨焉後轉大司馬仍領軍遷司徒出爲定州刺史昭好酒晚得偏風雖愈猶不能處劇務在州事委寮屬昭舉其大綱而已薨於州贈假黃鉞太師太尉諡曰武齊受禪詔祭告其墓封太原王皇建初配享神武廟庭長子仲達嗣改封濮陽王次子定遠少歷顯職外戚中偏爲武成愛狎別封臨淮郡王武成大漸與趙郡王等同受顧命位司空趙郡王之奏黜和士開定遠與其謀遂納士開賄賂成趙郡之禍其貪鄙如此尋除瀛州刺史初定遠弟季略

穆提婆求其伎妾定遠不許因高思好作亂提婆令臨淮國郎中金造遠陰與
思好通後主令開府段暢率三千騎掩之令侍御史趙秀通至州以贓貨事劾
定遠定遠疑有變遂縊而死昭兄子叡
叡字佛仁父拔魏南部尚書叡幼孤被叔父昭所養爲神武帳內都督封掖縣
子累遷光州刺史在任貪縱深爲文襄所責後改封九門縣公齊受禪除領軍
將軍別封安定侯叡無他器幹以外戚貴幸縱情財色爲瀛州刺史聚斂無厭
皇建初封東安王大寧元年進位司空平高歸彥於冀州還拜司徒河清三年
濫殺人爲尚書左丞宋仲羨彈奏經赦乃免尋爲太尉以軍功進大司馬武成
至河陽仍遣總偏師赴縣瓠叡在豫境留停百餘日專行非法詔免官以王還
第尋除太尉薨贈大司馬子子產嗣位開府儀同三司
庫狄干善無人也曾祖越豆眷魏道武時以功割善無之西臘汗山地方百里
以處之後率部落北遷因家朔方干鯁直少言有武藝魏正光初除掃逆黨授
將軍宿衞於內以家在寒鄉不宜毒暑冬得入京師夏歸鄉里孝昌元年北邊

擾亂奔雲中爲刺史費穆送干尒朱榮以軍主隨榮入洛後從神武起兵破四胡於韓陵封廣平縣公尋進郡公河陰之役諸將大捷唯干兵退神武以其舊功竟不責黜尋轉太保太傅及高仲密以武牢叛神武討之以干爲大都督前驅干上道不過家見侯景不遑食景使騎追饋之時周文自將兵至洛陽軍容甚盛諸將未欲南度干決計濟河神武大兵繼至遂大破之還爲定州刺史不閑吏事事多煩擾然清約自居不爲吏人所患遷太師天平初以干元勳佐命封章武郡王轉太宰干尚神武妹樂陵長公主以親地見待自預勤王常總大衆威望之重爲諸將所伏而最爲嚴猛曾詣京師魏譙王元孝友於公門言戲過常無能面折者干正色責之孝友大慚時人稱善薨贈假黃鉞太宰給轀輬車諡曰景烈干不知書署名爲干字逆上畫之時人謂之穿錐又有武將王周者署名先爲吉而後成其外二人至孫始並知書干皇建初配享神武廟庭子伏敬位儀同三司卒子士文嗣士文性孤直雖鄰里至親莫與通狎在齊襲封章武郡王位領軍將軍周武帝平齊山東衣冠多來迎唯士文閉門自守帝奇

之授開府儀同三司隨州刺史隋文受禪加上開府封湖陂縣子尋拜貝州刺史性清苦不受公料家無餘財其子嘗噉官廚餅士文枷之於獄累日杖之二百步送還京僮隸無敢出門所買鹽菜必於外境凡有出入皆封署其門親故絕迹慶弔不通法令嚴肅吏人股戰道不拾遺有細過必深文陷害嘗入朝遇上賜公卿入左藏任取多少人皆極重士文獨口銜絹一匹兩手各持一匹上問其故士文曰臣口手俱足餘無所須上異之別賞遺之士文至州發摘姦詔長吏尺布斗粟之贓無所寬貸得千人奏之悉配防嶺南親戚相送哭聲遍於州境至嶺南遇瘴厲死者十八九於是父母妻子唯哭士文士文聞之令人捕搦捶楚盈前而哭者彌甚司馬京兆韋焜清河令河東趙達二人並苛刻唯長史有惠政時人語曰刺史羅殺政司馬蝮蛇瞋長史含笑判清河生喫人上聞歎曰士文暴過毒獸竟坐免未幾爲雍州長史謂人曰我向法深不能窺候貴要無乃必死此官及下車執法嚴正不避貴戚賓客莫敢至門人多怨望士文從妹爲齊氏嬪有色齊滅後賜薛公長孫覽覽妻鄭氏妬譖之文獻后令覽離

絶士文恥之不與相見後應州刺史唐君明居母憂娉以爲妻由是君明士文並爲御史劾士文性剛在獄數日憤恚而死家無餘財有三子朝夕不繼親賓無贍之者

韓軌字伯年太安狄那人也少有志操深沉喜怒不形於色神武鎮晉州引爲鎮城都督及起兵於信都軌贊成大策從破尒朱兆於廣阿又從韓陵陣封平昌縣侯仍督中軍從破尒朱兆於赤洪嶺再遷秦州刺史甚得邊和神武巡秦州欲以軌還仍賜城人戶別絹布兩疋州人田昭等七千戶皆辭不受唯乞留軌神武嘉歎乃留焉頻以軍功進封安德郡公遷瀛州刺史在州聚斂爲御史糾劾削除官爵未幾復其安德郡公歷位中書令司徒齊受禪封安德郡王軌妹爲神武所納生上黨王渙復以勳庸歷登台鉉常以謙恭自處不以富貴驕人後拜大司馬從文宣征蠕蠕在軍暴疾薨贈假黃鉞太宰太師謚曰肅武皇建初配享文襄廟庭子晉明嗣天統中改封東萊王晉明有俠氣諸勳貴子孫中最留心學問好酒誕縱招飲賓客一席之費動至萬錢猶恨儉率朝廷欲處

之貴要地必以疾辭告人云廢人飲美酒對名勝安能作刀筆吏披反故紙乎
武平末除尚書左僕射百餘日便謝病解官

段榮字子茂姑臧武威人也祖信仕沮渠氏後入魏以豪族徙北邊仍家於五原郡父連安北府司馬榮少好歷術專意星象正光中謂人曰吾今觀玄象察人事不及十年當有亂矣亂起此地天下因此橫流無可避也未幾如言榮初之杜洛周因奔尒朱榮及神武起兵榮贊成之神武南討鄴留榮鎮信都仍授定州刺史時攻鄴未克榮轉輸無闕神武入洛論功封姑臧縣侯轉授瀛州刺史榮妻武明皇后長姊也榮恐神武招私親之議固推諸將竟不之州尋歷相濟秦三州所在百姓愛之神武將圖關右榮稱未可及渭曲敗神武曰不用段榮言以至於此尋除山東大行臺領本州流人大都督甚得物情卒贈太尉謚曰昭景皇建初配享神武廟庭二年重贈大司馬尚書令武威王長子韶嗣

韶字孝先少工騎射有將領才略以武明皇后甥神武益器愛之常置左右以爲心腹領親信都督神武拒尒朱兆於廣阿憚兆兵衆韶曰所謂衆者得衆人

之死所謂彊者得天下之心尒朱裂冠毀冕拔本塞原芒山之會搢紳何罪殺主立君不脫旬朔天下從亂十室而九王躬昭德義誅君側之惡何往而不克哉神武曰吾雖以順討逆恐無天命詔曰聞小能敵大小道大淫皇天無親唯德是輔今尒朱外賊天下内失善人智者不爲謀勇者不爲鬬不肖失職賢者取之復何疑也遂與挑戰敗之頻以軍功封下洛縣男後迴賜父爵姑臧縣侯芒山之役爲賀拔勝所窘韶從傍馳馬反射斃其馬追騎不敢進遂免賜鞍下馬幷金進爵爲公及征玉壁攻城未下神武不豫謂大司馬斛律金司徒韓軌左衞將軍劉豐等曰吾每謂孝先論兵殊有英略若比來用其謀可無今日之勞矣吾患危篤欲委孝先以鄴下事若何金等咸曰知臣莫若君實無出孝先者仍令韶從文宣鎭鄴召文襄赴軍顧命文襄以孝先爲託令軍旅大事並與籌之及神武崩侯景反文襄還鄴留韶守晉陽委以軍事加驃騎大將軍開府儀同三司文宣受禪除尚書右僕射還冀州刺史天保四年梁將東方白額潛至宿豫詔韶討之旣至會梁將嚴超達等軍逼涇州陳霸先將攻廣陵尹令思

謀襲盱眙三軍咸懼韶謂諸將曰自梁氏喪亂國無定主人懷去就霸先外託同德內有離心吾揣之熟矣乃留儀同三司敬顯儁等圍宿豫自倍道赴涇州塗出盱眙令思不虞大軍卒至望旗而奔進破超達軍迴復廣陵霸先遁走旋師宿豫遣辯士喻白額白額開門請盟盟訖度白額終不爲用斬之幷其諸弟並傳首京師封平原郡王歷司空司徒大將軍尚書令太子太師以繼母憂去職尋起爲大司馬仍爲尚書令還錄尚書事幷州刺史後與東安王婁叡平高歸彥還太傅仍涖幷州爲政不存小察甚得人和周文遣將率羌夷與突厥合衆逼晉陽武成自鄴倍道赴之時大雪諸將或欲逆之韶曰不如陣以待之彼勞我逸破之必矣遂大破之進位太師周冢宰宇文護母閻氏先配中山宮護聞尚存乃因邊境移書請還其母幷通隣好韶以爲護外託爲相其實王也爲母請和不通一介之使據移送書恐示以弱且外許之待通和往復放之未晚不聽遂遣使以禮將送護得母仍遣將尉遲迥等襲洛陽詔蘭陵王長恭大將軍斛律光擊之軍次芒山下逗留未進武成召韶欲赴洛陽圍但以突厥爲慮

韶曰北虜侵邊事等疥癬西羌闚逼是膏肓之病帝仍令韶督精騎一千發晉陽五日便濟河遇周軍於大和谷與將軍陣以待之韶爲左軍蘭陵王爲中軍律斛光爲右軍上山逆戰韶且却引待其力弊下馬擊之周人大潰洛城圍亦卽奔遁除太宰封靈武縣公天統三年除左丞相四年別封永昌郡公食滄州幹武平二年出晉州道到定隴築威敵平寇二城而還二月周師來寇遣韶與右丞相斛律光太尉蘭陵王長恭往行達西境有柏谷城者敵之絕險諸將莫肯攻圍韶曰汾北河東勢爲國家之有若不去柏谷事同痼疾計彼會兵在南道今斷其要路救不能來城勢雖高其中甚狹火弩射之一旦可盡遂攻之城潰仍城華谷置戍而還封廣平郡公是月周又遣將攻邊斛律光先率軍禦之韶亦請行五月到服秦城西人於姚襄城南更起城鎭韶抽壯士從北襲之使人潛度河告姚襄城中內外相應進戰大破之諸將咸欲攻其新城韶曰此城一面阻河三面城險不可攻不如更作一城壅其要道破服秦併力圖之從之六月徙圍定陽七月屠其外城時韶病在軍中謂蘭陵王曰此城三面重澗並

無走路唯處東面一處耳賊若突圍必從此出長恭乃設伏其夜果如策伏兵擊之大潰詔竟以病薨賜温明祕器轀輬車軍校之士陣送至平恩墓所發卒起冢贈假黃鉞相國太尉錄尚書事諡忠武詔出總軍旅入參幃幄功旣居高重以婚媾之故望傾朝野而長於計略善於御衆得將士之心又雅性温慎有宰相之風教訓子弟閨門雍肅事後母以孝聞齊代勳貴家罕有及者然僻於好色雖居要重微服間行魏黃門郎元瑀妻皇甫氏緣瑀謀逆沒官詔美之上啓固請文襄賜之別宅處之禮同正嫡尤嗇於財親戚故舊略無施與其子深尚公主幷省丞郎在家佐事十餘日事畢辭還人唯賜一杯酒元妃所生三子懿深亮皆宦達懿字德猷尚潁川長公主拜駙馬都尉襲封平原王位行臺右僕射兼殿中尚書卒子寶鼎尚中山長公主隋開皇中開府儀同三司大業初卒於饒州刺史深字德深美容貌寬謹有父風天保中受父封姑臧縣公尚東安公主位侍中韶病篤詔封深濟北王以慰其意入周拜大將軍郡公坐事死亮字德堪隋大業初位汴州刺史卒於汝南郡守

韶弟孝言少警發有風儀齊受禪其兄韶以別封霸城縣侯授之歷中書黃門侍郎典機密又歷祕書監度支尚書清都尹孝言本以勳戚致位通顯驕奢無憚曾夜過其客宋孝王家呼坊人防援不時赴遂拷殺之又與諸淫婦密遊其夫覺又拷掠而殯時苑內須果木課人間及僧寺備輸孝言悉分向其私宅種植又殿內及園中須石差車從漳河運載復分車迴取事發出爲海州刺史累遷吏部尚書祖珽執政將廢趙彥深引孝言爲助加侍中孝言待物不平抽擢非賄則舊有將作丞崔成於衆中抗言尚書天下尚書豈獨段家尚書也孝言無辭以對唯厲色遣下尋除中書監加特進又託韓長鸞共構祖珽之短及珽出後孝言除尚書右僕射仍掌選恣情用捨請謁大行敕浚京城北隍孝言監作儀同三司崔士順將作大匠元士將太府少卿酈孝裕尚書左戶郎中薛叔昭司州中從事崔龍子清都尹丞李道隆鄴縣令尉長卿臨漳令崔象成安令高子徹等並在孝言部下典作日別置酒高會諸人膝行跪伏稱觴上壽或自陳屈滯更請轉官孝言意色揚揚以爲己任皆隨事報答許有加授富商大賈

多被銓擢所進用人士咸是險縱之流尋遷左僕射特進侍中如故孝言富貴豪侈尤好女色後取妻定遠妾董氏大躭愛之爲此內外不和更相糾列又於晉陽監作坐事除名徙光州隆化主敗後有敕追還孝言雖黷貨無厭恣情酒色然舉止風流招致名士美景良辰未嘗虛棄賦詩奏伎以盡歡洽雖草萊之士粗關文藝多引入賓館與同興賞其貧躓者亦時乞遺時論復以此多之齊亡入周位上開府

斛律金字阿六敦朔州敕勒部人也高祖倍侯利魏道武時內附位大羽真賜爵孟都公祖幡地斤殿中尚書父那瓌光祿大夫贈司空金性敦直善騎射行兵用匈奴法望塵知馬步多少嗅地知軍度遠近初爲軍主與懷朔鎮將楊鈞送蠕蠕主阿那瓌瓌見金獵射歎其工及破六韓拔陵構逆金擁衆屬焉署金爲王金度陵終敗乃統所部叛陵詣雲州魏除爲第二領人酋長秋朝京師春還部落號曰鴈臣仍稍引南出黃瓜堆爲杜落周所破與兄平二人脫身歸尒朱榮爲別將孝莊立賜爵阜城男位金紫光祿大夫神武密懷匡復金贊成大

謀太昌初爲汾州刺史進爵爲侯從神武破紇豆陵於河西沙苑之役神武以地阸少却軍爲西師所乘遂亂張華原以簿帳歷營點兵莫有應者神武將集兵便戰金曰衆散將離其勢可不復用宜急向河東神武據鞍未動金以鞭拂馬神武乃還於是大崩喪甲士八萬侯景斂西魏力人持大棒守河橋衣甲厚射之不入賀拔仁候其轉面射一發斃之是役也無金先請還幾至危矣及高仲密西叛周文攻洛陽從神武破之還除大司馬改封石城郡公金性質直不識文字本名敦苦其難署改名爲金從其便易猶以爲難司馬子如教爲金字作屋況之其字乃就神武重其古質每誡文襄曰爾所使多漢有讒此人者勿信之及文襄嗣事爲肆州刺史文宣受禪封咸陽郡王天保三年就除太師四年解州以太師還晉陽車駕幸其第六宮及諸王盡從置酒極夜方罷帝欣甚詔金第二子豐樂爲武衞大將軍賜帛五十匹謂曰公元勳佐命父子忠誠朕當結以婚姻永爲藩衞仍詔金孫武都尚義寧公主成禮之日帝從皇太后幸金宅皇后太子諸王皆從其見待如此後蠕蠕爲突厥破散慮其犯塞詔金屯

兵白道以備之多所俘獲并表陳虜可取狀文宣乃與金共討之進位右丞相食齊州幹遷左丞相帝晚年敗德嘗持矟走馬以擬金胸者三金立不動於是賜物千段孝昭踐阼納其孫女爲皇太子妃詔金朝見聽乘步挽車至階武成卽位禮遇彌重又納其孫女爲太子妃金曾遣人獻食中書舍人李若誤奏云金自來武成出昭陽殿敕侍中高文遙將羊車引之若知事誤更不敢出映廊下文遙還覆奏帝罵若云空頭漢合殺亦不加罪金長子光大將軍次子羨及孫武都並開府儀同三司出鎭方岳其餘子孫皆封侯貴達一門一皇后二太子妃三公主尊寵當時莫比金嘗謂光曰我雖不讀書聞古來外戚梁竇等無不傾滅女若有寵諸貴人妬女若無寵天子嫌之我家直以立勳抱忠致富貴豈藉女也辭不獲免常以爲憂天統三年薨年八十贈假黃鉞相國太尉公贈錢百萬諡曰武子光嗣

光字明月馬面彪身神爽雄傑少言笑工騎射初爲侯景部下彭樂謂高敖曹曰解律家小兒不可三度將行後奪人名以庫直事文襄從出野見鴈雙飛來

文襄使光馳射之以二矢俱落焉後從金西征周文帝長史莫孝暉在行間光年十七馳馬射中之因禽於陣神武即擢授都督封永樂子又嘗從文襄於洹橋校獵雲表見一大鳥射之正中其頸形如車輪旋轉而下乃鵰也丞相屬邢子高歎曰此射鵰手也當時號落鵰都督齊受禪別封西安縣子皇建元年進爵鉅鹿郡公時樂陵王百年爲皇太子求妃孝昭以光世載醇謹納其長女爲太子妃歷位太子太保尚書令司空司徒河清三年周太司馬尉遲迥齊公憲庸公王雄等衆十萬攻洛陽光率騎五萬馳往戰於芒山迥等大敗光親射雄殺之迥憲僅而獲免仍築京觀武成幸洛陽策勳遷太尉初文宣時周人常懼齊兵之西度恆以冬月中河椎冰及帝即位朝政漸紊齊人椎冰懼周兵之逼光憂曰國家常有吞關隴之志今日至此而唯翫聲色先是武成納光第二女爲太子妃天統元年拜皇后光轉大將軍三年六月父喪去官其月詔起光及弟羨並復位秋除太保襲爵咸陽王遷太傅十二月周軍圍洛陽壅絕糧道武平元年正月詔光率步騎三萬禦之鋒刃纔交周將宇文桀衆大潰直到宜陽

軍還擊周齊王憲等衆大潰詔加右丞相并州刺史其年冬光又率步騎五萬於玉壁築華谷龍門二城與憲相持憲不敢動二年率衆築平隴等鎮戍十三所周柱國抱罕公普屯威柱國韋孝寬等來逼平隴光與戰於汾水大破之周遣其柱國紇干廣略圍宜陽光率步騎五萬赴之戰于城下取周建安等四戍捕千餘人而還軍未至鄴敕令便放兵散光以功勳者未得慰勞若散恩澤不施乃密表請使宣旨軍仍且進朝廷發使遲留軍還將至紫陌光駐營待使帝聞光軍營已逼心甚惡之急令舍人追光入見然後宣勞散兵拜左丞相別封清河郡公光嘗在朝堂垂簾而坐祖珽不知乘馬過其前光怒謂人曰此人乃敢爾後珽在內省言聲高慢光過聞之又怒珽知光忿賂其從奴搕頭曰自公用事相王每夜抱膝歎曰盲人用權國必破矣珽省事褚士達夢人倚戶授其詩曰九升八合粟角斗定非真堰却津中水將留何處人以告珽珽占之曰角斗斛字津却水何留人合成律字非真者解斛律於我不實士達又言所夢狀乃其父形也珽由是懼又穆提婆求娶光庶女不許帝賜提婆晉陽之田光言

於朝曰此田神武以來常種禾飼馬以擬寇難今賜無乃闕軍務也帝又以鄴清風園賜提婆租賃之於是官無菜賒買於人負錢三百萬其人訴焉光曰此菜園賜提婆是一家足若不賜提婆便百官足由是祖穆積怨周將韋孝寬懼光乃作謠言令閒諜漏之於鄴曰百斗飛上天明月照長安又曰高山不推自崩槲樹不扶自豎珽讀之曰盲老公背上下大斧饒舌老母不得語令小兒歌之於路提婆聞以告其母令萱以饒舌爲斥己盲老公謂祖珽也遂協謀以謠言啓帝曰斛律累世大將明月聲震關西豐樂威行突厥女爲皇后男尚公主謠言可畏帝以問韓長鸞鸞以爲不可事寢光又嘗謂人曰今軍人皆無褌袴後宮內參一賜數萬匹府藏稍空此是何理受賜者聞之皆曰天子自賜我關相王何事珽又通啓求見帝使以庫車載入珽因請閒唯何洪珍在側帝曰前得公啓即欲施行長鸞以爲無此理未可珽未對洪珍進曰若本無意則可既有此意不決行萬一事泄如何帝然洪珍言而猶預未決珽令武都妾兄顏玄告光謀爲不軌又令曹魏祖奏言上將星盛不誅恐有災禍先是天狗西流占

曰秦地案秦卽咸陽也自太廟及光宅並見血先是三日鼠常晝見光寢室常

投食與之一朝三鼠俱死又牀下有二物如黑猪從地出走其穴膩滑大蛇屢

見屋脊有聲如彈丸落又大門横木自焚擣衣石自移既而丞相府佐封士讓

密啓云光前西討還敕令便放兵散光令軍逼帝京將爲不軌不果而止家藏

弩甲奴僮千數每使豐樂武都處陰謀往來若不早圖恐事不可測帝謂何洪

珍曰人心亦大聖我前疑其欲反果然帝性怯恐卽有變令洪珍馳召祖珽告

之又恐追光不從命珽因請賜其一駿馬令明日乘至東山遊觀須其來謝因

執之帝如其言光將上馬頭眩及至引入涼風堂劉桃枝自後撲之不倒光曰

桃枝常作如此事我不負國家桃枝與力士三人以弓絃罥其頸遂拉殺之年

五十八血流於地剗之迹終不滅於是下詔稱其反族滅之使二千石郎邢祖

信掌簿籍其家珽於都省問所得物祖信曰得弓十五張宴射箭一百具刀七

口賜矟二張珽又厲聲曰更得何物曰得棗子枝二十束擬奴僕與人鬬者不

問曲直卽以杖之一百珽大慚乃下聲曰朝廷已加重刑郎中何可分雪及出

人尤其抗直祖信慨然曰好宰相尚死我何惜餘生祖信少年時父遜爲李庶所卿因詣庶謂庶曰暫來見卿還辭卿去庶父諧杖庶而謝焉光居家嚴肅見子弟若君臣雖極貴盛性節儉簡聲色不營財利杜絕饋餉門無賓客罕與朝士交言不肯預政事每會議常獨後言言輒合理將有表疏令人執筆口占之務從省實行兵用匈奴卜法吉凶無不中軍營未定終不入幕或竟日不坐身不脫介冑常爲士卒先有罪者唯大杖撾背未嘗妄殺衆皆爭爲之死宜陽之役謂周人曰歸我七年人不然取爾十倍周人卽歸之在西境築定誇諸城馬上以鞭指畫所取地皆如其言拓地五百里而未嘗伐功板築之役鞭撻人士頗稱其嚴自結髮從戎未嘗失律深爲鄰敵懾憚罪既不彰一旦屠滅朝野惜之周武帝聞光死赦其境內後入鄴追贈上柱國崇國公指詔書曰此人若在朕豈得至鄴長子武都位特進開府儀同三司梁兗二州刺史所在唯事聚斂光死遣使於州斬之小子鍾年甫數歲獲免周朝襲封崇國公隋開皇中卒於車騎將軍

羨字豐樂少機警善騎射河清三年爲都督幽州刺史其年突厥十餘萬寇州境羨總諸將禦之突厥望見軍容齊整遂不敢戰遣使求款附天統元年五月突厥可汗遣使請朝貢自是歲時不絕羨有力焉詔加行臺僕射羨以虜屢犯邊塞自庫推戍東拒於海二千餘里其間凡有險要或斬山築城斷谷起障并置立戍邏五十餘所又導高梁水北合易京東會於潞因以灌田公私獲利在州養馬二千匹部曲三千以備邊突厥謂之南面可汗四年遣行臺尚書令別封高城縣侯羨歷事數帝以謹直稱雖極榮寵不自矜尚以合門貴盛深以爲憂武平元年乃上書推讓乞解所職詔不許其年秋進爵荊山郡王羨慮禍使人騎快騾迎至鄴無日不得音問後二日鄴使不至家人乞養憂之又夢著枷鎖勸豐樂速奔突厥羨不從占其夢曰枷者加官鎖者鎖吉利及光誅敕中領軍賀拔伏恩等十餘人馳驛捕之遣領軍大將軍鮮于桃枝洛州行臺僕射獨孤永業便發定州騎卒續進伏恩等既至門者白羨曰使人衷甲馬汗宜閉城門羨曰敕使豈可疑拒出迎之遂見執死於長史聽事謂其妻曰啓太后臣

兄弟死自當知臨刑歎曰富貴如此女爲皇后公主滿家常使三百兵何得不敗幷害五子年十五已下者宥之羨未誅前忽令其在州諸子五六人鎖頸乘驢出城合家泣送之至閤日晚而歸吏人莫不驚異行燕郡守馬嗣明道術之士也爲羨所欽竊問之答云須有攘厭數日而有此變羨及光並工騎射少時獵父金命子孫會射而觀之泣曰明月豐樂用弓不及我諸孫又不及明月豐樂世衰矣每日令出田還即効所獲光獲少必麗龜達掖羨獲雖多非要害之所光恆蒙賞羨或被捶人問其故云明月必背上著箭豐樂隨處即下手數雖多去兄遠矣聞者服其言金兄平少便弓馬神武起以都督從皇建初封定陽郡公後爲青州刺史卒贈太尉

論曰齊神武以晉陽戎馬之地霸圖攸屬練兵訓旅遙制朝權鄴都機務情寄深遠孫騰高隆之司馬子如等俱不能清貞守道以康亂爲懷而厚斂貨財塡彼溪壑昔蕭何之鎭關中荀彧之居許下不亦異於是乎賴文襄入輔責以驕縱厚遇崔暹奮其霜簡不然則君子屬厭豈易聞焉子如徒以少相親重情深

昵狎義非草昧恩納寵私勳德莫聞坐致台輔消難去齊歸周義非殉國向背
不已晚又奔陳一之謂甚胡可而再膺之風素可重幼之清簡自立有足稱者
竇泰尉景婁昭厙狄干韓軌等並以外戚近親屬雲雷之舉位非寵進功藉勢
成附翼攀鱗鬱為佐命之首定遠以常人之才而因趙郡忠正將以志除朝蠹
謀逐佞臣而信納姦凶反受其亂遂使庸豎肆毒賢戚見誅敗政害時莫大於
此鄙語曰利以昏智況定遠非智者乎段榮以姻戚之重遇時來之會功伐之
地亦足稱焉韶光輔七君克隆門業每出當閫外或任處留臺以猜忌之朝終
其眉壽屬亭候多警為有齊上將豈其然乎當以志謝矜功名不踰實不以威
權御物不以智數要時欲求覆餗其可得也禮云率性之謂道此其効歟斛律
金以神武撥亂之始翼成王業忠款之至成此大功故能終享遐年位高百辟
視其盈滿之戒動之微也纔及後嗣遂至誅夷既處威權之重蓋符道家所忌
光以上將之子有沉毅姿戰將兵權暗同韜略臨敵制勝變化無方自關河分
隔年將四紀以高氏霸王之期屬宇文草創之日出軍薄伐屢挫兵威而太寧

已還東隣浸弱關西前收巴蜀又殄江陵叶建瓴而用武成幷吞之壯志光每臨戎誓衆式遏邊鄙戰則前無完陣攻則罕有全城齊氏必致拘原之師秦人無復啓關之策而世亂讒勝詐以震主之威主暗時艱自毀藩籬之固昔李牧之爲趙將也北翦胡寇西却秦軍郭開譖之牧死趙滅其議誅光者豈秦之反間歟何同術而同亡也內令諸將解體外爲彊隣滅雖嗚呼後之君子可爲深戒者歟

北史卷五十四

北史卷五十四考證

高隆之傳尋以本官錄尚書事〇官監本訛宮今改從南本

司馬消難傳邢子才王元景魏收陸卬崔瞻等皆遊其門〇瞻南本作贍

尉景傳改封長樂郡公歷太保太傅〇歷字下監本衍爲字今從閣本刪去

段韶傳軍次芒山下〇芒監本訛芸今改從南本

諸將莫肯攻圍〇肯監本訛可今從閣本

斛律金傳位大羽真〇一本作大羽鎮將

光傳懼周兵之逼〇逼監本訛遙今改從南本

北史卷五十四考證

北史卷五十五

唐　李延壽撰

列傳第四十三

孫搴字彥舉樂安人世寒賤少勵志勤學自檢校御史再遷國子助教太保崔光引修國史歷行臺郎後預崔祖螭反逃於王元景家遇赦乃出孫騰以宗情薦之齊神武未被知也會神武西征登鳳陵命中外府司馬李義深相府城局李士略共作檄文皆辭請以搴代神武乃引搴入帳自爲吹火催促之搴神色安然援筆立就其文甚美神武大悅卽署相府主簿專典文筆又能通鮮卑語

兼宣傳號令當煩劇之任大見賞重賜妻韋氏旣士人子女又兼色貌時人榮之文襄初欲之鄴總知朝政神武以其年少未許搴爲致言乃果行恃此自乞特進文襄但加散騎常侍時大括人爲軍士逃隱者身及主人三長守令罪以大辟沒其家於是所獲甚衆搴之計也搴學淺行薄邢邵嘗謂曰須更讀書搴曰我精騎三千足敵君羸卒數萬搴少時與温子昇齊名嘗謂子昇卿文何如我子昇謙曰不如卿搴要其爲誓子昇笑曰但知劣於卿便是何勞旦旦搴悵然曰卿不爲誓事可知矣搴常服棘刺丸李諧調之曰卿應自足何假外求坐者皆笑司馬子如與高季式召搴飲酒醉甚而卒神武親臨之曰折我右臂贈吏部尚書青州刺史

陳元康字長猷廣宗人也父終德魏濟陰內史元康貴贈度支尚書諡曰貞元康頗涉文史機敏有幹用魏正光中從李崇北伐以軍功賜爵臨清男普泰中除主書累遷司徒高昻記室初司馬子如高季式與孫搴劇飲搴醉死神武命求好替子如舉魏收他日神武謂季式曰卿飲殺我孫主簿魏收作文書都不

稱我意司徒嘗道一人謹密是誰季式以元康對曰是能夜闇書快吏也召之一見便授大丞相功曹內掌機密善陳事意不爲華藻遷大行臺都官郎封安平子軍國多務元康問無不知神武臨行留元康在後馬上有所號令九十餘條元康屈指數之盡能記憶神武甚親之曰如此人世間希有我今得之乃上天降佐也時趙彥深亦知機密人謂之陳趙而元康勢居趙前性又柔謹神武之伐劉蠡升天寒雪深使人舉氈元康於氈下作軍書颯颯運筆筆不及凍俄傾數紙及出神武目之曰此何如孔子邪神武嘗怒文襄親加毆蹋極口肆罵以告元康元康俯伏泣下霑地曰王教世子過矣神武曰我性急瞋阿惠常如此元康大啼曰一度爲甚況常然邪神武自是爲之懲忿時或恚撻輒曰勿使元康知又謂左右曰元康用心誠實必與我兒相抱死高仲密之叛神武知其由崔暹將殺之文襄匿暹爲之請神武曰我爲爾不殺然須與苦手文襄乃出暹而謂元康曰暹若得杖不須見我及暹見神武將解衣受罰元康趨入止伍伯因歷階升曰王方以天下付世子世子有一崔暹不能免其杖父子尙爾況

世間人邪神武意解曰不由元康崔暹得一百乃捨之文襄入輔居鄴下崔暹崔季舒崔昂等並被任用張亮張徽纂並爲神武待遇然皆出元康下神武每與元康久語文襄門外待接之時人語曰三崔二張不如一康左衛將軍郭瓊以罪死子婦范陽盧道虞女也沒官神武啓以賜元康爲妻元康地寒時以爲殊賞元康遂棄故妻李氏識者非之元康便辟善事人而不能平心處物溺於財利受納金帛不可勝紀責負交易遍於州郡爲清論所譏從神武於芒山將戰遺失陣圖元康冒險求得之西師既敗神武會諸將議進取策或以爲人馬疲瘦不可遠追元康曰兩雄交爭歲月已久今得大捷便是天授時不可失必須乘勝追之神武曰若遇伏兵孤何以濟元康曰前沙苑還軍彼尚無伏今者奔敗何能遠謀捨之必成後患神武不從累遷大行臺左丞及神武疾篤謂文襄曰芒山之戰不用元康言方貽汝患以此爲恨死不瞑目事皆當與元康定也神武崩祕不發喪唯元康知之文襄嗣事自晉陽將之鄴令元康預作神武條教數十紙留付段孝先趙彥深在後以次行之别封昌國縣公以從嘉名侯

景反文襄逼於諸將欲殺崔暹以謝之元康諫曰今枉殺無辜虧廢刑典豈直
上負天神何以下安黎庶鼂錯前事願公慎之文襄乃止高岳討侯景未克文
襄欲遣潘相樂副之元康曰相樂緩於機變不如慕容紹宗且先王有命稱堪
敵景時紹宗在遠文襄欲召見之恐其驚叛元康曰紹宗知元康特蒙顧待新
使人來餉金以致誠款元康欲安其意故受之而厚答其書保無異也乃任紹
宗遂破景賞元康金五十斤王思政入潁城諸將攻之不能拔元康進曰公自
匡朝政未有殊功雖敗侯景本非外賊今潁城將陷願公因而乘之足以取威
定業文襄令元康馳驛觀之復命曰必可拔文襄乃親征潁川岳發衆軍決既
至而克之賞元康金百鋌初魏朝授文襄相國齊王諸將皆勸恭膺朝命元康
以爲未可崔暹因間之薦陸元規爲大行臺郎欲分元康權元康既貪貨賄文
襄內漸嫌之又欲用爲中書令以閑地處之事未施行屬將受魏禪元康與楊
愔崔季舒並在坐將大遷除朝士共品藻之文襄家倉頭蘭固成掌廚與其弟
阿改謀害文襄阿改時事文宣常執刀從期聞東齋叫即加刃於文宣時文宣

別有所之未還而難作固成因進食置刀盤下而殺文襄元康抱文襄文襄曰可惜可惜與賊爭刀髻解被刺傷重腸出猶手書辭母口占祖孝徵陳權宜至夜而終時年四十三時楊愔狼狽走出遺一靴崔季舒逃匿于廁庫直紇奚舍樂捍賊死散都督王師羅戰傷監廚倉頭薛豐洛率宰人持薪以赴難乃禽盜固成一名京事見齊本紀祕文襄凶問故殯元康於宮中託以出使南境虛除中書令明年乃贈司空謚曰文穆元康卒後母李氏哀感發病而終贈廣宗郡君謚曰貞昭元康子善藏嗣善藏溫雅有鑒裁位給事黃門侍郎隋開皇中尚書郎大業初卒於彭城郡贊務

杜弼字輔玄中山曲陽人也祖彥衡淮南太守父慈度繁時令弼幼聰敏家貧無書年十二寄郡學受業同郡甄琛爲定州刺史簡試諸生見而策問應答如響大歎異之命其二子楷寬與交州牧任城王澄聞而召問深相嗟賞許以王佐之才澄琛還洛稱之丞相高陽王等多相招命但父祖官薄不獲優敘以軍功起家征虜府墨曹參軍典管記弼長於筆札每爲時輩所推孝昌初除太學

博士遷先州曲城令爲政清靜遠近稱之弼父在鄉爲賊所害弼居喪六年以常調除侍御史臺中彈奏皆見信任儀同竇泰西伐詔弼監軍及泰失利自殺弼與其徒六人走還陝州刺史劉貴鏁送晉陽神武責以不諫爭賴房謨諫以免累遷大行臺郎中又引典掌機密甚見信待或有造次不及書教直付空紙即令宣讀承間密勸受禪神武舉杖擊走之相府法曹辛子炎諮事云取署子炎讀署爲樹神武怒其犯諱杖之於前弼進曰孔子言徵不言在子炎可恕神武罵曰眼看人瞋乃復牽經引禮叱令出去弼行十許步呼還子炎亦蒙宥文襄在鄴聞之謂楊愔曰王左右賴此人天下蒙利豈獨吾家也初神武自晉陽東出改尒朱氏貪政使人入村不敢飲社酒及平京洛貨賄漸行弼以文武在位罕有廉潔言之神武神武曰弼來我語爾天下濁亂習俗已久今督將家屬多在關西黑獺常相招誘人情去留未定江東復有一吳老翁蕭衍專事衣冠禮樂中原士大夫望之以爲正朔所在我若急作法網恐督將盡投黑獺士子悉奔蕭衍則何以爲國爾宜少待吾不忘之及將有沙苑之役弼又請先除內

賊却討外寇指諸勳貴掠奪百姓神武不答因令軍人皆張弓挾矢舉刀按矟以夾道使弼冒出其間曰必無傷也弼戰慄流汗神武然後喻之曰箭雖注不射刀雖舉不擊矟雖按不刺爾猶頓喪魂膽諸勳人觸鋒刃百死一生縱其貪鄙所取處大弼頓顙謝曰愚人不識至理後破芒山軍命爲露布弼即書絹曾不起草以功賜爵定陽縣男奉使詣闕魏帝見之九龍殿曰聞卿精學聊有所問經中佛性法性爲異弼曰正是一理又問曰說者妄皆言法性寬佛性愜如何弼曰在寬成寬在愜成愜若論性體非愜非寬詔曰既言成寬成愜何得非愜非寬弼曰若定是寬則不能爲愜若定是愜亦不能爲寬以非寬非愜所成雖異能成恆一上稱善引入經庫賜地持經一部帛百疋弼性好名理探味玄宗在軍恆帶經行注老子道德經二卷表上之遷廷尉卿會梁貞陽侯蕭明等入寇彭城大都督高岳行臺慕容紹宗討之詔弼爲軍司攝行臺左丞臨發文襄賜胡馬一疋曰此廄中第二馬孤恆自乘聊以爲贈又令陳政要可爲鑒誡者弼曰天下大務莫過刑賞二端賞一人使天下之人喜罰一人使天下之人

服二事得衷自然盡矣文襄大悅曰言雖不多於理甚要握手而別破蕭明迴破侯景於渦陽後魏帝集名僧於顯陽殿講說佛理敕弼升師子座莫有能屈帝歎曰此賢若生孔門則何如也關中遣王思政據潁州朝廷以弼行潁州攝行臺左丞及潁州平文襄曰卿試論思政所以禽弼曰思政不察逆順之理不識大小之形不度強弱之勢有此三蔽宜其俘獲文襄曰古有逆取順守大吳困於小越弱燕能破強齊卿之三義何以自立弼曰王若順而不大大而不強強而不順於義或偏得如聖旨今既兼備鄙言可以還立文宣作相位中書令仍長史進爵爲侯弼志在匡贊知無不爲及受命以預定策功遷衞尉卿別封長安縣伯常與邢卲扈從東山共論名理邢以爲人死還生恐是爲蛇畫足弼曰物之未生本亦無也無而能有不以爲疑因前生後何獨致怪邢云聖人設教本由勸獎故懼以有來望各遂其性弼曰聖人合德天地齊信四時言則爲經行則爲法而云以虛示物以詭勸人安得使北辰降光龍官韞櫝既如所論福果可以鎔鑄性靈弘獎風教爲益之大莫極於斯此卽真教何謂非實邢云

季札言無不之亦言散盡若復聚而爲物不得言無不之也弼曰骨肉下歸於土魂氣則無不之此乃形墜魂游往而非盡由其尚有故云無所不之若也全無之將焉適邪云神之在人猶光之在燭燭盡則光窮人死則神滅弼曰燭則因質生光質大光亦大人則神不係形形小神不小故仲尼之智必不短於長狄孟德之雄乃遠奇於崔琰其後別與邢書前後往復再三邢理屈而止文多不載又以本官行鄭州事未發爲家客告弼謀反案察無實久乃見原因此絕朝見復坐第二子廷尉監臺卿斷獄稽遲與寺官俱爲郎中封靜哲所訟徙臨海鎮時楚州人東方白額謀反鎮爲賊帥張綽潘天命等所攻弼率厲城人終得全固文宣嘉之敕行海州事後除膠州刺史弼所在清靜廉潔爲吏人懷之躭好玄理注莊子惠施篇幷易上下繫辭曰新注義苑並行於世性質直在霸朝多所匡正及文宣作相致位寮首初聞揖讓之議猶有諫言帝又嘗問弼治國當用何人對曰鮮卑車馬客會須用中國人帝以爲譏己高德正居要不能下之乃至於衆前面折德正德正深以爲恨數言其短又令主書杜永珍密啓

猻在長史日受人屬大營婚嫁帝內銜之猻恃舊仍有公事陳請十年夏上因
飲酒積其愆失遣使就州斬之尋悔驛追不及子蕤及遠徙臨海鎮次子臺卿
先徙東豫州乾明初並得還鄴天統五年追贈猻開府儀同三司尚書右僕射
武平元年又贈驃騎大將軍謚曰文肅蕤字子美學業不如弟臺卿而幹局過
之武平中位大理少卿兼散騎常侍聘陳使主吏部郎中隋開皇中終於開州
刺史子公贍仕隋位安陽令公贍子之松大業中起居舍人
臺卿字少山好學博覽解屬文仕齊位中書黃門侍郎修國史旣居清顯忌害
人物趙彥深和士開高阿那肱等親信之後兼尚書左丞省中以其耳聾多戲
弄之下辭不得理者乃至大罵臺卿見其口動謂爲自陳令史又故不曉喻訓
對往往乖越聽者以爲嗤笑及周武平齊歸鄉里以禮記春秋講授子弟隋開
皇初被徵入朝臺卿採月令觸類廣之爲書名玉燭寶典十二卷至是奏之賜
帛二百疋患耳不堪吏職請修國史拜著作郎後致仕終於家有集十五卷撰
齊記二十卷並行於世無子

房謨字敬放河南洛陽人也其先代人本姓屋引氏少淳厚雖無造次能而沉深內敏正光末歷位昌平代郡太守所在著廉惠及六鎮亂謨率郡人入九嵕山結壘拒守時外無救援乃率所部奔中山遇鮮于脩禮之亂朝廷以謨得北邊人情以爲假燕州事北轉至幽州南爲脩禮所執仍陷葛榮榮敗尒朱榮啓授行冀州事尋除太寧太守榮死其黨徵兵謨不應前後斬其三使遣弟毓詣闕孝莊以毓爲都督毓弟欽爲行臺並持節詣謨同爲經略及京都淪覆爲賊黨建州刺史是蘭安定執繫州獄蜀人聞謨被囚並叛安定於是給謨弱馬令軍前慰勞諸賊見謨莫不遙拜謨先所乘馬安定別給將士戰敗蜀人得之謂謨遇害莫不悲泣善養其馬不聽乘騎兒童婦女競投草粟皆言此房公馬也其結愛人心如此尒朱世隆聞而嘉之捨其罪以爲東北道行臺及尒朱氏敗濟州刺史侯景以謨先款附推謨降首謨以受眷尒朱不宜先爲反覆不從其計神武入洛再遷頼川太守魏孝武帝入關神武以謨忠貞遣其弟毓爲大使持節勞問時軍國未寧徵發煩速至有數使同徵一物公私勞擾謨請事遣一

使下自催勒朝廷從之徵爲丞相右長史以清直甚被賞遇謨悉心盡力知無不爲前後賜其奴婢率多免放神武後賜其生口多黥面爲房字而付之神武討關右以謨兼大行臺左丞長史如故總知府省務天平三年行定州事請在左右拾遺補闕固不肯行神武責而罷之未幾出爲兗州刺史謨選用廉清廣布恩信寮屬守令有犯必知雖號細密百姓安之轉徐州刺史始謨在兗州彭城慕其政化及爲刺史合境欣悅謨爲政如在瑕丘先是當州兵皆寮佐驅使飢寒死病動至千數謨至皆加檢勒不令煩擾以休假番代洗沐督察主司親自檢視又使傭賃令作衣服終歲還家無不溫飽全濟甚多時梁魏和好使人入其界者咸稱歎之神武與諸州刺史書敘謨及廣平太守羊敦廣宗太守竇瑗平原太守許季良等清能以爲勸勵謨曾啓神武以天下未寧宜降婚勳將收將士心深見納魏朝以河南數州鄉俗絹濫退絹一疋徵錢三百人庶苦之謨乃表請錢絹兩受任人所樂朝廷從之徵拜侍中監國史謨無他材學每求退身不許尋兼吏部尚書加衞大將軍以子子遠罪解官久之詔復本將軍起

爲大丞相左長史後除晉州刺史加驃騎大將軍又攝南汾州事先時境接西魏士人多受其官爲之防守至是酋長鎮將及都督守令前後降附者三百餘人謨撫接殷勤人樂爲用爰及深險胡夷咸來歸服謨常以己祿物充其饗賚文襄嘉之聽用公物西魏懼乃增置城戍慕義者自相糾合擊破之自是龍門已北西魏戍皆平文襄特賜粟千石絹二百疋班示天下卒於州州府相師贈物及車牛妻子遵其遺志拒而不納謨寡嗜慾貞白自守然內營家產足爲富贍不假官俸是以世稱清白贈司空謚曰文惠謨與子結婚盧氏謨卒後盧氏將改適他姓有平陽廉景孫者少厲志節以明經舉郡孝廉爲謨所重至是詣之臺府不爲理乃持繩詣神廟前北面大呼曰房謨清吏忠事高祖及其死也妻子見陵神而有知當助申之今引決訴於地下便以繩自經於樹衞士見之救解送所司朝廷哀其至誠命女歸房族謨前妻子子遠險薄謨甚嫌之不以爲子列時以謨爲後妻盧氏所譖神武亦以責謨謨陳其惡神武弗信自收恤之令與諸子同學久乃令還後與任胄等謀殺神武事發神武數曰知子莫若

父信哉因上言房謨鄭述祖李道璠三家理宜從法竊以謨立身清白履行忠謹鄭仲禮嚴祖庶兒晚始收拾李世林生自外養屬絕本宗三人特乞罪止一房魏帝許焉及謨卒子廣嗣廣弟恭懿恭懿字慎言沉深有局量達於從政仕齊平恩令濟陰太守並有能名齊亡不得調後預尉遲迥亂廢于家隋開皇初吏部尚書蘇威舉爲新豐令政爲三輔最上聞而嘉之賜物四百段以所得賜分給窮乏未幾復賜米三百石又振貧人上聞止之時雍州諸縣令每朔朝謁上必呼恭懿至榻前訪以化下之術威又薦之歷澤德二州司馬盧愷復奏其政美上甚異之復賜以帛諸州朝集稱爲勸勵之首以爲上天宗廟之所祐助豈朕寡薄能致朕即拜爲刺史卿等宜師之乃下詔褒美因授海州刺史未幾國子博士何妥奏恭懿尉遲迥之黨威愷曲相舉薦上大怒恭懿竟放嶺南未幾徵還至洪州卒論者寃之

張纂字徽纂代郡平城人也初事尒朱榮又爲尒朱兆長史使於神武遂被顧識及相州城拔參丞相軍事封武安縣伯累遷神武行臺右丞從征玉壁大軍

將還山東至晉州忽遇寒雨士卒飢凍有死者州以邊禁不聽入城時纂爲別使遇見輒令開門內之分寄人家給其火食多所全濟神武聞而善之纂性便僻事神武二十餘歲通傳教令甚見親賞文宣時卒於護軍將軍

張亮字伯德西河隰城人也初事尒朱兆兆奔秀容左右皆密通誠款唯亮獨無啓疏及兆敗竄於窮山令亮及倉頭陳山提斬己首以降皆不忍兆乃自縊於樹亮因伏屍哭神武嘉歎之授丞相府參軍漸見親待委以書記之任天平中爲文襄行臺郎中典七兵事雖爲臺郎常在神武左右遷右丞高仲密之叛與大司馬斛律金守河陽周文帝於上流放火船欲燒河橋亮乃備小艇百餘皆載長鎖鎖頭施釘火船將至即馳小船以釘釘之引鎖向岸火船不得及橋橋全亮之計也後自太中大夫拜幽州刺史薛琡嘗夢亮於山上持絲以告亮且占之曰山上絲幽字也君其爲幽州乎數月而驗累遷尚書右僕射西南道行臺亮性質直勤力強濟深爲神武文襄信委然少風格好財利久在左右不能廉潔及歷數州咸有贓貨之號天保初別封安定縣男位中領軍卒贈司空

時霸府又有趙起徐遠者並見任委起廣平人性沉謹神武頻以爲相府騎兵
二局典兵馬十餘載至文宣卽位累遷大鴻臚卿雖歷九卿侍中常以本官監
兵馬出內居腹心寄與二張相亞武平中卒於師贈都督滄州刺史遠廣寧人
爲丞相騎兵參軍事深爲神武所知累遷東楚州刺史政有恩惠郭邑大火城
人亡產業遠躬自赴救對之流涕仍爲經營皆得安立卒於衞尉卿起遠前書
並有傳更無異迹今附此云
張曜字靈光上谷昌平人也少貞謹韓軌爲御史劾州府僚佐及軌左右以贓
挂網者百餘人唯曜以清白免天保初賜爵都鄉男累遷尙書右丞文宣曾近
出令曜居守帝夜還曜不時開門勒兵嚴備帝駐蹕門外久之催迫甚急曜以
夜深須火至面識門乃可開於是獨出見帝帝笑曰卿欲効郅君章也乃使曜
前開門然後入嗟賞之賜以錦綵大寧初還祕書監曜歷事累世奉職恪勤咸
見親待未嘗有過每得祿賜輒散之宗族性節儉率素車服飲食取給而已好
讀春秋月一遍時人比之賈梁道趙彥深嘗謂之曰君研尋左氏豈求杜服繆

邪曜曰何爲其然乎左氏之書備敘言事惡者可以自戒善者可以庶幾故勵
己温尋非欲詆訶古人得失也天統元年奏事暴疾仆於御前武成下坐臨視
呼不應帝泣曰失我良臣也旬日卒贈尚書右僕射諡曰貞簡
王峻字繼高靈丘人也明悟有幹略歷事神武文襄爲相府佐賜爵北平男除
營州刺史營州地接邊賊數爲人患峻至州遠設斥候廣置疑兵賊不敢發合
境獲安先是刺史陸士茂詐殺室韋八百餘人因此朝貢遂絕至是峻要其行
路大破之虜其酋帥厚加恩禮放遣之室韋遂獻誠款朝貢不絕峻有力焉蠕
蠕主菴羅辰東徙峻設伏大破之於此遁走歷位尚書河清中位南道行臺坐
違格私度禁物并盜截軍糧有司定處斬刑家口配沒詔決鞭一百除名配里
坊蠲其家口武平初卒於侍中贈司空
王紘字師羅太安狄那人也父基頗讀書有智略初從葛榮與周文帝相知及
周文據關中神武遣基與長史侯景同往焉周文留基不遣後乃逃歸歷南益
北豫二州刺史所歷皆好聚斂然性和直吏人不甚怨苦後爲奴所害贈吏部

尚書紘善騎射愛文學性敏捷年十三見揚州刺史太原郭元貞撫其背曰讀何書曰誦孝經曰孝經云何曰在上不驕爲下不亂元貞曰吾豈驕乎紘曰君子防未萌亦願留意元貞稱善十五隨父在北豫州行臺侯景與人論掩衣法爲當左右尚書敬顯儁曰孔子云微管仲吾其被髮左衽以此言之右衽應是紘進曰國家龍飛朔野雄步中原五帝異儀三王殊制掩衣左右何足是非景奇其早慧賜以名馬與和中文襄召爲庫直奉朝請文襄遇禍紘冒刃捍禦以忠節進爵平春縣男頗爲文宣所知爲領左右都督嘗與左右飲酒曰快哉大樂紘曰亦有大苦帝曰何苦紘曰長夜荒飲不悟國破是謂大苦帝默然後責紘曰爾與紇奚舍樂同事我兄舍樂死爾何不死紘曰君亡臣死自是常節但賊堅力薄故臣不死帝使燕子獻反縛之長廣王捉頭帝手刃將下紘呼曰楊遵彥崔季舒逃難位至僕射尚書冒危效命之士翻見屠戮曠古未有此事帝投刃於地曰王師羅不得殺遂舍之後拜驃騎大將軍武平初加開府儀同三司上言突厥與周男女來往必相影響南北寇邊宜爲之備五年陳人寇淮南

封輔相議討之紘曰若復出頓江淮恐北狄西寇乘弊而來莫若薄賦省徭息人養士使朝廷協睦遐邇歸心征之以仁義鼓之以道德天下皆當肅清豈直江南僞陳而已高阿那肱謂衆曰從王武衛者南席衆皆同焉尋兼侍中聘周使還卽正未幾卒紘好著述作鑒誡二十四篇

敬顯儁字孝英陽平太平人也少英俠從神武信都義舉歷位度支尚書神武攻鄴顯儁督造土山以功封永安縣侯出內多歷顯官所在著名河清中卒於兗州刺史子長瑜武成時爲廣陵太守多所受納刺史陸駿將表劾之以貨事和士開以書屏風詐爲長瑜獻武成大悅駿表尋至遂不問焉還合州刺史陷於陳卒子德亮齊亡後負屍歸德亮隋開皇中卒於尚書郎

平鑒字明達燕郡薊人也祖延魏安平太守父勝安州刺史鑒少聰敏受學於徐遵明受詩禮於弘農楊文懿通大義不爲章句雅有豪俠氣孝昌末見天下將亂乃之洛陽與慕容儼以客騎馬爲業兼習弓矢鑒性巧夜則胡畫以供衣食俄奔尒朱榮榮大奇之以軍功累遷襄州刺史神武起兵信都鑒棄州自歸

卽授本官文襄輔政封西平縣伯遷懷州刺史鑒奏請於州西故軹關道築城以防西軍從之尋而魏將楊摽來攻時新築之城糧仗未集素乏水南門內有大井隨汲卽竭鑒具衣冠俯井而祝至旦而井泉湧溢有異於常合城取足揚示敵人將士旣覩非常勇氣自立楊摽敗以功進開府儀同三司累遷揚州刺史其妻生男鑒因喜酣醉擅免境內囚誤免關中細作二人醒而知之上表自劾文宣特原其罪賜犢百頭羊二百口酒百石令作樂河清二年重拜懷州刺史時和士開使求鑒愛妾阿劉卽送之仍謂人曰老公失阿劉與死何異要自爲身計不得不然後卒於都官尙書贈司空諡曰文子子敬嗣輕險無賴姦穢所至禽獸不若隋開皇中爲晉州行參軍爲并州總管秦王所殺

唐邕字道和太原晉陽人也其先自晉昌徙焉父靈芝魏壽陽令邕貴贈司空公邕少明敏有材幹初直神武外兵曹以幹濟見知擢爲文襄大將軍督護文襄崩事出倉卒文宣部分將校鎮壓四方夜中召邕支配造次便了帝甚重之天保初稍遷給事中兼中書舍人封廣漢鄉男及從征奚虜黃門侍郎袁猛舊

典騎兵事至是爲劄配遲留鞭杖一百仍令邕監騎兵事以猛賜邕文宣頻年
出塞邕必陪從專掌兵機承受敏速自軍吏已上勞効由緒無不諳練占對如
響或御前簡閱邕多不執文簿唱官名未嘗謬誤七年於羊汾堤講武令邕總
爲諸軍節度事畢仍監宴射之禮親執其手引至太后前坐於丞相斛律金上
啓太后云邕一人當千仍別賜錢綵邕非唯強濟明辯亦善揣上意是以委任
彌重帝嘗白太后云邕手作文書口且處分耳又聽受實是異人一日中六度
賜物又嘗解所服青鼠皮裘賜邕云朕意在與卿共弊除兼給事黃門中書舍
人文宣嘗登并州童子佛寺望并州城曰此何等城或曰金城湯池天府之國
帝云我謂唐邕是金城此非也後謂邕云高德正妄說卿短而薦主書郭敬朕
已殺之卿劬勞既久欲除卿作州頻敕楊遵彥求堪代卿者如卿實不可得所
以遂停文宣或切責侍臣云觀卿等不中與唐邕作奴其愛遇如此孝昭作相
署相府司馬皇建元年除給事黃門侍郎太寧元年除大司農卿河清元年突
厥入寇遣邕驛赴晉陽纂集兵馬在路聞虜將逼邕斟酌事宜改敕更促期會

由此兵士限前畢集後拜侍中幷州大中正護軍將軍從武成幸晉陽帝至武軍驛因醉責虞候都督范洪將殺之邕諫以爲若非酒行戮族誅人無所怨假實有大罪因酒殺人恐招横議洪因得免死邕又以軍人教習田獵依令十二月月別三圍以爲疲弊請每月兩圍又奏河陽晉州與周連境請於河陽懷州永橋義寧烏籍各徙六州軍人幷家立軍府安置以備機急之用帝並從之未幾出爲趙州刺史侍中護軍大中正悉如故謂曰朝臣未有帶侍中護軍中正臨州者以卿舊勳故有此舉放卿百餘日休息至秋閒當即召邕政頗嚴酷然抑挫豪強公事甚理尋除中書監仍侍中遷尙書右僕射武平初坐斷事阿曲爲御史所劾除名久之以舊恩復除將軍開府累遷尙書令封晉昌王高思好構逆令邕赴晉陽監勒諸軍事平錄尙書事屬周師攻洛陽右丞相高阿那肱赴援邕配割不甚從允那肱譖之由是被疏七年車駕將幸晉陽敕斛律孝卿總騎兵事多自決邕恃舊一旦爲孝卿所輕鬱快形於辭色帝從平陽敗後狼狽歸鄴邕懼那肱譖愬恨孝卿輕己遂留晉陽與莫多婁敬顯等樹安德王爲

帝尋降周邕依例授上開府儀同大將軍再遷戶部轉少司馬封安福郡公遷
鳳州刺史隋開皇初卒邕性識明敏在齊一代典執兵機是以九州軍士四方
勇募強弱多少番代往還器械精麤糧儲虛實精心勤事莫不諳知自大寧以
來奢侈糜費比及武平之末府藏漸虛邕支度取捨大有裨益然旣被任遇意
氣漸高其未經府寺陳訴起覽辭牒條數甚多俱爲憲臺及左丞彈劾並御注
放免司空從事中郎封長業太尉記室參軍平濤並爲徵官錢違限邕各杖背
三十齊時宰相未有撾撻朝士至是大駭物望三子長子君明開府儀同三司
開皇初卒於應州刺史次子君徹中書舍人隋戎順二州刺史大業中卒於武
賁郎將少子君德以邕降周伏法齊朝因神武作相丞相府外兵騎兵曹分掌
兵馬及受禪諸司咸歸尙書唯此二曹不廢令唐邕白建主之謂之外兵省騎
兵省後邕建位望轉隆各置省主令中書舍人分判二省事故世稱唐白云
白建字彥舉太原陽邑人初入大丞相府任騎兵曹典文帳明解書計爲同局
所推天保末兼中書舍人孝昭輔政除大丞相騎兵參軍河淸二年除員外散

騎常侍仍舍人三年突厥入境代忻二牧悉是細馬合數萬疋在五臺山北柏谷中避賊賊退敕建送馬定州付人養飼建以馬瘦違敕以便宜從事戎馬無損建有力焉武平末歷位尚書特進侍中中書令封高昌郡公父長命贈開府儀同三司都官尚書建雖無他才伎勤於在公以溫柔自處與唐邕俱以典執兵馬致位卿相諸子幼弱俱爲州郡主簿男女婚嫁皆得勝流卒贈司空

元文遙字德遠河南洛陽人也魏昭成皇帝六世孫也五世祖常山王遵父晞有孝行父卒廬於墓側而終文遙貴贈特進開府儀同三司中書監謚曰孝文遙敏慧夙成濟陰王暉業每云此子王佐才也暉業常大會賓客時有人將何遜集初入洛諸賢皆贊賞之召河間邢邵試命文遙誦之幾遍可得文遙一覽便誦時年始十餘歲濟陰王曰我家千里駒今定如何邢云此殆古來未有起家員外散騎侍郎遭父喪服闋除太尉東閤祭酒以天下方亂遂解官侍養隱於林慮山武定中文襄徵爲大將軍府功曹齊受禪於登壇所授中書舍人宣傳文武號令楊遵彥每云堪解穰侯印者必在斯人後忽中旨幽執竟不知所

由如此積年文宣後自幸禁獄執手愧謝親解所着金帶及御服賜之即日起爲尚書祠部郎中孝昭攝政大丞相府功曹參典機密及踐阼除中書侍郎封永樂縣伯參軍國大事及帝大漸與平秦王歸彥趙郡王叡等同受顧託迎立武成武成即位任遇轉隆歷給事黃門侍郎散騎常侍侍中中書監天統二年詔特賜姓高氏籍屬宗正子弟依例歲時入廟朝祀再遷尚書左僕射進封寧都郡公仍侍中文遙歷事三王明達世務每臨軒大集多令宣敕號令文武聲韻高朗發吐無滯然探測上旨時有委巷之言故不爲知音所重齊因魏宰縣多用廝濫至於士流恥居百里文遙以縣令爲字人之功遂請革選於是密令搜揚貴游子弟發敕用之猶恐其披訴總召集神武門令趙郡王叡宣旨唱名厚加慰喻士人爲縣自此始也既與趙彥深和士開同被任遇雖不如彥深清貞守道又不爲士開貪淫亂政於季孟之閒然性和厚與物無競故時論不在彥深之下初文遙自洛還鄴唯有地十餘頃家貧所資衣食魏之將季宗姓被侮有人冒相侵奪文遙即以與之及貴此人尚在乃將家逃竄文遙大驚追加

尉撫還以與之彼人愧而不受彼此俱讓遂爲閑田至後主嗣位趙郡王叡妻
定遠等謀出和士開文遙亦參其議叡見殺文遙由是出爲西兗州刺史詣士
開別士開曰處得言地使元家兒作令僕深負朝廷旣言而悔仍執手慰勉之
猶慮文遙自疑用其子行恭爲尚書郎以慰其心士開死自東徐州刺史徵入
朝竟不用卒行恭美姿貌有父風兼俊才位中書舍人待詔文林館齊亡陽休
之等十八人同入關稍遷司勳下大夫隋開皇中位尚書郎坐事徙瓜州而卒
行恭少頗驕恣文遙令與范陽盧思道交游文遙嘗謂思道云小兒比日微有
所知是大弟之力然白擲劇飲甚得師風思道答云六郎辭情俊邁自是克荷
堂構而白擲劇飲亦天性所得行恭弟行如亦聰慧早成武平末著作佐郎
趙隱字彥深自云南陽宛人漢太傅喜之後高祖父難爲齊州清河太守有惠
政遂家焉清河後改爲平原故爲平原人也隱避齊廟諱改以字行父奉伯仕
魏位中書舍人行洛陽縣令彥深貴贈司空彥深幼孤貧事母甚孝年十歲曾
候司徒崔光光謂賓客曰古人觀眸子以知人此人當必遠至性聰敏善書計

安閑樂道不雜交游爲雅論所歸服昧爽輒自掃門外不使人見率以爲常初
爲尚書令司馬子如賤客供寫書子如善其無誤欲將入觀省舍隱靴無氈衣
帽穿弊子如給之用爲書令史月餘補正令史神武在晉陽索二史子如舉彥
深後拜子如開府參軍超拜水部郎及文襄爲尚書令攝令選沙汰諸曹郎隱
以地寒被出爲滄州別駕辭不行子如言於神武徵補大丞相功曹參軍專掌
機密文翰多出其手稱爲敏給神武曾與對坐遣造軍令以手捫其額曰若天
假卿年必大有所至每謂司徒孫騰曰彥深小心恭慎曠古絕倫及神武崩祕
喪事文襄慮河南有變仍自巡撫乃委彥深後事轉大行臺都官郎中臨發握
手泣曰以母弟相託幸得此心既而內外寧靜彥深之力及還發喪深加褒美
乃披郡縣簿爲選封安國縣伯從征穎川時引水灌城城雉將沒西魏將王思
政猶欲死戰文襄令彥深單身入城告喻即日降之便手牽思政出城文襄大
悅先是文襄謂彥深曰吾昨夜夢獵遇一羣豕射吾盡獲之獨一大豕不可得
卿言當爲吾取須臾獲豕而進至是文襄笑曰夢驗矣即解思政佩刀與彥深

曰使卿常獲此利文宣嗣位仍典機密進爵爲侯天保初累遷祕書監以爲忠謹每郊廟必令兼太僕執御陪乘轉大司農帝或巡幸卽輔贊太子知後事爲東南道行臺尙書徐州刺史爲政尙恩信爲吏人所懷多所降下所營軍處士庶追思號趙行臺頓文宣璽書勞勉徵爲侍中仍掌機密河清元年進爵安樂公累遷尙書左僕射齊州大中正監國史遷尙書令位特進封宜陽王武平二年拜司空爲祖珽所間出爲西兗州刺史四年徵爲司空轉司徒丁母憂尋起爲本官七年六月暴疾薨時年七十彥深歷事累朝常參機近温柔謹慎喜怒不形於色自皇建以還禮遇稍重每有引見或升御榻常呼官號而不名也凡諸選貢先令銓定提獎人物皆行業爲先輕薄之徒弗之齒也孝昭旣執朝權羣臣密多勸進彥深獨不致言孝昭嘗謂王晞云若言衆心皆謂天下有歸何不見彥深有語晞以告彥深不獲已陳請其爲時重如此常遜言恭己未嘗以驕矜待物所以或出或處去而復還母傅氏雅有操識彥深三歲傅便孀居家人欲以改適自誓以死彥深五歲傅謂之曰家貧兒小何以能濟彥深泣而言

曰若天哀矜兒大當仰報傅感其意對之流涕及彥深拜太常卿還不脫朝服
先入見母跪陳幼小孤露蒙訓得至於此母子相泣久之然後改服後爲宜陽
國太妃彥深有七子仲將知名沉敏有父風溫良恭儉雖妻子亦未嘗怠慢終
日儼然學涉羣書善草隸雖與弟書書字楷正云草不可不解若施之於人即
似相輕易若當家卑幼又恐其疑所在宜爾是以必須隸筆彥深乞轉萬年縣
子授之位給事黃門侍郎散騎常侍隋開皇中位吏部郎終於安州刺史齊朝
宰相善始令終唯彥深一人然諷朝廷以子叔堅爲中書侍郎頗招物議時馮
子琮子慈明祖珽子君信並相繼居中書故時語云馮祖及趙穢我鳳池然叔
堅身才最劣
赫連子悅字士欣僭夏赫連勃勃之後也神武起兵時爲濟州別駕勸刺史侯
景赴神武後除林慮太守文襄往晉陽由郡境問所不便悅云臨水武安去郡
遙遠山嶺重疊若更屬魏郡則地平路近文襄笑曰卿徒知便人不覺損幹悅
答曰所言者人所疾苦不敢以私潤負公心文襄善之乃敕依事施行自是人

屬近便行路稱之天保中爲揚州刺史先是城門早閉晚開廢於農作子悅到乃命以時開閉人吏便之累遷鄭州刺史政爲天下之最入爲都官尚書鄭州人馬子韶崔孝政等八百餘人請立碑頌德有詔許焉加位開府歷行北豫州事兼吏部尚書子悅在官唯以清勤自守既無學術又闕風儀人倫清鑒去之彌遠一旦居銓衡之首大招物議由是除太常卿兼侍中聘周使主卒子仲章中書舍人

馮子琮字子琮長樂信都人北燕主馮弘之後也祖嗣與相州刺史父靈紹尚書郎太中大夫子琮貴贈開府儀同三司子琮性識聰敏爲外祖滎陽鄭伯猷所異初襲爵滎陽縣子齊天保初改爲長安縣男皇建初爲尚書駕部郎中攝庫部孝昭曾閱簿領試令口陳子琮闇對無有遺失時梁丞相王琳歸國孝昭詔子琮觀其形勢琳即與赴鄴甚見嘉賞子琮妻胡皇后姊也故詔與胡長粲輔導太子後轉太子中庶子天統元年武成禪位後主謂子琮曰少君左右宜得正人以卿心存正直今以後事相委再遷散騎常侍奏門下事尋兼并省祠

部尚書後與胡長粲育隙武成深誡之曰脣亡齒寒勿復如此武成在晉陽既
居舊殿少帝未有別所詔子琮監造大明宮成帝怪其不宏麗子琮曰至尊幼
承大業欲令敦儉以示萬邦兼此北連天闕不宜崇峻帝稱善又詔子琮監議
五禮與趙郡王叡分爭異同略無降下大爲識者所鄙及武成崩和士開祕喪
三日子琮問其故士開引神武文襄初崩並祕不舉喪至尊年少恐王公貳欲
追集然後與詳議時趙郡王叡先預帷幄之謀子琮素知士開忌叡及領軍婁
定遠恐其矯遺詔出叡外任奪定遠禁衛權因答云大行神武之子今上又是
先皇傳位羣臣富貴皆至尊父子之恩但令一無改易必無異望世異事殊不
得與霸朝相比且公不出宮門已經數日升遐之事行路皆傳久而不舉恐有
他變及發喪元文遙以子琮太后妹夫恐其奬成太后干政說趙王叡及和士
開出之拜鄭州刺史既非後主本意賞賜甚厚仍轉滄州別駕封寧都縣伯太
后爲齊安王納子琮長女爲妃子琮因請假赴鄴遂授侍中轉吏部尚書其妻
放縱請謁公行賄貨填積守宰除授先定錢帛然後奏聞其所通致事無不允

子琮亦不禁制又廣拓傍隣增修宅宇以夜繼晝未曾休息斛律光將兵度玉壁至龍門周有移書別須籌議詔子琮乘傳赴軍與周將韋孝寬面相要結龍門等五城因此內附後主以爲子琮之功封昌黎郡公遷尚書右僕射仍攝選侍中如故和士開居要日久子琮舊所附託中雖阻異其後還相彌縫士開弟士休與盧氏成婚子琮檢校趨走與士開府寮不異時內外除授多由士開奏擬子琮既恃內戚兼帶選曹自擅權寵頗生間隙時陸媼勢震天下太后與之結爲姊妹而和士開於太后有醜聲子琮欲陰殺陸媼及士開因廢帝而立琅邪王儼以謀告儼儼許之乃矯詔殺士開及儼見執言子琮教己太后怒又使執子琮遣右衛大將軍侯呂芬就內省以弓弦絞殺之使內參以庫車載尸歸其家諸子方握槊聞庫車來以爲賜物大喜開視乃哭子琮微有識鑒頗慕存公及位望轉隆宿心頓改擢引非類公爲深交縱其子弟不依倫次又專營婚媾歷選上門例以官爵許之旬月便驗頓丘李克范陽盧思道隴西李胤伯李子希滎陽鄭庭堅並其女壻皆至超遷其驕縱如此祖珽先與子琮有隙於後

具奏此事諸子並坐此除名太后以爲言又被擢用子琮有五子慈明最知名

慈明字無佚在齊爲中書舍人隋開皇中兼內史舍人大業中位尚書兵部郎加朝請大夫十三年攝江都郡丞事李密之逼東都詔慈明追兵擊密爲密黨崔樞所執密延與坐論以舉兵之意慈明曰慈明直道事人有死而已不義之言非所敢對密厚禮之冀其從己慈明潛使奉表江都及致書東都留守論賊形勢密知又義而釋之出至營門爲賊帥翟讓所瞋責慈明勃然曰天子使我來正欲除爾輩不圖爲賊黨所獲我豈從汝求活耶須殺但殺何須罵詈讓益怒亂刀斬之梁郡通守楊汪上狀煬帝歎惜之贈銀青光祿大夫拜其二子怦惇俱爲尚書承務郎王世充推越王侗爲主重贈柱國戶部尚書黎郡公謚曰壯武長子忱先在東都王世充破李密忱亦在軍中遂遣奴負父屍柩詣東都身不自送未幾又盛華燭納室時論醜之

郎基字世業中山新市人也祖智魏魯郡太守贈兗州刺史父道恩開府陽平郡守基身長八尺美鬚髯汎涉墳籍尤長吏事齊天保四年除海西鎮將遇東

方白額稱亂淮南州郡皆從逆梁將吳明徹攻圍海西基固守乃至削木為箭剪紙為羽圍解還朝僕射楊愔迎勞之曰卿本文吏遂有武略削木翦紙皆無故事班墨之思何以相過御史中丞畢義雲引為侍御史趙州刺史尉粲文宣外弟揚州刺史郭元貞楊愔妹夫基不憚權威並劾其贓罪皇建初除鄭州長史帶潁川郡守西界與周接境因侯景背叛其東西分隔士人仍緣姻舊私相交易而禁格嚴重犯者非一基初莅職披檢格條多是權時不為久長州郡因循失於請讞致密網久放得罪者衆遂條件申臺省仍以情量事科處自非極刑一皆決放積年留滯案狀膠加數日之中剖判咸盡尋而臺省報下並允基所陳條綱既疏獄訟清靜基性清慎無所營求嘗語人云任官之所木枕亦不須作況重於此乎唯頗令人寫書潘子義曾遺之書云在官寫書亦是風流罪過基答云觀過知仁斯亦可矣卒於官贈驃騎大將軍和州刺史謚曰惠柩將還遠近赴送莫不攀轅悲哭哀不自勝初基任瀛州騎兵時陳元康為司馬畢義雲為屬與基並有聲譽為刺史元嶷所目三賢俱有當世才後來皆當遠至

惟郎騎兵任真過甚恐不足自達陳畢後並貴顯而基位止郡守子茂
茂字蔚之少敏慧七歲誦騷雅日千餘言十五師事國子博士河間權會受詩易三禮及玄象刑名之學又就國子助教長樂張奉禮受三傳羣言至忘寢食家人恐成病常節其燭及長以博學稱歷位保城令有能名周平齊上柱國王誼薦之授陳州戶曹屬隋文帝爲亳州總管命掌書記周武帝爲象經隋文從容謂茂曰人主之所爲也感天地動鬼神而象經多亂法何以致久茂竊歎曰此言豈常人所及陰自結納隋文亦親禮之後還家爲州主簿及隋文爲丞相以書召之言及疇昔甚歡授衛州司錄有能名尋除衛國令時有繫囚二百茂親自究審數日釋免者百餘人歷年辭訟不詣州省魏州刺史元暉謂曰長史言衛國人不敢申訴者畏明府耳茂曰人猶水也法令爲隄防隄防不固必致奔突苟無決溢使君何患哉暉無以應有部人張元預與從父弟思蘭不睦丞尉請加嚴法茂曰元預兄弟本相憎嫉又坐得罪彌益其忿非化人之意也乃遣縣中耆舊更往敦諭道路不絕元預等各生感悔詣縣頓首請罪茂曉之以

義遂相親睦稱爲友悌開皇中累遷戶部侍郎時尙書右僕射蘇威立條章每歲責人間五品不遜或答者乃云管內無五品家不相應領類多如此又爲餘糧簿擬有無相贍茂以爲繁紆不急皆奏罷之又奏身死王事者子不退田品官左貶不減地皆發於茂茂性明敏剖決無滯當時以吏幹見稱煬帝卽位爲尙書左丞參掌選事茂尤工政理爲世所稱時工部尙書宇文愷右翊衞大將軍于仲文競河東銀窟茂奏劾愷位望已隆祿賜優厚拔葵去織寂爾無聞求利下交曾無愧色仲文大將宿衞近臣趨侍階庭朝夕聞道虞芮之風抑而不慕分銖之利知而必爭何以貽範庶寮示人軌物愷與仲文竟坐得罪茂與崔祖濬撰州郡圖經一百卷奏之賜帛百段時帝每巡幸王綱已紊茂旣先朝舊臣明習世事然無謇諤之節見帝忌刻不敢措言唯竊歎而已以年老乞骸骨不許會帝征遼以茂爲晉陽宮留守其常山贊務王文同與茂有隙奏茂附下罔上詔納言蘇威御史大夫裴蘊雜推之茂素與二人不平因深文其罪及弟司隸別駕楚之皆除名徙且末郡茂怡然任命不以爲憂在途作登隴賦以自

慰後附表自陳帝頗悟十年追還京兆歲餘卒子知年

論曰孫騫入幕未久倉卒致斃神武以情寄之重義切折肱若不愛惜才子何以成夫王業元康以知能才幹委質霸朝綢繆帷幄任寄為重及難無苟免忘生殉義可謂得其地焉杜弼識學甄明發言讜正禪代之際先起異圖王怒未終卒蒙顯戮直言多矣能無及於此乎房謨忠勤之操始終若一恭懿循良之風可謂世有人矣張纂張亮張曜王峻王紘等並事霸朝申其力用皆有齊之良臣也伯德之慟哭伏屍靈光之拒關駐驊有古人之風焉顯儁明達文武驅馳盡其知力不遑寧處可謂德以稱位能以稱官道和爰從霸府以終末路四十餘載典綜兵機識用閑明甚為朝臣所服及于後主奔遁莫知所之首贊延宗以從權變既而晉陽傾覆運極途窮還鄴則義陽德昌死事則情乖舊主雖復全生握節豈比背叛之流歟夫縣宰之寄綿歷古今親人任功莫尚於此漢氏官人尚書郎出宰百里晉朝設法不宰縣不得為郎皆所以貴方城之職重臨人之要後魏令長多選舊令史為之故縉紳之流恥居其位爰逮有齊此途

未改寧都公革斯流弊弘之在人固爲美矣司徒器度沉遠有宰臣之量始從文吏終致台輔出內有常夷險若一而世人諭之胡廣譏其不能廷爭然古稱見幾而作又曰相時而動若時有開悟或可希舜一功而終遇姦回便恐舟壑俱運斯蓋趙公之志也子悅牧宰流譽子琮簿領見知及居藻鏡俱稱尸祿馮溺於賄貨於斯爲甚慈明赴蹈之義蓋有銜鬚之節郎基政績有聞蔚之克荷堂構美矣乎

北史卷五十五

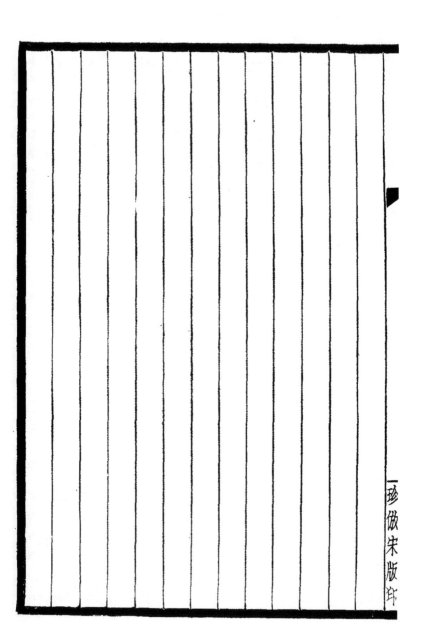

北史卷五十五考證

孫搴傳專典文筆○典監本作與今從南本

陳元康傳是能夜闇書快吏也○能夜南本作夜能

崔季舒逃匿于廁○廁監本訛側今從南本

杜弼傳遷先州曲城令○先南本作光

龍官韞牘○一本官作宮牘作櫝

大業中起居舍人○監本脫中字今從南本增正

張亮傳天平中爲文襄行臺郎中典七兵事○典監本訛與今改從齊書

唐邕傳夜中召邕○中監本訛申今改從南本

高德正妄說卿短○德監本訛聽今改從南本

惟此二曹不廢○不監本訛六今從上文丞相府外兵騎兵曹分掌兵馬句改正

趙隱傳母傅氏雅有操識○傅監本訛傳今改從閣本

馮慈明傳我豈從汝求活耶○求監本訛永今改從南本

郎基傳基性清慎無所營求○所監本訛好今改從南本

茂傳魏州刺史元暉謂曰○監本史字下衍史字暉字下脫謂字今從閣本改正

北史卷五十五考證

北史卷五十六

唐　李　延　壽　撰

列傳第四十四

魏收　魏長賢　魏季景 子澹　魏蘭根 族子愷

魏收字伯起小字佛助鉅鹿下曲陽人也自序漢初魏無知封高良侯子均均子恢恢子彥彥子歆字子胡幼孤有志操博洽經史位終本郡太守子悅字處德性沉厚有度量宣城公趙國李孝伯見而重之以女妻焉位濟陰太守以善政稱悅子子建字敬忠釋褐奉朝請累遷太尉從事中郎初宣武時平氏遂於武與立鎮尋改爲東益州其後鎮將刺史乖失人和羣氏作梗遂爲邊患乃除子建東益州刺史子建布以恩信遠近清靜正光五年南北二秦城人莫折念生韓祖香張長命相繼搆逆僉以州城之人莫不勁勇同類悉反宜先收其器械子建以爲城人數當行陣盡皆驍果安之足以爲用急之腹背爲憂乃悉召居城老壯曉示之幷上言諸城人本非罪坐而來者悉求聽免明帝優詔從之

子建漸分其父兄子弟外居郡戍內外相顧終獲保全及秦賊乘勝屯營黑水子建乃潛使掩襲前後斬獲甚衆威名赫然先反者及此悉降乃間使上聞帝甚嘉之詔子建兼尚書爲行臺刺史如故於是威振蜀土其梁巴二益兩秦之事皆所節度梁州刺史傅豎眼子故中心以爲愧在洛大行貨賄以圖行臺先是子建亦屢求歸京師至此乃遣刺史唐永代焉豎眼因爲行臺子建將還羣氐慕戀相率斷道主簿楊僧覆先行曉喻諸氐忿曰我留刺史爾送出也斫之數創幾死子建徐加慰譬旬月方得前行吏人贈遺一無所受而東益氐蜀尋反攻逼唐永永棄城而走乃喪一藩矣初永之走子建客有沙門曇璨及鉅鹿人耿顯皆沒落氐手及知子建之客垂泣追衣物還之送出白馬遺愛所被如此初子建爲前軍將軍十年不徙在洛閑暇與吏部尚書李歆歆從弟延寔頗爲奕棊時人謂爲躭好子建每曰棊於廉勇之際得之深矣且吾未爲時用博奕可也及一臨邊事凡經五年未曾對局還洛後累遷衛尉卿初元顥內逼莊帝北幸子建謂所親盧義僖曰北海自絕社稷稱藩蕭衍吾老矣豈能爲陪臣

遂攜家口居洛南潁平乃歸先苦風痺及此遂甚以卿任有務屢上書乞身特除右光祿大夫邢杲之平太傅李延寔子侍中彧爲大使撫慰東土時外戚貴臧送客塡門子建亦往候別延寔曰小兒今行何以相勗子建曰益以盈滿爲誡延寔悵然久之及莊帝殺尒朱榮遇禍於河陰者其家率相弔賀大尉李虔第二子仁曜子建之女壻往亦見害子建謂姨弟盧道虔曰朝廷誅翦權強兇徒尙梗未聞有奇謀異略恐不可濟此乃李門禍始弔賀無乃怱怱及永安之後李氏宗族流離或遇誅夷如其所慮後歷左光祿大夫加散騎常侍驃騎大將軍子建自出爲藩牧董司山南居脂膏之中遇天下多事正身潔己不以財利經懷及歸京師家人衣食常不周贍清素之迹著於終始性存重愼不雜交游唯與尙書盧義僖姨弟涇州刺史盧道裕雅相親昵及疾篤顧敕二子曰死生大分含氣所同世有厚葬吾平生不取籧篨裸身又非吾意氣絕之後斂以時服吾平生契闊前後三娶合葬一事抑又非古且汝二母先在舊塋墳地久固已有定別唯汝次母墓在外耳可還入兆域依班而定行於吾墓之後如此

足矣不須祔合當順吾心勿令吾有遺恨永熙二年春卒於洛陽孝義里舍時
年六十又贈儀同三司定州刺史諡曰文靜二子收祚收少機警不持細行年
十五頗已屬文及隨父赴邊好習騎射欲以武藝自達滎陽鄭伯調之曰魏郎
弄戟多少收慙遂折節讀書夏月坐板牀隨樹陰諷誦積年牀板爲之銳減而
精力不輟以文華顯初除太學博士及尒朱榮於河陰濫害朝士收亦在圍中
以日晏獲免吏部尚書李神儁重收才學奏授司徒記室參軍永安三年除北
主客郎中節閔帝立妙簡近侍詔試收爲封禪書收下筆便就不立藁草文將
千言所改無幾時黃門郎賈思同侍立深奇之白帝曰雖七步之才無以過此
遷散騎侍郎尋敕典起居注幷脩國史俄兼中書侍郎時年二十六孝武初又
詔收攝本職文誥塡積事咸稱旨黃門郎崔㥄從齊神武入朝熏灼於世收初
不詣門㥄爲齊登阼赦云朕託體孝文收嗤其率直正員郎李愼以告之㥄深
忿忌時節閔帝殂令收爲詔㥄乃宣言收普泰世出入幃幄一日造詔優爲詞
旨然則義旗之士盡爲逆人又收父老合解官歸侍南臺將加彈劾賴尚書辛

雄爲言於中尉綦儁乃解收有賤生弟仲同先未齒錄因此怖懼上籍遣還鄉扶侍孝武嘗大發士卒狩於嵩山之南旬有六日時寒朝野嗟怨帝與從官及諸妃王奇伎異飾多非禮度收欲言則懼欲默不能已乃上南狩賦以諷焉年二十七雖富言淫麗而終歸雅正帝手詔報焉甚見褒美鄭伯謂曰卿不遇老夫猶應逐兎神武固讓天柱大將軍魏帝勑收爲詔令遂所請欲加相國問收相國品秩收以實對帝遂止收既未測主相之意以前事不安求解詔許焉久之除帝兄子廣平王贊開府從事中郎收不敢辭乃爲庭竹賦以致己意尋兼中書舍人與濟陰溫子昇河閒邢子才齊譽世號三才時孝武內有閒隙收遂以疾固辭而免舅崔孝芬怪而問之收曰懼有晉陽之甲尋而神武南上帝西入關收兼通直散騎常侍副王昕聘梁昕風流文辯收辭藻富逸梁主及其羣臣咸加敬異先是南北初和李諧盧元明首通使命二人才器並爲鄰國所重至此梁主稱曰盧李命世王魏中興未知後來復何如耳收在館遂買吳婢入館其部下有買婢者收亦喚取遍行姧穢梁朝館司皆爲之獲罪人稱其才而

鄙其行在途作聘游賦辭甚美感使還尚書右僕射高隆之求南貨於昕收不能如志遂諷御史中尉高仲密禁止昕收於其臺久之得釋及孫搴死司馬子如薦收召赴晉陽以爲中外府主簿以受旨乖忤頻被嫌責加以箠楚久不得志會司馬子如奉使霸朝收假其餘光子如因宴戲言於神武曰魏收天子中書郎一國大才願大王借與顏色由此轉府屬然未甚優禮收叔季景有文學歷官著名並在收前然收常所欺忽季景收初赴并頓丘李庶者故大司農諧之子也以華辯見稱曾謂收曰霸朝便有二魏收率爾曰以從叔見比便是邪輸之比卿邪輸者故尚書令陳留公繼伯之子愚癡有名好自入市肆高價買物商賈共所嗤翫收忽以季景方之不遜例多如此收本以文才必望穎脫見知位既不遂求脩國史崔暹爲言於文襄曰國史事重公家父子霸王功業皆須具載非收不可文襄乃啓收兼散騎常侍脩國史武定二年除正常侍領兼中書侍郎仍脩國史魏帝宴百寮問何故名人日皆莫能知收對曰晉議郎董勛答問禮俗云正月一日爲鷄二日爲狗三日爲猪四日爲羊五日爲牛六日

爲馬七日爲人時邢邵亦在側甚恧焉自魏梁和好書下紙每云想彼境內寧靜此率土安和梁後使其書乃去彼字自稱猶著此欲示無外之意收定報書云想境內清晏今萬國安和梁人復書依以爲體後神武入朝靜帝授相國固讓令收爲啓啓成呈上文襄時侍側神武指收曰此人當復爲崔光四年神武於西門豹祠宴集謂司馬子如曰魏收爲史官書吾善惡聞北伐時諸貴常餉史官飲食司馬僕射頗曾餉不因共大笑仍謂收曰卿勿見元康等在吾目下趨走謂吾以爲勤勞我後世身名在卿手勿謂我不知尋加兼著作郎收昔在京洛輕薄尤甚人號云魏收驚蛺蝶文襄曾游東山令給事黃門侍郎顥等宴文襄曰魏收恃才無宜適須出其短往復數番收忽大唱曰楊遵彥理屈已倒愔從容曰我綽有餘暇山立不動若遇當塗恐翩翩遂逝當塗者魏翩翩者蝶也文襄先知之大笑稱善文襄又曰向語猶微宜更指斥愔應聲曰魏收在幷作一篇詩對衆讀訖云打從叔季景出六百斛米亦不辨此遠近所知非敢妄說文襄喜曰我亦先聞衆人皆笑收雖自申雪不復抗拒終身病之侯景叛入

梁寇南境文襄時在晉陽令收爲檄五十餘紙不日而就又檄梁朝令送侯景初夜執筆三更便了文過七紙文襄善之魏帝會季秋大射普令賦詩收詩末云尺書徵建鄴折簡召長安文襄壯之顧謂人曰在朝今有魏收便是國之光采雅俗文墨通達縱橫我亦使子才子昇時有所作至於詞氣並不及之吾或意有所懷忘而不語語而不盡意有未及收呈草皆以周悉此亦難有又敕兼主客郎接梁使謝珽徐陵侯景既陷梁梁鄱陽王範時爲合州刺史文襄敕收以書喻之範得書仍率部伍西上州刺史崔聖念入據其城文襄謂收曰今定一州卿有其力猶恨尺書徵建鄴未效耳文襄崩文宣如晉陽令與黃門郎崔季舒高德正吏部郎中尉瑾於北第參掌機密轉祕書監兼著作郎又除定州大中正時齊將受禪楊愔奏收置之別館令撰禪代詔冊諸文遣徐之才守門不聽出天保元年除中書令仍兼著作郎富平縣子二年詔撰魏史四年除魏尹故優以祿力專在史閣不知郡事初帝令羣臣各言志收曰臣願得直筆東觀早出魏書故帝使收專其任又詔平原王高隆之總監之署名而已帝敕收

曰好直筆我終不作魏太武誅史官始魏初鄧彥海撰代記十餘卷其後崔浩典史游允程駿李彪崔光李琰之郎知世修其業浩爲編年體彪始分作紀表志傳書猶未出宣武時命邢巒追撰孝文起居注書至太和十四年又命崔鴻王遵業補續焉下訖孝明事甚委悉濟陰王暉業撰辯宗室錄三十卷收於是與通直常侍房延祐司空司馬辛元植國子博士刁柔裴昂之尚書郎高孝幹專總斟酌以成魏書辯定名稱隨條甄舉又搜採亡遺綴續後事備一代史籍表而上聞之勒成一代大典凡十二紀九十二列傳合一百一十卷五年三月奏上之秋除梁州刺史收以志未成奏請終業許之十一月復奏十志天象四卷地形三卷律歷二卷禮樂四卷食貨一卷刑罰一卷靈徵二卷官氏二卷釋老一卷凡二十卷續於紀傳合一百三十卷分爲十二袠其史三十五例二十五序九十四論前後二表一啓皆獨出於收收所引史官恐其陵逼唯取學流先相依附者其房延祐辛元植眭仲讓雖夙涉朝位並非史才刁柔裴昂之以儒業見知全不堪編緝高孝幹以左道求進修史諸人宗祖姻戚多被書錄飾

以美言收頗急不甚能平夙有怨者多沒其善每言何物小子敢共魏收作色舉之則使上天按之當使入地初收在神武時爲太常少卿脩國史得陽休之助因謝休之曰無以謝德當爲卿作佳傳休之父固魏世爲北平太守以貪虐爲中尉李平所彈獲罪載在魏起居注收書云固爲北平甚有惠政坐公事免官又云李平深相敬重尒朱榮於魏爲賊收以高氏出自尒朱且納榮子金故減其惡而增其善論云若脩德義之風則韓彭伊霍夫何足數時論既言收著史不平文宣昭收於尙書省與諸家子孫共加論討前後投訴百有餘人云遺其家世職位或云其家不見記錄或云妄有非毀收皆隨狀答之范陽盧斐父同附出族祖玄傳下頓丘李庶家傳稱其本是梁國家人斐庶譏議云史書不直收性急不勝其憤啓誣其欲加屠害帝大怒親自詰責斐曰臣父仕魏位至儀同功業顯著名聞天下與收無親遂不立傳博陵崔綽位至本郡功曹更無事迹是收外親乃爲首傳收曰綽雖無位道義可嘉所以合傳帝曰卿何由知其好人收曰高允曾爲綽讚稱有道德帝曰司空才士爲人作讚正應稱揚亦

如卿爲人作文章道其好者豈能皆實收無以對戰慄而已但帝先重收才不欲加罪時太原王松年亦謗史及斐庶並獲罪各被鞭配甲坊或因以致死盧思道亦抵罪然猶以羣口沸騰敕魏史且勿施行令羣官博議聽有家事者入署不實者陳牒於是衆口諠然號爲穢史投牒者相次收無以抗之時左僕射楊愔右僕射高德正二人勢傾朝野與收皆親收遂爲其家並作傳二人不欲言史不實抑塞訴辭終文宣世更不重論又尙書陸操嘗謂愔曰魏收魏書可謂博物宏才有大功於魏室愔嘗謂收曰此謂不刊之書傳之萬古但恨論及諸家枝葉親姻過爲繁碎與舊史體例不同耳收曰往因中原喪亂人士譜牒遺逸略盡是以具書其枝派望公觀過知仁以免尤責八年夏除太子少傅監國史復參倚律令三臺成文宣曰臺成須有賦愔先以告收收上皇居新殿臺賦其文甚壯麗時所作者自邢卲已下咸不逮焉收上賦前數日乃告邢卲邢後告人曰收甚惡人不早言之帝曾游東山敕收作詔宣揚威德譬喻關西俄頃而訖辭理宏壯帝對百寮大嗟賞之仍兼太子詹事收娶其舅女崔之妹產

一女無子魏太常劉芳孫女中書郎崔肇師女夫家坐事帝並賜收爲妻時人
比之賈充置左右夫人然無子後病甚恐身後嫡媵不平乃放二姬及疾瘳追
憶作懷離賦以申意文宣每以酣宴之次云太子性懦宗社事重終當傳位常
山收謂楊愔曰古人云太子國之根本不可動搖至尊三爵後每言傳位常山
令臣下疑貳疑貳若實便須決行若戲此言魏收既忝師傅正當守之以死但
恐國家不安愔以收言奏帝自此便止帝數宴喜收每預侍從皇太子之納鄭
良娣也有司備設牢饌帝既酣飲起而自毀覆之仍詔收曰知我意不收曰臣
愚謂良娣既東宮之妾理不須牢仰惟聖懷緣此毀去帝大笑握收手曰卿知
我意安德王廷宗納趙郡李祖收女爲妃後帝幸李宅宴而妃母宋氏薦二石
榴於帝前問諸人莫知其意帝投之收曰石榴房中多子王新婚妃母欲子孫
衆多帝大喜詔收卿還將來仍賜收美錦二疋十年除儀同三司帝在宴席口
敕以爲中書監命中書郎李愔於樹下造詔愔以收一代盛才難於率爾久而
未訖比成帝已醉醒遂不重言愔仍不奏事竟寢及帝崩於晉陽驛召收及中

山太守陽休之參議吉凶之禮并掌詔誥仍除侍中遷太常卿文宣謚及廟號陵名皆收議也及孝昭居中宰事命收禁中爲諸詔文積日不出轉中書監皇建元年除兼侍中右光祿大夫仍儀同監史收先副王昕使梁不相協睦時昕弟晞親密而孝昭別令休之兼中書在晉陽典詔誥收留在鄴蓋晞所爲收大不平謂太子舍人盧詢祖曰若使卿作文誥我亦不言又除祖珽爲著作郎欲以代收司空主簿李翥文詞士也聞而告人曰詔誥悉歸陽子烈著作復遣祖孝徵文史頓失恐魏公發背於時詔議二王三恪收執王肅杜預義以元司馬氏爲二王通曹備三恪詔諸禮學之官皆執鄭玄五代之議孝昭后姓元議恪不欲廣及故議從收又除兼太子少傅解侍中帝以魏史未行詔收更加研審收奉詔頗有改正及詔行魏史收以爲直置秘閣外人無由得見於是命送一本付并省一本付鄴下任人寫之太寧元年加開府河清二年兼右僕射時武成酣飲終日朝事專委侍中高元海凡庸不堪大任以收才名振俗都官尚書畢義雲長於斷割乃虛心倚仗收畏避不能匡救爲議者所譏帝於華林別起

玄洲苑備山水臺觀之麗詔於閣上畫收其見重如此始收比温子昇邢邵稍
爲後進邵既被疎出子昇以罪死收遂大被任用獨步一時議論更相訾毁各
有朋黨收每議陋邢文邵又云江南任昉文體本疎魏收非直模擬亦大偷竊
收聞乃曰伊常於沈約集中作賊何意道我偷任任沈俱有重名邢魏各有所
好武平中黃門郎顏之推以二公意問僕射祖珽珽答曰見邢魏之臧不卽是
任沈之優劣收以温子昇全不作賦邢雖有一兩首又非所長常云會須能作
賦始成大才士唯以章表碑志自許此外更同兒戲自武定二年以後國家大
事詔命軍國文詞皆收所作每有警急受詔立成或時中使催促收筆下有同
宿構敏速之工邢温所不逮也其參議典禮與邢相埒既而趙郡公增年獲免
收知而過之事發除名其年又以託附陳使封孝琰牒令其門客與行遇崐崘
舶至得奇貨果然褥表美玉盈尺等數十件罪當流以贖論三年起除清郡尹
尋遣黃門郎元文遙敕收曰卿舊人事我家最久前者之罪情在可恕比令卿
爲尹非謂美授但初起卿斟酌如此朕豈可用卿之才而忘卿身待至十月當

還鄉開府天統元年除左光祿大夫二年行齊州刺史尋爲真收以子姪年少申以戒厲著枕中篇其詞曰吾曾覽管子之書其言曰任之重者莫如身途之畏者莫如口期之遠者莫如年以重任行畏途至遠期惟君子爲能及矣追而味之喟然長息若夫岳立而重有潛戴而不傾山藏稱固亦趨負而不停呂梁獨浚能行歌而匪惕焦原作險或躓踵而不驚九陔方集故眇然而迅舉五紀當定想窅乎而上征苟任重也有度則任之而愈固乘危也有術蓋乘之而靡恤彼期遠而能通果應之而可必豈神理之獨爾亦人事其如一嗚呼處天壤之間勞死生之地攻之以嗜欲牽之以名利粱肉不期而共臻珠玉無足而俱致於是乎驕奢仍作危亡旋至然則上智大賢惟幾惟哲或出或處不常其時其舒也濟世成務其卷也聲銷迹滅玉帛子女椒蘭律呂諂諛無所先稱肉度骨膏唇挑舌怨惡莫之先勳名共山河同久志業與金石比堅斯蓋厚棟不撓游刃砉然逮於厥德不常喪其金璞馳騖人世鼓動流俗挾湯日而謂寒包溪壑而未足源不清而流濁表不端而影曲嗟乎膠漆詎堅寒暑甚促反利而成

害化榮而就辱欣戚更來得喪仍續至有身禦魑魅魂沉狴獄詎非足力不強
迷在當局孰可謂車戒前傾人師先覺聞諸君子雅道之士游遨經術饜飫文
史筆有奇鋒談有勝理孝悌之至神明通矣審道而行量路而止自我及物先
人後己情無繫於榮悴心靡滯於慍喜不養望於丘壑不待價於城市言行相
顧慎終猶始有一於斯鬱爲羽儀恪居展事知無不爲或左或右則髦士攸宜
無悔無吝故高而不危異乎勇進忘退苟得患失射千金之產徼萬鍾之秩投
烈風之門趣炎火之室載蹶而墜其貽宴或蹲乃喪其貞吉可不畏歟可不戒
歟門有倚禍事不可不密墻有伏寇言不可而失宜諦其言宜端其行言之不
善行之不正鬼執強梁人因徑廷幽奪其魄明夭其命不服非法不行非道公
鼎爲己信私玉非身寶過涅爲紺踰藍作青持繩視直置水觀平時然後取未
若無欲知止知足庶免於辱是以爲必察其幾舉必慎於微知幾慮微斯亡則
稀既察且慎福祿攸歸昔蘧瑗識四十九非顏子鄰幾三月不違跬步無已至
於千里覆簣而進及於萬仞故云行遠自卑可大可久與世推移月滿如規後

夜則虧權榮於枝望暮而萎夫奚益而不損孰有損而不害益不欲多利不欲
大唯居德者畏其甚體真者懼其大道尊則羣謗集任重而衆怨會其達也則
尼父栖遑其忠也而周公狼狽無曰人之我狹在我不可而覆無曰人之我厚
在我不可而咎如山之大無不有也如谷之虛無不受也能剛能柔重可負也
能信能順險可走也能智能愚期可久也周廟之人三緘其口漏巵在前欹器
留後俾諸來裔傳之坐右其後羣臣多言魏史不實武成復敕更審收又迴換
遂爲盧同立傳崔綽反更附出楊愔家傳本云有魏以來一門而已至是加此
八字又先云弘農華陰人乃改自云弘農以配王慧龍自云太原人此其失也
尋除開府中書監武成崩未發喪在內諸公以後主卽位有年疑於赦令諸公
引收訪焉收固執宜有恩澤乃從之掌詔誥除尙書右僕射總議監五禮事位
特進收奏請趙彥深和士開徐之才共監先以告士開士開驚辭以不學收曰
天下事皆由王五禮非王不決士開謝而許之多引文士令執筆儒者馬敬德
熊安生權會實主之武平三年薨贈司空尙書左僕射諡文貞有集七十卷收

碩學大才然性褊不能達命體道見當塗貴游每以言色相悅然提獎後輩以名行爲先浮華輕險之徒雖有才能弗重也初河間邢子才子明及季景與收並以文章顯世稱大邢小魏言尤俊也收少子才十歲子才每曰佛助寮人之偉後收稍與子才爭名文宣貶子才曰爾才不及魏收收益得志自序云先稱温邢後曰邢魏然收內陋邢心不許也收既輕疾好聲樂善胡舞文宣末數於東山與諸優爲獼猴與狗鬭帝寵狎之收外兄博陵崔巖嘗以雙聲嘲收曰遇魏收衰曰愚魏魏荅曰顏巖腥瘦是誰所生羊顚狗頰頭團鼻平飯房笭籠著孔嘲玎其辯捷不拘若是既緣史筆多憾於人齊亡之歲收冢被發棄其骨於外先養弟子仁表爲嗣位至尚書膳部郎中隋開皇中卒於温縣令子建族子惇字仲讓容貌魁偉性通率永安末除安東將軍光祿大夫尒朱仲遠鎮東郡以事捕惇遇出外執惇兄子胤而去惇聞哭曰若害胤寧無吾也乃見仲遠叩頭曰家事在惇胤何知也乞以身罪仲遠義而捨之天平中拜衞將軍右光祿大夫卒惇叔偃字盤蚪有當世幹用位驃騎將軍性浮動晚乃曲附高肇彭城

王勰之死也偃構成其事爲時所惡子質字懷素幼有立志年十四啓母求就徐遵明受業母以其年幼不許質遂密將一奴遠赴徐學留書一紙置所臥牀內外見之相視悲歎五六年中便通諸經大義自學言歸生徒輻湊皆同衣食情若兄弟後避葛榮難客居趙國飛龍山爲亂賊所害士友傷惜之興和二年侍中李儔祕書監常景等三十二人申辭於尙書爲請贈諡事下太常博士考行諡曰貞烈先生

魏長賢收之族叔也祖釗本名顯義字弘理魏世祖賜名仍命以顯義爲字雅性俊辯博涉羣書有當世才兼資文武知名梁楚淮泗之間世祖南伐聞而召之既至與語大悅謂釗曰今我此行是卿建功之日勉之勿憂不富貴也授內都直侍左右師次淮南諸城未有下者釗乃進曰陛下百萬之軍風行電掃攻城略地所向無前雖有智者莫能爲計然而師次淮南已經累日義陽諸城猶敢拒守此非不懼亡滅自謂必可保全也但陛下卒徒果銳殺掠尙多人皆畏威未甚懷惠恐一旦降下妻子不全所以遲疑未肯先發臣請間入城內見其

豪右宣達聖心示以誠信必當大小相率面縛請罪陛下拔其英楚因而任之此外諸城可不勞兵而自定世祖大喜曰所以召卿本爲是耳卿今所言副吾所望釗遂夜入城中示以危亡之期開以生全之路城中大小欣悅明旦開門出降自此而南望塵款附世祖謂釗曰卿之一言踰於十萬之師揚我信義播於四表實卿一人之力即授義陽太守陵江將軍又令釗與諸將統兵討襲所當無不摧破軍中服其勇敢世祖益喜謂羣臣曰中國士人吾拔擢咸盡文武膽略未有若釗儔加授建忠將軍追贈其父處順州刺史時經略江左方大用之遇風疾發動頻降醫藥竟不痊復卒時年六十四父彥字惠卿博學善屬文趙郡王幹辟開府參軍廣陵王羽辟記室並不行陳留公李崇甚重之引爲鎮西參軍事崇討叛氐陽靈珍叛蠻魯北鷰又請爲記室參軍中山王英討淮南又請爲記室參軍軍還求爲著作郎思樹不朽之業以晉書作者多家體制繁雜欲正其紕繆删其遊辭勒成一家之典俄而彭城王聞李崇稱之復請爲掾兼知主客郎中書遂不成王遇害退歸田里清河王復引爲諮議王勢高名重

深爲權倖所疾恐罹其禍固辭以疾肅宗初拜驃騎長史尋轉光州刺史年六十八卒兄伯胤之歸也留長賢與弟德振使宦學於洛中孝靜北遷亦徙居鄴博涉經史詞藻清華舉秀才除汝南王悅參軍事入齊平陽王淹辟爲法曹參軍轉著作佐郎更撰晉書欲還成先志河清中上書譏刺時政大忤權幸爲上黨屯留令親故以長賢不相時而動或爲書以相規責長賢復書曰日者惠書義高旨遠誨僕以自求諸己思不出位國之大事君與執政所圖又謂僕祿不足以代耕位不登於執戟干非其議自貽悔咎勤勤懇懇誠見故人之心靜言再思無忘寤寐僕雖固陋亦嘗奉教於君子矣以爲士之立身其路不一故有負鼎俎以邀世隱漁釣以待時操築傅巖之下取履圯橋之上者矣或有釋賃車以匡霸業委挽輅以定王基由斬祛以見禮因射鉤而受相者矣或有三黜不移屈身以直道九死不悔甘心於苦節者矣皆奮於泥滓自致青雲雖事有萬殊而理終一致權其大要歸乎忠孝而已矣夫孝則竭力所生忠則致身所事未有孝而遺其親忠而後其君者也僕自射策金馬記言麟閣寒暑迭運五

稔於茲不能勤成一家潤色鴻業善述人事功旣闕如顯親揚名邈焉無冀每一念之曷云其已自頃王室板蕩彝倫攸斁大臣持祿而莫諫小臣畏罪而不言虛痛朝危空哀主辱匪躬之故徒聞其語有犯無隱未見其人此梅福所以獻書朱雲所以請劍者也抑又聞之嫠不恤緯而憂宗周之亡女不懷歸而悲太子之少況僕之先人世傳儒業訓僕以爲子之道厲僕以事君之節今僕之委質有年世矣安可自同於匹庶取笑於兒女子哉是以腸一夕而九回心終朝而百慮懼當年之不立恥沒世而無聞慷慨懷古自強不息庶幾伯夷之風以立懦夫之志吾子又謂僕干進務入不畏友朋居下訕上欲益反損僕誠不敏以貽吾子之羞默默苟容又非生平之意故願得鋤彼草茅逐茲鳥雀去一惡樹一善不違先旨以沒九泉求仁得仁其誰敢怨但言與不言在我用與不用在時若國道方屯時不我與以忠獲罪以信見疑貝錦成章青蠅變色良田敗於邪徑黃金鑠於衆口窮達運也其如命何吾子忠告之言敢不敬承嘉惠然則僕之所懷未可一二爲俗人道也投筆而已夫復何言是出也人皆爲之

快快而長賢處之怡然不屑懷抱識者以此多焉武平中辭疾去職終於齊代不復出仕周武平齊搜揚才俊辟書屢降固以疾辭卒年七十四貞觀中贈定州刺史子徵

魏季景收族叔也父鸞字雙和爲魏文賜名有器幹體貌魁偉以有容儀爲奉車都尉曾升輅車觸毁金翼斂容請罪帝笑曰卿體貌過人素不便習何足懼也車駕南征漢陽除鸞統軍帝歷幸其營嘆賞之及在馬圈不豫敕兼武衞將軍領宿衞左右景明中六輔之廢鸞頗預其事後除光州刺史更滿還朝卒謚曰夷子季景少孤清苦自立博學有文才弱冠有名京師時邢子明稱有才學始與子才相侔季景與收相亞洛中號兩邢二魏莊帝時爲中書侍郎普泰中爲尚書右丞季景善附會宰要當朝必先事其左右尒朱世隆特賞愛之於時才名甚盛頗過其實太昌中位給事黃門侍郎甚見信待除定州大中正孝武帝釋奠季景與溫子昇李業興竇瑗等俱爲摘句天平初因遷都遂居柏人西山内懷憂悔乃爲擇居賦元象初兼給事黃門侍郎後兼散騎常侍使梁還歷

大司農卿魏郡尹卒家無餘財遺命薄葬贈散騎常侍衛尉卿所著文筆二百餘篇子澹知名澹字彥深年十五而孤專精好學高才善屬文仕齊殿中侍御史預修五禮及撰御覽除殿中郎中書舍人與李德林脩國史入周爲納言中士隋初爲行臺禮部侍郎尋爲聘陳使主還除太子舍人廢太子勇深禮之令注庾信集撰笑苑世稱博物遷著作郎仍爲太子學士帝以魏收所撰後魏書褒貶失實平繪爲中興書事不倫序詔澹別成魏史澹自道武下及恭帝爲十二紀七十八列傳別爲史論及例各一卷合九十二卷義例與魏收多所不同其一曰臣聞天子者繼天立稱終始絕名故穀梁傳太上不名曲禮天子不言出諸侯不生名諸侯尙不生名況天子乎若爲太子必須書名良由子者對父生稱父前子名禮之意也至如馬遷周之太子並皆言名漢之儲兩俱沒其諱以尊漢卑周臣子之意也竊謂雖立此理恐非其義何者春秋禮記太子必書名天王不言出此仲尼之褒貶皇王之稱謂非當時與異代遂爲優劣也班固范曄陳壽王隱沈約參差不同尊卑失序至於魏收諱儲君之名書天子之字

過又甚焉今所撰諱皇帝名書太子字欲尊君卑臣依春秋之義二曰魏氏平文以前部落之君長耳太祖遠追二十八帝並極崇高違堯舜憲章越周公典禮但道武出自結繩未師典誥當須南董直筆裁而正之反更飾非豈是觀過但力微天女所誕靈異絕世尊為始祖得禮之宜平文昭成雄據塞表英風漸盛圖南之業基自此始長孫斤之亂也兵交御坐太子授命昭成獲免道武此時后緡方娠宗廟復存社稷有主大功大孝實在獻明此之三世稱諡可也自茲以外未之敢聞其三曰幽王死於驪山厲王出奔於彘未嘗隱諱直筆書之欲以勸善懲惡詒誡將來如太武獻文並遭非命前史立紀不異天年言論之間頗露首尾殺主害君莫知姓名逆臣賊子何所懼哉今分明直書不敢回避四曰自晉德不競宇宙分崩或帝或王各自署置其生略如敵國書死便同庶人凡處華夏之地者皆書曰卒同之吳楚潛又以為司馬遷創立紀傳已來述者非一人無善惡皆為立論計在身行迹具在正書事既無奇不足懲勸再述乍同銘頌重敘唯覺繁文案丘明亞聖之才發揚聖旨言君子曰者無非甚泰

其間尋常直言而已今所撰史竊有慕焉可爲勸戒者論其得失其無益者所不論也上覽而善之未幾而卒有集三十卷子罕言澹弟彥玄位洧州司馬子滿行

魏蘭根字蘭根收族叔也父伯成中山太守蘭根身長八尺儀貌奇偉博學高才機警有識悟起家北海王國侍郎母憂居喪有孝稱將葬常山郡境先有董卓祠祠有柏樹蘭根以卓凶逆不應遺祠至今乃啓刺史請伐爲椁左右人言有靈蘭根了無疑懼父喪廬於墓側負土成墳憂毀殆於滅性正光末尚書令李崇爲大都督討蠕蠕以蘭根爲長史因說崇曰緣邊諸鎮控攝長遠昔時初置地廣人稀或徵發中原強宗子弟或國之肺腑寄以爪牙中年以來有司乖實號曰府戶役同廝養官婚班齒致失清流而本宗舊類各各榮顯顧瞻彼此理當憤怨宜改鎮立州分置郡縣凡是府戶悉免爲平人入仕次第一準其舊此計若行國家庶無北顧之慮崇以奏聞事寢不報孝昌初爲岐州刺史從行臺蕭寶夤討破宛川俘其人爲奴婢以美女十人賞蘭根蘭根辭曰此縣介於

強虜故成背叛今當恤其飢寒奈何並充僕隸於是盡以歸其父兄部內麥多五穗隣州田鼠爲災犬牙不入其境及蕭寶夤敗於涇州岐州人因蘭根降賊寶夤兵威復振城人復斬賊刺史侯莫陳仲和推蘭根復任朝廷以蘭根得西土人心加都督涇岐東秦南岐四州諸軍事兼四州行臺尚書孝昌末河北流人南度以蘭根兼尚書使齊濟二兗四州安撫幷置郡縣蘭根甥邢杲反於青光間復詔蘭根慰勞杲不下仍隨元天穆討之還拜中書令莊帝之將誅尒朱榮蘭根泄之於兄子周達周達告尒朱世隆及榮死蘭根憂不知所出時應詔王道習見信於莊帝蘭根乃託附之求出立功乃兼尚書右僕射河北行臺定州率募鄉曲欲防井陘爲榮將侯深所敗走依勃海高乾屬乾兄弟義舉因在中山神武以宿望深禮之中興初爲尚書右僕射神武將入洛陽時廢立未決令蘭根察節閔帝帝神采高明蘭根恐於後難測遂與高乾兄弟及黃門侍郎崔㥄同請神武不得已遂立武帝太昌初加侍中開府儀同三司鉅鹿縣侯啓授兄子周達蘭根既預勳業位居端副始敘復岐州勳封永興與侯高乾之死蘭

根懼以病免天平初言病篤以開府儀同歸本鄉門施行馬武定三年薨贈司
徒公謚曰文宣長子相如襲爵相如性亢直有文藻與族兄愷齊名雅爲當時
所貴早卒孝昭時佐命功臣配饗不及蘭根次子敬仲表訴竟不允敬仲以才
器稱卒於章武太守子餉字孝衡幼孤學涉有時譽居喪以孝聞隋饒州司倉
參軍事子景義景禮並有才行鄉人呼爲雙鳳早卒敬仲弟少政位至洛州刺
史子孝該孝幾愷自散騎常侍遷青州長史固辭文宣大怒曰何物漢子與官
不就時帝已失德朝廷爲之懼愷容色坦然帝曰死與長史任卿所擇答曰能
殺臣者陛下不受長史者愚臣帝謂楊愔曰何慮無人苦用此漢放還永不須
收由是積年沉廢後遇愔於路微自陳愔云咸由中旨愷應聲曰雖復零雨自
天終待雲與四岳公豈得言不知楊愔欣然曰此言極爲簡要數日除霍州刺
史在職有政理後卒於膠州刺史
論曰伯起少頗疎放不拘行檢及折節讀書鬱爲偉器學博今古才極從橫體
物之旨尤爲富贍足以入相如之室游尼父之門勒成魏籍追蹤班馬婉而有

則繁而不蕪持論序言鉤深致遠但意存實錄好抵陰私至於親故之家一無所說不平之議見於斯矣王松年李庶等並論正家門未爲謗議遂憑附時宰鼓動淫刑庶因鞭撻而終此公之失德長賢思樹風聲抗言昏俗有朱子游之風季景父子雅業相傳抑弓冶之義蘭根道冠時英功參霸業亦一代之偉人也

北史卷五十六

北史卷五十六考證

魏收傳○查魏書列女傳及所補序傳幷齊書收傳多有與本傳不合處

梁州刺史傅豎眼子故中心以爲愧○故魏書作敬和蓋豎眼子之名而此訛爲故耳

收有賤生弟仲同先未齒録○未監本訛求今改從魏書

時孝武內有閒隙○孝武下魏書齊書俱有猜忌神武四字

然收常所欺忽季景○所魏書齊書俱無之

文襄曰魏收恃才無宜適須出其短○齊書作魏收恃才使氣卿須出其短

其後崔浩典史游允程駿李彪崔光李琰之郎知世修其業○郎知二字魏書作徒

收頗急不甚能平○一本收字下有性字

穪肉度骨膏脣挑舌怨惡莫之先○監本膏字下脫脣字舌字訛古字之先二字訛不字直不成文今據齊書改正

昔遯瑗識四十九非顏子躡幾三月不違○齊書無躡字

收曰天下事皆由王○監本脫王字今從南本增正

魏長賢傳思樹不朽之業○朽監本訛朽今改正

闞根傳從行臺蕭寶夤討破宛川○川齊書作州

因在中山神武以宿望深禮之○因監本訛固今從齊書改正又一本神武下

有至字

位至洛州刺史○洛監本訛落今改正

北史卷五十六考證

北史卷五十七

唐　李延壽撰

列傳第四十五

周宗室

邵惠公顥（子什肥 導 護 叱羅協 馮遷）　杞簡公連　莒莊公洛生　虞國公仲

廣川公測（弟深 深子孝伯）　東平公神舉（弟慶）

邵惠公顥周文帝之長兄也德皇帝娶樂浪王氏是爲德皇后生顥性至孝居德皇后喪哀毀過禮德皇帝與衞可瓌戰墜馬顥與數騎奔救乃免顥遂戰歿保定初追贈大冢宰封邵國公諡曰惠三子什肥導護

什肥事母以孝聞文帝入關不能離母遂留晉陽文帝定秦隴什肥爲齊神武所害保定初追贈大將軍小冢宰襲爵邵國公諡曰景子冑嗣冑少孤頗有幹略景公之見害以年幼下蠶室保定初詔以晉公護子會紹景公封天和中與齊通好冑歸襲爵邵國公及隋文帝輔政冑爲榮州刺史舉兵應尉遲迥爲清

河公楊素所殺國除會字乾仁胄至自齊改封譚國公後與護同誅建德三年追復封爵常武公

導字菩薩少雄豪初與諸父在葛榮中榮敗還晉陽與文帝隨賀拔岳入關常從征伐文帝討侯莫陳悅導追斬之牽屯山以功封饒陽縣伯及魏文帝東征留導爲華州刺史既而趙青雀于伏德慕容思慶等作亂導禽伏德斬思慶屯渭橋會文帝軍及事平進爵章武郡公加侍中及高仲密以北豫州降文帝東征復以導爲大都督行華州刺史甚得守扞之方及大軍不利東魏追至稠桑知關中有備乃退侯景來附詔徵隴右大都督獨孤信東下令導代信爲秦州刺史大都督十五州諸軍事及齊氏稱帝文帝討之魏文帝遣齊王廓鎮隴右徵導拜大將軍大都督二十三州諸軍事屯咸陽大軍還乃旋舊鎮導性寬明善撫御文帝每出征導恆居守深爲吏人所附朝廷重之薨於上邽魏帝遣侍中漁陽王綱監護喪事贈尚書令諡曰孝朝議以導撫和西戎威恩顯著欲令世鎮隴右以彰厥德乃葬上邽城西無疆原華戎會葬者萬餘人奠祭於路悲

號振野皆曰我君捨我乎大小相與負土成墳高五十餘尺周回八十餘步爲官司所止然後泣辭而去天和五年重贈太師柱國公導五子廣亮翼椿衆亮椿出後於杞

廣字乾歸少方嚴好文學武成初位大將軍梁州總管進封蔡國公累遷秦州刺史總管十三州諸軍事性明察善撫綏人庶畏悅之時晉公護諸子及廣弟杞公亮等侈靡踰制廣獨率禮又折節待士朝野稱焉曾侍於武帝所食瓜美持以奉進帝悅之廣以晉公護擅權勸令挹損護不能納後除陝州總管以病免及孝公追封豳國公詔廣襲爵初廣母李氏以患憂而成疾遂歿廣居喪加篤乃以毀薨世稱母爲廣病廣爲母死慈孝之道極於一門武帝素服親臨其故吏儀同李充信等上表褒述申其宿志庶存儉約詔曰昔河間才藻追敘於中尉東海謙約見稱於身後可斟酌前典率由舊章使易簀之言得申遺志黜殯之請無虧令終於是贈本官加太保隴右十四州諸軍事秦州刺史諡曰文葬於隴右所司一遵儉約之典子洽嗣隋文輔政被害國除翼字乾宜封西陽

郡公早薨謚曰昭無子以杞公亮子温嗣後坐亮反誅國除衆字乾道少不慧
封天水郡公爲隋文所誅
護字薩保幼方正有志度特爲德皇帝所愛文帝之入關以年小不從普泰初始自晉陽至平涼時年十七文帝諸子並幼遂委以家務內外無不嚴肅文帝歎之以爲類己及臨夏州留護事賀拔岳岳被害文帝至平涼以護爲都督從破侯莫陳悅後以迎魏帝功封水池縣伯從文帝禽竇泰復弘農破沙苑戰河橋並有功芒山之役爲敵人所圍賴都督侯伏龍恩救乃免坐免官尋復本位大統十三年進封中山公十五年遷大將軍與于謹征江陵進兵徑至江陵城下以待大軍至圍而剋之師還護又討平襄陽蠻帥向天保等萬餘落初行六官拜司空文帝西巡至牽屯山遇疾召護至涇州見文帝帝曰吾形容若此必不濟諸子幼天下事以屬汝護涕泣奉命行至雲陽文帝崩護祕之至長安乃發喪時嗣子沖幼強寇在近人情不安護綱紀內外撫循文武衆心乃定先是文帝常云我得胡力當時莫曉其指時人以護字當之尋拜柱國文帝山陵畢

護以天命有歸遣諷魏帝以禪代事孝閔踐阼拜大司馬封晉國公邑萬戶趙貴獨孤信等將謀襲護護因貴入朝執之黨與皆伏誅拜大冢宰時司會李植軍司馬孫恆等密要宮伯乙弗鳳張光洛賀拔提元進等爲腹心說帝言護不守臣節宜圖之帝然之數將武士於後園爲執縛勢護微知之出植爲梁州恆爲同州欲遏其謀後帝思植等每欲召之護諫曰天下至親不過兄弟若兄弟自搆嫌隙他人何易可親但恐除臣後姦回得逞其欲非唯不利陛下亦危社稷因泣涕久之乃止帝猶猜鳳等益懼密謀滋甚遂剋日將誅護光洛告護護乃召柱國賀蘭祥小司馬尉遲綱等以鳳謀告之祥並勸廢帝時綱總領禁兵護乃遣綱入宮召鳳等議事以次執送護第因罷散宿衞兵遣祥逼帝幽於舊邸於是召公卿畢集護第護曰先王勤勞王業三十餘年寇賊未平奄棄萬國寡人地則猶子親受顧命以略陽公既居正嫡與公等立而奉之革魏興周爲四海主自卽位已來荒淫無度昵近羣小疎忌骨肉大臣重將咸欲誅夷若此謀遂行社稷必致傾覆寡人若死將何面目以見先王今日寧負略陽公豈可

負社稷寧都公年德兼茂仁孝聖慈今欲廢昏立明公等以爲何如羣公咸曰
此公之家事敢不唯命是聽於是斬鳳等於門外幷誅植恆尋弑帝迎明帝於
岐州而立之二年拜太師賜路車冕服封子至爲崇業郡公初改雍州刺史爲
牧以護爲之幷賜金石之樂武成元年護上表歸政帝許之軍國大事尚委於
護帝性聰睿有識量護深憚之有李安者本以鼎俎得寵於護擢爲膳部下大
夫至是護令安自因進食加毒帝遂崩護立武帝百官總己以聽護自文帝爲
丞相立左右十二軍總屬相府文帝崩後皆受護處分凡所徵發非護書不行
護第屯兵禁衞盛於宮闕事無巨細皆先斷後聞保定元年以護爲都督中外
諸軍事令五府總於天官或有希護旨者云周公德重魯立文王之廟以護功
比周公宜用此禮於是詔於同州晉國第立德皇帝別廟使護祭焉三年詔自
今詔誥及百司文書並不得稱公名以彰殊禮護抗表固讓初文帝創業即與
突厥和親謀爲掎角共圖高氏是年乃遣柱國楊忠與突厥東伐破齊長城至
幷州而還期後年更舉南北相應齊主大懼先是護母閻與皇第四姑及諸戚

屬並沒齊皆被幽縶護居宰相後每遣閒使尋求莫知音息至是並許還朝且請和好四年皇姑先至齊主以護權重乃留其母以爲後圖仍令人爲閻作書與護曰吾念十九入汝家今以八十矣凡生汝輩三男二女今日目下不覩一人與言及此悲纏肌骨賴皇齊恩卹差安衰暮又得與汝楊氏姑及汝叔母紇干汝嫂劉及汝新婦等同居頗以自適但爲微有耳疾大語方聞行動飲食幸無多損汝與吾別之時年尚幼小以前家事或不委曲昔在武川鎮生汝兄弟大者屬鼠第二屬兔汝身屬蛇鮮于脩禮起日吾合家大小先在博陵郡住相將欲向左人城至唐河北被定州官軍打敗汝祖及第二叔時俱戰亡叔母賀拔及兒元寶汝叔母紇干及兒菩提幷吾與汝六人同被禽捉入定城未幾閒將吾及汝送與元寶掌賀拔紇干各別分散寶掌軍營在唐城內經停二日寶掌所掠得男夫女婦可六七千人悉送向京吾時與汝同被送限至定州城南夜宿同鄉人姬庫根家蠕蠕奴望見鮮于脩禮營火語吾云我今走向本軍既至營遂告吾輩在此明旦日出汝叔將兵邀截吾及汝等還得向營汝時年十

二共吾並乘馬隨軍可不記此事由緣也後吾共汝在壽陽任時元寶菩隄及
汝姑兒賀蘭盛洛并汝身四人同學博士姓成爲人嚴惡汝等四人謀欲加害
吾共汝叔母聞知各捉其兒打之唯盛洛無母獨不被打後尒朱天柱亡歲賀
拔阿斗泥在關西遣人迎家累汝叔亦遣奴來富迎汝及盛洛等汝時着緋綾
袍銀裝帶盛洛着紫織成纈通身黃綾裏並乘騾同去盛洛小於汝三人並喚
吾作阿摩敦如此之事當分明記之今又寄汝小時所着錦袍表一領至宜檢
看知吾含悲抱戚多歷年祀禽獸草木母子相依吾有何罪與汝分隔今復何
福還望見汝世間所有求皆可得母子異國何處可求假汝貴極公王富過山
海有一老母八十之年飄然千里死亡旦夕不得一朝暫見不得一日同處寒
不得汝衣飢不得汝食汝雖窮榮極盛光耀世間汝何用爲於吾何益吾今日
之前汝既不得申其供養事往何論今日以後吾之殘命唯繫於汝戴天履地
中有鬼神勿云冥昧而可欺負楊氏姑今雖炎暑猶能先發關河阻遠隔絕多
年書依常體慮汝致惑是以每存款質兼亦載吾姓名當識此理勿以爲怪護

性至孝得書悲不自勝左右莫能仰視報書云區宇分崩遭遇災禍違離膝下三十五年受形稟氣皆知母子誰知薩保如此不孝宿殃積戾唯應賜鍾豈悟網羅上嬰慈母但立身立行不負一物明神有識宜先哀憐而子爲公侯母爲俘隸熱不見母熱寒不見母寒衣不知有無食不知飢飽泯如天地之外無由暫聞晝夜悲號繼之以血分懷冤酷終此一生死若有知冀奉見於泉下耳不謂齊朝解網惠以德音摩敦四姑並許哀放初聞此旨魂爽飛越號天叩地不能自勝四姑卽蒙禮送平安入境以今月十八日於河東拜見遙奉顏色崩慟肝腸但離絕多年存亡阻隔相見之始口未忍言唯敘齊朝寬弘每存大德云與摩敦雖處宮禁常蒙優禮今者來鄴恩遇彌隆重降矜哀聽許摩敦垂敕曲盡悲酷備述家事伏讀未周五情屠割書中所道無一事敢忘摩敦年尊又加憂苦常謂寢食貶損或多遺漏伏奉論述次第分明一則以悲一則以喜當鄉里被敗之日薩保年以十歲鄰曲舊事猶自記憶況家門禍難親戚流離奉辭時節先後慈訓刻肌刻骨常纏心府天長喪亂四海橫流太祖乘時齊朝撫運

兩河三輔各遇神機源其事迹非相負背太祖升遐未定薩保屬當猶子之長親受顧命雖身居重任職當憂責至於歲時稱慶子孫在庭顧視悲摧心情斷絕胡顏履戴負媿神明齊朝霈然之恩既已霑洽愛敬之至施及傍人草木有心禽魚感澤況在人倫而不銘戴有國有家信義為本伏度來期已應有日一得奉見慈顏永畢生願生死肉骨豈過今恩負山戴岳未足勝荷二國分隔理無書信主上以彼朝不絕母子之恩亦賜許奉答不期今日得通家問伏紙鳴咽言不宣心蒙寄薩保別時所留錦袍表年歲雖久宛然猶識抱此悲泣至於拜見事歸忍死知復何心齊朝不即發遣更令重與護書要護重報護復書往返至於再三而母竟不至朝議以其失信令有司移齊移未送而母至舉朝慶悅大赦天下護與母暌隔多年一朝聚集凡所資奉窮極華盛每四時伏臘武帝率諸親戚行家人禮稱觴上壽榮貴之極振古未聞是年突厥復率衆赴朝護以齊氏初送國親未欲即行復慮失信蕃夷不得已遂請東征九月詔徵二十四軍及左右廂散隸秦隴巴蜀兵諸蕃國衆二十萬人十月帝於廟庭授護

斧鉞出軍至潼關乃遣柱國尉遲迥爲前鋒大將軍權景宣率山南兵出豫州少師楊摽出軹關護連營漸進屯軍弘農迥圍洛陽柱國齊王憲鄭公達奚武等營芒山護性無戎略此行又非本心故師出雖久無所克獲以無功與諸將稽首請罪帝弗之責天和二年護母薨尋詔起令視事五年詔賜護軒懸之樂六佾之舞護性甚寬和然暗於大體自恃建立功久當權軸所任皆非其人兼諸子貪殘僚屬縱溢莫不蠹政害人帝以其暴慢密與衞王直圖之七年三月十八日護自同州還帝御文安殿見護訖引入含仁殿朝皇太后先是帝於禁中見護常行家人禮護謁太后太后必賜之坐帝每立侍至是護將入帝謂曰太后春秋既尊頗好酒諸親朝謁或廢引進喜怒有時乖爽比諫未蒙垂納兄今願更啓請因出懷中酒誥授護曰以此諫太后護入如帝所誡讀示太后未訖帝以玉珽自後擊之踣地又令宦者何泉以御刀斫之泉懼斫不能傷時衞王直先匿於戶內乃出斬之初帝欲圖護王軌宇文神舉宇文孝伯頗預其謀是日軌等並在外更無知者殺護訖乃召宫伯長孫覽等卽令收護子柱國譚

國公會大將軍莒國公至崇業公靜正平公乾嘉及乾基乾光乾蔚乾祖乾威等幷柱國侯伏侯龍恩龍恩弟大將軍萬壽大將軍劉勇中外府司錄尹公正袁傑膳部下大夫李安等於殿中殺之齊王憲曰安出自阜隸所典庖廚而已未足加戮帝曰汝不知耳世宗之崩安所爲也十九日乃詔暴護等罪大赦改天和七年爲建德元年護世子訓爲蒲州刺史其夜遣柱國越公盛乘傳鎭蒲州徵訓赴京師至同州賜死護長史叱羅協司錄馮遷及所親任者皆除名護子昌城公深使突厥遣開府宇文德齎璽書就殺之三年詔復護及諸子先封諡護曰蕩並改葬之叱羅協代郡人本名與武帝諱同後改焉少寒微嘗爲州小吏以恭謹見知竇泰爲御史中尉以協爲書侍御史泰向潼關協爲監軍泰死協見獲文帝授大丞相東閤祭酒累遷相府屬從事中郎協歷事二京詳練故事又深自剋勵文帝頗委任之然猶以家屬在東疑其戀本及河橋戰敗協隨軍還文帝知協不貳封冠軍縣男進爵爲侯後爲大將軍尉遲迥長史率兵伐蜀行潼州事魏恭帝三年文帝徵協入朝論蜀中事乃賜姓宇文氏晉公護

既殺孫恆李直等欲委腹心於司會柳慶司憲令狐整等二人並辭俱薦協護遂徵協入朝引與同宿深寄託之協誓以軀命自效護大悅以爲得協之晚稍遷護府長史進爵爲公常在護側明帝知其材識庸淺每按抑之數謂曰汝何知也猶以護所親任每含容之及明帝崩便授協司會中大夫中外府長史協形貌瘦小舉措褊急既以得志每自矜高又其所言多乖事衷當時莫不笑之護以其忠己每提獎之協既受護重委冀得婚連帝室乃求復舊姓叱羅氏許之又進位柱國護以協年老許其致仕而協貪榮未肯告休及護誅除名建德三年以協宿齒授儀同三司賜爵南陽郡公卒子金剛嗣馮遷字羽化弘農人少脩謹有幹能爲護府司錄性質直小心畏慎兼明練時事善於斷決每校閱文簿孜孜不倦以此甚爲護委任後授陝州刺史遷本寒微不爲時輩所重一旦刺舉本州唯以謙恭接待鄉邑人無怨者復入爲司錄累遷小司空自天和後以年老委任稍衰及護誅猶除名卒於家子恕位儀同三司

杞簡公連幼而謹厚臨敵果毅隨德皇帝遇定州軍於唐河俱戰歿保定初追

贈太傅柱國大將軍大司徒封杞國公謚曰節子元寶爲齊神武所害保定初
追贈大將軍小司徒襲封杞國公謚曰烈以章武公導子亮嗣亮字乾德位梁
州總管及豳國公廣薨以亮爲秦州總管廣所部悉以配焉在州甚無政績尋
進柱國從東伐進上柱國仍從平鄴遷大司徒大象初以行軍總管與元帥鄖
國公韋孝寬等伐陳還至豫州密謀襲孝寬營將反逆孝寬追斬之胲明坐亮
誅詔以亮弟椿爲烈公後椿字乾壽位上柱國大司徒大定中爲隋文帝所害
幷其五子
莒莊公洛生少任俠好施愛士北州賢俊皆與之游而才能多出其下及葛榮
破鮮于脩禮以洛生爲漁陽王仍領德皇帝餘衆時人皆呼爲洛生王洛生善
撫將士是以克獲常冠諸軍尒朱榮定山東時洛生在虜中榮雅聞其名心憚
焉尋爲榮所害保定初追贈大將軍封莒國公謚曰莊子菩薩爲齊神武所害
保定初追贈大將軍小宗伯襲爵謚曰穆以晉公護子至嗣至字乾附後坐父
護誅詔以衞王直子賓爲穆公後賓字乾瑞尋坐直誅而齊王憲子廣都郡公

貢襲貢字乾貞宣帝初被誅國除

虞國公仲德皇帝從父兄也卒於代保定初追贈太傅柱國大將軍大司徒封虞國公子興嗣興生屬兵亂與仲相失年幼莫知其戚屬遠近與文帝兄弟初不相識沙苑之敗預在行間被虜隨例散配諸軍興性弘厚有志度雖流離世故而風範可觀保定二年詔訪仲子孫興始附屬籍武帝以與帝戚近屬尊禮之甚厚位開府儀同三司宗師襲爵虞國公薨武帝親臨慟焉詔大司空中國公李穆監護喪事贈柱國大將軍謚曰靖子洛嗣位儀同三司隋初爲介國公爲隋室賓云

廣川公測字澄鏡文帝之族子也高祖中山曾祖豆頽祖騏驎父永仕魏位並顯達測性沉密少篤學仕魏位司徒右長史尙宣武女陽平公主拜駙馬都尉及孝武疑齊神武詔測詣文帝密爲之備還封廣川縣伯尋從孝武西遷進爵爲公文帝爲丞相以測爲右長史委以軍國又令測詳定宗室昭穆遠近附於屬籍歷位侍中開府儀同三司行汾州事政在簡惠頗得人和地接東魏數相

抄竊或有獲其爲寇者多縛送之測皆命解縛置之賓館然後引與相見如客禮焉仍宴設放還其國衞送出境自是東魏人大慙乃不爲寇兩界遂通慶弔時論方之羊叔子或有告測懷貳文帝怒曰測爲我安邊何爲間骨肉乃命斬之仍許測便宜從事轉行綏州事每歲河冰合後突厥卽來寇掠先是常預遣居人入城堡以避之測至皆令安堵乃於要路數百處並多積柴仍遠斥候知其動靜是年十二月突厥從連谷入寇去界數十里測命積柴處一時縱火突厥謂大軍至懼而遁走委棄雜畜輜重不可勝數自是不敢復至測因請置戍兵以備之後卒於太子少保文帝親臨慟焉仍令水池公監護喪事謚曰靖測性仁恕好施與在洛陽之日曾被竊盜所失物卽其妻陽平公主之衣服也州縣禽盜幷物俱獲測恐此盜坐之以死不認焉遂遇赦免盜既感恩請爲測左右及測從孝武西遷事極狼狽盜人亦從測入關並無異志子該嗣位除州刺史測弟深

深字奴干性鯁正有器局年數歲便累石爲營折草作旌旗布置行伍皆有軍

陣之勢父永遇見之喜曰汝自然知此後必為名將孝武西遷事起倉卒人多
逃散深時為子都督領宿衛兵撫循所部並得入關以功賜爵長樂縣伯大統
中累轉尚書直事郎中及齊神武屯蒲坂分遣其將竇泰趨潼關高敖曹圍洛
州周文帝將襲泰諸將咸難之帝隱其事陽若未有謀獨問策於深深曰竇氏
高歡驍將歡每仗之禦侮今大軍就蒲坂則歡拒守竇必援之內外受敵取敗
道也不如選輕銳潛出小關竇性躁急必來決戰高歡持重未即救之則竇可
禽也虜竇歡勢自沮迴師禦之可以制勝文帝喜曰是吾心也軍遂行果獲泰
齊神武亦退深又說文帝進取弘農復剋之文帝大悅謂深曰君即吾家陳平
也是冬齊神武又率大衆至沙苑諸將皆懼惟深獨賀文帝問其故對曰歡撫
河北甚得衆心雖乏智謀人皆用命以此自守未易可圖今懸師度河非衆所
欲唯歡恥失竇氏愎諫而來所謂忿兵一戰可禽也不賀何為文帝然之尋大
破齊軍果如所策俄進爵為侯六官建拜小吏部下大夫遷中大夫武成元年
還豳州刺史改封安化縣公保定初除京兆尹入為司會中大夫深少喪父事

兄甚謹性多奇譎好讀兵書既居近侍每進籌策及在選曹頗有時譽性仁愛從弟神舉神慶幼孤深撫訓之義均同氣世亦以此稱焉卒於位謚曰成康子孝伯

孝伯字胡王其生與武帝同日文帝甚愛之養於第內及長又與武帝同學武成元年拜宗師上士時年十六性沉正謇諤好直言武帝卽位欲引置左右時政在家臣不得專制乃託言少與同業受經思相啓發由是護弗之猜得入爲右侍上士恆侍讀及遭父憂詔令服中襲爵武帝嘗謂曰公於我猶漢高與盧綰也賜以十三環金帶自是恆侍左右出入臥內朝務皆得預焉孝伯亦竭心盡力無所回避至於時政得失外間細事皆以奏聞帝信委之當時莫比及將誅晉公護密與衞王直圖之惟孝伯及王軌宇文神舉等頗得參預護誅授開府儀同三司歷司會中大夫左官正皇太子既無令德孝伯言於帝曰皇太子德聲未聞請妙選正人爲其師友調護聖質不然悔無所及帝斂容曰卿世載鯁正竭誠所事觀卿此言有家風矣孝伯拜謝曰非言之難受之難也深願陛

下思之帝曰正人豈復過君於是以尉遲運爲右宮正孝伯仍爲左宮正宗師
中大夫累遷右宮伯常因侍坐帝問我兒比進不答曰皇太子比懼天威更無
罪失及王軌因內宴捋帝鬚言太子之不善帝罷酒責孝伯曰公常謂我云太
子無過今軌有此言公爲誑矣孝伯拜曰臣聞父子之際人所難言臣知陛下
不能割情忍愛遂爾結舌帝知其意默然久之乃曰朕已委公公其勉之及大
軍東討拜內史下大夫令掌留臺事軍還帝曰居守之重無忝戰功於是加授
大將軍進爵廣陵郡公并賜金帛女妓等復爲宗師每車駕巡幸常執其手令
居守後帝北討至雲陽宮寢疾驛召孝伯赴行所執其手曰吾自量必無濟理
以後事付君是夜授司衞上大夫總宿衞兵馬令馳驛入京鎮守宣帝卽位授
小冢宰帝忌齊王憲意欲除之謂孝伯曰公能圖之當以其官位相授孝伯叩
頭曰齊王戚近功高棟梁所寄臣若順旨則臣爲不忠陛下不孝之子也帝因
疎之乃與于智鄭譯等圖其事令智告憲謀逆遣孝伯召入誅之帝之西征也
在軍有過行鄭譯時亦預焉軍還孝伯及王軌盡以白武帝武帝怒撻帝數十

乃除譯名至是帝追憾被杖乃問譯我脚上杖痕誰所爲也譯曰事由宇文孝伯及王軌譯又說軌捋帝鬚事帝乃誅軌尉遲運懼私謂孝伯曰吾徒必不免禍奈何孝伯曰今堂上有老母地下有武帝爲臣爲子知欲何之且委質事人本徇名義諫而不入將焉逃死足下若爲身計宜且遠之於是各行其志運尋出爲秦州總管帝荒淫日甚誅戮無度孝伯頻諫不從由是益踈後稽胡反令孝伯爲行軍總管從越王盛討平之及軍還帝將殺之乃託以齊王事誚之曰公知齊王謀反何以不言對曰臣知齊王忠於社稷爲羣小媒孽加之以罪臣以言必不用所以不言且先帝屬微臣輔陛下今諫而不從實負顧託以此爲罪是所甘心帝慙俛首不語令賜死於家時年三十六及隋文帝踐極以孝伯王軌忠而獲罪並令收葬復其官爵嘗謂高熲曰宇文孝伯實有周良臣若此人在朝我輩無措手處子歆嗣

東平公神舉文帝之族子也高祖普陵曾祖求男仕魏位並顯達祖金殿魏兗州刺史安喜縣侯父顯和少而襲爵性矜嚴頗涉經史膂力絕人彎弓數百斛

能左右馳射孝武之在蕃顯和早蒙眷遇時屬多難嘗問計於顯和顯和具陳宜杜門晦迹相時而動帝深納焉及即位拜閤內都督封城陽縣公以恩舊遇之甚厚顯和所居隘陋乃撤殿省賜爲寢室其見重如此及齊神武專政帝每不自安問顯和曰天下洶洶將如之何對曰莫若擇善而從因誦詩云彼美人兮西方之人兮帝曰是吾心也遂定入關策以其母老令預爲計對曰今之事忠孝不並然臣不密則失身安敢預爲私計帝愴然改容曰卿我之王陵也還朱衣直閤閤內大都督改封長廣縣公從孝武入關至溱水周文帝素聞其善射而未之見俄而水傍有一小鳥顯和射中之文帝笑曰我知卿工矣進位車騎大將軍儀同三司散騎常侍卒建德三年追贈驃騎大將軍開府儀同三司

神舉早孤有夙成之量及長神情倜儻志略英贍眉目疎朗儀貌魁梧明帝初起家中侍上士帝留意翰林而神舉雅好篇什每游幸神舉恒從襲爵長廣縣公天和元年累遷右宮伯中大夫進爵清河郡公建德三年自京兆尹出爲熊州刺史齊人憚其威名及帝東伐從平并州即授刺史州既齊氏別都多有姦

猾神舉示以威恩遠近悅服改封武德郡公進柱國大將軍又改封東平郡公宣政元年轉司武上大夫及幽州人盧昌期等據范陽反詔神舉討禽之時齊黃門侍郎盧思道亦在反中賊平將解衣伏法神舉乃釋而禮之即令草露布屬稽胡反寇西河神舉與越王盛討之時突厥赴救神舉以奇兵擊之突厥敗走稽胡欵服即授并州總管神舉見待於武帝處心腹之任王軌宇文孝伯等屢言皇太子之短神舉亦頗預焉及宣帝即位荒淫無度神舉懼及禍懷不自安初定范陽之後威聲甚振帝亦忌其名望兼以宿憾遂使人賫酖酒賜之薨於馬邑時年四十八神舉美風儀善辭令博涉經史性愛篇章尤工騎射臨戎對寇勇而有謀莅職當官每著聲績兼好施愛士以雄豪自居故得任兼文武聲彰外內百寮無不仰其風則先輩舊齒至於今稱之子同嗣位至儀同大將軍神舉弟慶

慶字神慶沉深有器局少以聰敏見知初受業東觀頗涉經史既而謂人曰書足記姓名而已安能久事筆硯爲腐儒業乎時文州賊亂慶應募從征以功授

都督衞王直鎭山南引爲左右慶善射有膽氣好格猛獸直甚壯之稍遷車騎大將軍儀同三司及誅宇文護慶有謀焉進授驃騎大將軍加開府從武帝攻河陰先登攀堞與賊短兵接中石乃墜絕而後蘇帝勞之曰卿勇可以賈人也復從武帝拔晉州齊兵大至慶與齊王憲輕騎覘卒與賊遇憲挺身而遁慶退據汾橋衆賊爭進慶射之所中人馬必倒賊乃稍却及拔高壁剋并州下信都禽高湝功並居最進位大將軍封汝南郡公尋以行軍總管擊延安反胡平之歷延寧二州總管隋文帝爲丞相以行軍總管征江表次白帝以勞進上大將軍帝與慶有舊甚見親待令督丞相軍事委以心腹尋加柱國開皇初拜左武衞將軍進上柱國數年除涼州總管歲餘徵還不任以職初文帝龍潛時嘗與慶言謂曰天元質無積德其相貌壽亦不長加以法令繁苛躭恣聲色以吾觀之殆將不久又諸侯微弱各令就國曾無深根固本之計羽翮既翦何能及遠尉遲迥貴戚早著聲望國家有釁必爲亂階然智量庸淺子弟輕佻貪而少惠終致亡滅司馬消難反覆之虜亦非池內之物變在俄頃但輕薄無謀未能爲

害不過自竄江南耳庸蜀險隘易生艱阻王謙愚惷素無籌略但恐爲人所誤不足爲虞未幾上言皆驗及此慶恐上遺忘不復收用欲見舊蒙恩顧具錄前言爲表奏之上省表大悅下詔曰朕言之驗自是偶然公乃不忘彌表誠節深感至意嘉尚無已自是上每加優禮卒於家子靜亂尚隋文女廣平公主位儀同安德縣公熊州刺史先慶卒靜亂子協位右翊衛將軍宇文化及之亂遇害協弟晶字婆羅門大業中養于宮內後爲千牛左右煬帝甚親昵之每有游宴必侍從至於出入卧內伺察六宮往來不限門禁時人號爲宇文三郎與宮人淫亂至於妃嬪公主亦有醜聲蕭后言於帝晶聞懼不敢見協因奏晶壯不可久在宮掖帝不之罪召入待之如初化及殺逆際爲亂兵所害

論曰自古受命之君及守文之王非獨異姓之輔亦有骨肉之助焉其茂親則有魯衞梁楚其踈屬則有凡蔣荊燕咸能飛聲騰實不滅於百代之後至若豳孝公之勳烈加之以善政蔡文公之純孝飾之以儉約莪莪焉足以轥於前載矣有周受命之始宇文護實預艱難及文后崩殂諸子沖幼羣公懷等夷之士

天下有去就之心卒能變魏爲周捍危獲乂者護之力也向使加之以禮讓經之以忠貞桐宮有悔過之期未央終天年之數則前史所載焉足道哉然護寡於學術昵近羣小威福在己征伐自出有人臣無君之心爲人主不堪之事終於妻子爲戮身首横分蓋其宜也當隋氏之起假天威而服海内胄以葭莩之親據一州而叶義舉可謂忠而能勇功業不遂悲夫亮實庸才圖非常於巨逆古人稱不度德不量力者其斯之謂歟宇文測兄弟驅馳於經綸之日孝伯神舉盡言於父子之閒觀其智勇忠概並可追蹤於古人矣

北史卷五十七

北史卷五十七考證

邵惠公顥傳德皇帝與衞可瓌戰墜馬○瓌周書作孤

導傳魏帝遣侍中漁陽王綱○綱周書作繩

廣傳初廣母李氏以患憂而成疾遂歿○周書母李氏以廣患彌年憂而成疾

因此致歿

護傳以次執送護第○第監本訛弟今改正

先是護母閻與皇第四姑及諸戚屬並沒齊○先是二字監本注闕今從周書

增入

不謂齊朝解綱惠以德音○綱監本訛網今改從周書

杜國齊王憲鄭公達奚武等○武監本訛成今改從周書

杞簡公連傳子元寶○元周書作光

亮傳胘明坐亮誅○胘周書作子蓋謂亮之子名明也今作胘明應係訛字

深傳深時爲子都督領宿衞兵○子疑大字之訛然下卷李賢傳亦云曾祖富

魏太武時以子都督討兩山屠各則當時官名固有子都督也

孝伯傳時政在家臣不得專制○家疑應作宰

北史卷五十七考證

北史卷五十八

唐　李　延　壽　撰

列傳第四十六

周室諸王

文帝十三王　孝閔帝一王　明帝三王　武帝六王

宣帝二王

周文帝十三子姚夫人生明帝後宮生宋獻公震文元皇后生孝閔皇帝文宣叱奴皇后生武帝衞剌王直達步妃生齊煬王憲王姬生趙僭王招後宮生譙孝王儉陳惑王純越野王盛代奰王達冀康公通滕聞王逌

宋獻公震字彌俄突幼而敏達太統十六年封武邑公尚魏文帝女其年薨保定元年追贈大司馬封宋國公無子以明帝第三子實嗣建德三年進爵爲王大象中爲大前疑尋爲隋文帝害國除

衞剌王直字豆羅突魏恭帝三年封秦郡公武成初進封衞國公歷雍州牧大

司空襄州總管直武帝母弟也性浮詭以晉公護執政遂貳於帝而昵護及南討軍敗慍於免黜又請帝除護帝宿有誅護意遂與直謀之及護誅帝以齊王憲爲大冢宰直既乖本望又請爲大司馬欲擅威權帝知其意謂曰汝兄弟長幼有序何反居下列也以爲大司徒建德三年進爵爲王初帝以直第爲東宮更使直自擇所居直歷觀府署無稱意者至廢陟屺佛寺遂欲居之齊王憲謂曰弟兒女成長此寺褊小詎是所宜直曰一身尚不自容何論兒女憲恠而疑之直嘗從帝校獵而亂行帝怒對衆撻之自是憤怨滋甚及帝幸雲陽宮直在京師反攻肅章門司武尉遲運閉門不得入退走追至荊州獲之免爲庶人囚諸宮中尋有異志及其子十人並誅之國除

齊煬王憲字毗賀突性通敏有度量初封涪城縣公少與武帝俱受詩傳咸綜機要得其指歸文帝嘗賜諸子良馬惟其所擇憲獨取駮者帝問之對曰此馬色類既殊或多駿逸若從軍征伐牧圉易分帝喜曰此兒智識不凡當成重器後從上隴經官馬牧文帝每見駮馬輒曰此我兒馬也命取以賜之魏恭帝元

年進封安城郡公明帝卽位授大將軍武成初除益州總管進封齊國公初平蜀之後文帝以其形勝之地不欲使宿將居之諸子中欲有推擇徧問武帝以下誰欲此行並未及對而憲先請文帝曰刺史當撫衆臨人非爾所及以年授者當歸爾兄憲曰才用殊不關大小試而無效甘受面欺文帝以憲年尚幼未之遣明帝追遵先旨故有此授憲時年十六善於撫綏留心政術辭訟輻湊聽受不疲蜀人悅之共立碑頌德保定中徵拜雍州牧及晉公護東伐以尉遲迥爲前鋒圍洛陽齊兵數萬奄出軍後諸軍恇駭並各退散唯憲與王雄達奚武拒之而雄爲齊人所敗三軍震懼憲親自督勵衆心乃安時晉公護執政雅相親委賞罰之際皆得預焉天和三年以憲爲大司馬行小冢宰雍州牧如故四年齊將獨孤永業來寇詔憲與柱國李穆出宜陽築崇德等五城絕其糧道齊將斛律明月築壘洛南五年憲涉洛邀之明月遁走是歲明月又於汾北築城西至龍門晉公護問計於憲憲曰兄宜暫出同州爲威容憲請以精兵居前隨機攻取六年憲率衆出自龍門齊將新蔡王康德潛軍宵遁憲乃度河攻其伏

龍等四城二日盡拔又攻張壁克之斛律明月時在華容弗能救乃北攻姚襄
城陷之汾州又見圍日久憲遣柱國宇文盛運粟饋之憲自入兩乳谷襲克齊
伯杜城使柱國譚公會築石殿城以爲汾州之援齊平原王段孝先蘭陵王高
長恭引兵大至大將軍韓歡爲齊人所乘遂退憲身自督戰齊衆稍却會日暮
乃各收軍及晉公護誅武帝召憲入免冠拜謝帝謂曰汝親則同氣休戚共之
事不相涉何煩致謝乃詔憲往護第收兵符及諸簿籍等尋以憲爲大冢宰時
帝既誅宰臣親覽朝政方欲齊之以刑爰及親親亦爲刻薄憲既爲護所任自
天和後威勢漸隆護欲有所陳多令憲奏其間或有可不憲慮主相嫌隙每曲
而暢之帝亦悉其此心故得無患然猶以威名過重終不能平雖遷授冢宰實
奪其權也開府裴文舉憲之侍讀帝嘗御內殿引見謂曰昔魏末不綱太祖匡
輔元氏有周受命晉公復執威權積習生常便謂法應須爾豈有三十歲天子
可爲人所制乎且近代以來又有一弊暫經隸屬便即禮若君臣此乃亂時權
宜非經國之術爾雖陪侍齊公不得即同臣主且太祖十兒寧可悉爲天子卿

宜規以正道無令兄弟自致嫌疑文舉再拜而出歸以白憲憲指心撫几曰吾心公寧不悉但當盡忠竭節耳知復何言建德三年進爵爲王憲友劉休徵獻王箴一首憲美之休徵後又以箴上之帝方翦削諸弟甚悅其文憲嘗以兵書繁廣自刊爲要略五篇至是表陳之帝覽而稱善其秋帝於雲陽寢疾衛王直於京師舉兵帝召憲謂曰汝爲前軍吾亦續發直尋敗走帝至京師憲與趙王招俱入拜謝帝曰管蔡爲戮周公作輔人心不同有如其面但愧兄弟親尋干戈於我爲不能耳初直內忌憲憲隱而容之且以帝母弟每加友敬晉公護之誅也直固請及憲帝曰齊公心迹吾自悉之不得更有所疑及文宣皇后崩直又密啓憲飲酒食肉與平昔不異帝曰吾與齊王異生俱非正嫡特爲吾意今袒括是同汝當媿之何論得失汝親太后之子但須自勗直乃止四年帝將東討獨與內史王誼謀之餘人莫知後以諸弟才略無出憲右遂告之憲卽贊成其事及大軍將出憲表上金寶等一十六件以助軍資詔不納以憲表示公卿曰人臣當如此朕貴其心耳寧資此物乃詔憲爲前軍趣黎陽帝親圍河陰未

尅憲攻拔武濟進圍洛口拔其東西二城以帝疾班師是歲初置上柱國官以憲爲之五年大舉東討憲復爲前鋒守雀鼠谷帝親圍晉州憲進克洪洞永安二城更圖進取齊主聞晉州見圍自來援之時陳王純頓千里徑大將軍永昌公椿屯鷄棲原大將軍宇文盛守汾水關並受憲節度憲密謂椿曰兵者詭道汝今爲營不須張幕可伐柏爲菴示有處所令兵去之後賊猶致疑時齊主分軍萬人向千里徑又令其衆出汾水關自率大兵與椿對宇文盛馳告急憲自救之齊人遽退盛與柱國侯莫陳芮逐之多有斬獲俄而椿告齊衆稍逼憲又救之會被敕追還率兵夜反齊人果謂柏菴爲帳幕不疑軍退翌日始悟時帝已去晉州留憲後拒憲阻水爲陣齊領軍段暢至橋憲隔水問暢姓名暢曰領軍段暢也公復爲誰憲曰我虞候大都督耳暢曰觀公言語不是凡人何用隱名位憲乃曰我齊王也徧指陳王純已下並以告之暢鞭馬去憲卽命旋軍齊人遽追之戈甲甚銳憲與開府宇文忻爲殿拒之斬其驍將賀蘭豹子山褥瓌等齊衆乃退帝又命憲援晉州齊主攻圍晉州帝次于高顯憲率所部先向晉

州明日諸軍總集稍逼城下齊人大陣於營南帝召憲馳往觀之憲反命曰請破之而後食帝悅既而諸軍俱進應時大潰齊主遁走齊人復據高壁及洛女帝命憲攻洛女破之齊主已走鄴留其安德王延宗據幷州帝進圍其城憲攻其西面尅之延宗遁走追而獲之以功進封第二子安成公質爲河間王拜第三子賓爲大將軍仍詔憲趣鄴進尅鄴城憲善兵謀長於撫御摧鋒陷陣爲士卒先齊人聞風憚其勇略齊任城王湝廣寧王孝珩等守信都復詔憲討之仍令齊主手書招湝湝不納憲軍過趙州湝令閒諜二人覘候騎執以白憲憲乃集齊舊將徧將示之曰吾所爭者大不在汝等卽放還令充使乃與湝書憲至信都湝陣於城南登張耳冢望之俄而湝所署領軍尉相願僞出略陣遂降湝殺其妻子明日擒湝及孝珩等先是稽胡劉沒鐸自稱皇帝又詔憲督趙王招等平之憲自以威名日重潛思屏退及帝欲親征北蕃乃辭以疾尋而帝崩宣帝嗣位以憲屬尊望重深忌之時尙未葬諸王在內居服司衞長孫覽總兵輔政恐諸王有異志奏令開府于智察其動靜及山陵還帝又命智就宅候憲因

是告憲有謀帝遣小冢宰宇文孝伯謂憲曰今欲以叔爲太師九叔爲太傅十一叔爲太保何如憲辭以才輕孝伯返命復來曰詔王晚共諸王俱入既至殿門憲獨被引進帝先伏壯士於別室至卽執之憲辭色不撓固自陳說帝使于智對憲憲目光如炬與智相質或曰以王今日事勢何用多言憲曰我位重屬尊一旦至此死生有命寧復圖存但老母在堂恐留慈恨耳因擲笏於地乃縊之時年四十帝以于智爲柱國封齊國公又殺上大將軍安邑公王興上開府獨孤熊開府豆盧紹等皆以昵於憲也帝既誅憲無以爲辭故託興等與憲結謀遂加戮焉時人知其寃酷咸云伴憲死也憲所生達步干氏蠕蠕人也建德三年上冊爲齊國太妃憲有至性事母以孝聞太妃舊患屢經發動憲衣不解帶扶持左右憲或東西從役每心驚母必有疾乃馳使參問果如所慮六子貴質賨貢乾禧乾洽貴字乾福少聰敏尤便騎射始讀孝經便謂人曰讀此一經足爲立身之本十歲封安定郡公文帝始封此郡未嘗假人至是封焉年十一從憲獵於鹽州一圍中手射野馬及鹿一十有五建德二年拜齊國世子後出

爲豳州刺史貴雖出自深宮而留心庶政性聰敏過目輒記嘗道逢二人謂其左右曰此人是縣黨何因輒行左右不識貴便說其姓名莫不嗟伏白獸烽經爲商人所燒烽帥受貨不言其罪他日此帥隨例來參貴乃問云商人燒烽何因私放烽帥愕然遂即首伏其明察如此卒時年十七武帝甚痛惜之質字乾祐以憲勳封河閒郡王賓字乾禮中壩公貢出後莒莊公乾禧安成公乾洽龍涸公並與憲俱被誅

趙僭王招字豆盧突幼聰穎博涉羣書好屬文學庾信體詞多輕豔魏恭帝三年封正平郡公武成初進封趙國公歷益州總管大司空大司馬進爵爲王除雍州牧建德五年從東伐以功進位上柱國又與齊王憲討平稽胡斬賊帥劉沒鐸宣政中拜太師大象元年詔以洛州襄國郡邑萬戶爲趙王國招出就國二年宣帝不豫徵招及陳越代滕五王赴闕此招等至而帝已崩隋文帝輔政加招等殊禮入朝不趨劍履上殿隋文帝將遷周鼎招密欲圖之以匡社稷乃要隋文帝至第飲於寢室招子員貫及妃弟魯封所親人史胄皆先在左右佩

刀而立又藏兵刃於帷席間後院亦伏壯士隋文帝從者多在閤外惟楊弘元冑冑弟威及陶徹坐戶側招屢以佩刀割瓜啖隋文隋文未之疑元冑覺變扣刀而入乃以大觴親飲冑酒又命冑向廚取漿冑不爲之動滕王逌後至隋文降階迎冑因得耳語曰公宜速出隋文共逌等就坐須臾辭出後事覺諂以謀反其年伏誅招及其子德廣公員永康王貫越公乾銑弟乾鏗等國除招所著文集十卷

譙孝王儉字侯幼突武成初封譙國公建德三年進爲王從平鄴拜大冢宰薨子乾惲嗣爲隋文帝所害國除

陳惑王純字堙智突武成初封陳國公保定中使突厥迎皇后歷秦陝二州總管建德三年進爵爲王從平齊進位上柱國歷幷州總管雍州牧太傅大象元年詔以濟南郡邑萬戶爲陳國純出就國二年朝京師幷其子爲隋文帝所害國除

越野王盛字立久突武成初封越國公建德三年進爵爲王從平齊進位上柱

國歷相州總管大冢宰大象元年遷大前疑太保其年詔以豐州武當安昌二郡邑萬戶爲越國盛出就國二年朝京師并其子爲隋文帝所害國除

代奰王達字度斤突性果決善騎射武成初封代國公建德初進位柱國出爲荆州刺史有政績武帝手敕褒美之所管禮州刺史蔡澤黷貨被訟達以其勳庸不可加戮若曲法貸之又非奉上之體乃令所司精加案劾密表奏之事竟得釋終亦不言其處事周慎如此雅好節儉食無兼膳侍姬不過數四皆衣綈衣又未嘗營產國無儲積左右嘗以爲言達曰君子憂道不憂貧何煩於此三年進爲王從平齊齊淑妃馮氏尤爲齊後主所幸見獲帝以達不邇聲色特以馮氏賜之宣帝卽位進上柱國大象元年拜大右弼其年詔以潞州上黨郡邑萬戶爲代國達出就國二年朝京師及其子爲隋文帝所害國除

冀康公通字屈率突武成初封冀國公薨子絢嗣建德三年進爲王大定中亦爲隋文帝所害國除

滕聞王逌字爾固突少好經史解屬文武成初封滕國公建德三年進爵爲王

宣政元年進位上柱國大象元年詔以荆州新野郡邑萬戶爲滕國逌出就國
三年朝京師爲隋文帝所害幷其子國除逌所著文章頗行於世
孝閔帝一男陸夫人生紀厲王康字乾安保定初封紀國公建德三年進爵爲
王出爲利州總管康驕侈無度遂有異謀司錄裴融諫康殺之五年詔賜康死
子湜嗣大定中爲隋文帝所害國除
明帝三男徐妃生畢剌王賢後宮生酆王貞宋王實實出後宋獻公震
畢剌王賢字乾陽保定四年封畢公建德三年進爵爲王歷荆州總管大司空
大象初進上柱國雍州牧太師明年宣帝崩賢性強濟有威略慮隋文帝傾覆
宗祏言泄幷其子被害國除
酆王貞字乾雅初封酆國公建德三年進爵爲王大象初爲大冢宰大定中幷
其子爲隋文帝所害國除
武帝七男李皇后生宣帝漢王贊庫汗姬生秦王贄曹王允馮姬生道王充薛
世婦生蔡王兌鄭姬生荆王元

漢王贊字乾依初封漢國公建德三年進爵爲王大象末隋文帝輔政欲順物情乃進贊位上柱國拜右大丞相外示尊崇實無所綜理轉太師尋及秦王贄曹王允道王充蔡王兌荆王元並爲隋文帝所害國除

宣帝三子朱皇后生靜皇帝王姬生萊王衎皇甫姬生郢王術衎及術並大象二年封並爲隋文帝所害國除

論曰昔賢之議者咸以周建五等歷載八百秦立郡縣二世而亡雖得失之迹可尋是非之理互起而因循莫變復古未聞良由著論者溺於貴遠司契者難於易業詳求適變之道並未窮於至當也嘗試論之夫皇王迭興爲國之道匪一聖賢間出立德之指殊塗斯豈故爲相反哉亦云爲政而已矣何則五等之制行於商周之前郡縣之設始於秦漢之後論時則澆淳理隔易地則用捨或殊譬猶干戚日用難以成垓下之業稷嗣所述不可施成周之朝是知因時制宜者爲政之上務也觀人立教者經國之長策也且夫裂封疆建侯伯擇賢能署牧守循名雖曰異軫責實抑亦同歸盛則與之共安衰則與之共患共安繫

乎善惡非禮義無以敦風共患寄以存亡非甲兵不能靖亂是以齊晉帥禮鼎業傾而復振温陶釋位王綱弛而更張然則周之列國非一姓也晉之羣臣非一族也豈齊晉忠於列國温陶賢於羣臣哉蓋位重者易以立功權輕者難以盡節故也由斯言之建侯置守乃古今之異術兵權爵位蓋安危之所階乎周文之初定關右日不暇給既以人臣禮終未遑蕃屏之事晉蕩輔政爰樹其黨宗室長幼並握兵權雖海內謝隆平之風而國家有磐石之固矣武皇克翦芒刺思弘政術懲專朝之爲患忘維城之遠圖外崇寵任內結猜阻自是配天之基潛有朽壤之墟矣宣皇嗣位凶暴是崇芟刈先其本枝削黜徧於公族以齊王之奇姿傑出足可牢籠於前載處周公之地居上將之重智勇冠俗攻戰如神敵國繫以存亡鼎命由其輕重屬道消之日挾震主之威斯人而嬰斯戮君子是以知國祚之不永也其餘雖地惟叔父親則同生假文能輔主武能威敵莫不謝卿士於當年從侯服於郡國號爲千乘位侔疋夫是以權臣乘其機謀士因其隙遷龜鼎速於俯拾殲王侯烈於燎原悠悠遂古未聞茲酷豈非摧枯

振朽易爲力乎向使宣皇擇姬劉之制覽聖哲之術分命賢戚布於內外料其輕重間以親踈首尾相持遠近爲用使其位足以扶危其權不能爲亂事業既定僥倖自息雖使臥赤子朝委裘社稷固以久安億兆可以無患矣何后族之地而能窺其神器哉昔張耳陳餘賓客廝役所居皆取卿相而齊王之文武寮吏其後亦多台牧異代相符可謂賢矣哉

北史卷五十八

北史卷五十八考證

衛刺王直傳因諸宮中○周書作因於別宮

齊煬王憲傳後從上隴經官馬牧文帝每見駿馬輒曰此我兒馬也○後從上隴周書作從獵隴上又駁監本訛駿今從上文憲獨收駁者改正

憲遣柱國宇文盛運粟饋之○遣監本訛追今改從周書

史臣論譬猶干戚日用難以成垓下之業○干監本訛工今從周書改正

北史卷五十八考證

北史卷五十九

唐　李延壽　撰

列傳第四十七

寇洛　趙貴從祖兄善　李賢子詢　崇　孫敏　弟遠　穆　穆子渾　梁禦子睿

寇洛上谷昌平人也累世爲將吏父延壽魏和平中以良家子鎭武川因家焉洛性明辯不拘小節賀拔岳西征洛與岳鄉里乃募從入關以功封安鄉縣子及岳爲大行臺以洛爲右都督侯莫陳悅旣害岳欲並其衆時初喪元帥洛於諸將中最爲舊齒素爲衆信乃收集將士志在復讎旣至原州衆推洛爲盟主統岳之衆至平涼周文帝至以洛爲右都督從討侯莫陳悅平之拜涇州刺史大統初詔加開府進爵京兆郡公封洛母宋爲襄城郡君四年鎭東雍州五年卒於鎭贈太尉尚書令諡曰武子和嗣明帝二年錄舊勳以洛配享文帝廟庭賜和姓若引氏改封松楊郡公

趙貴字元寶天水南安人也祖仁以良家子鎮武川因家焉貴少有節概尒朱榮以爲別將從討元顥有功賜爵燕樂縣子從賀拔岳平關中累遷大都督岳爲侯莫陳悅所害將吏奔敗莫有守者貴謂其黨曰吾聞仁義豈有常哉行之則爲君子違之則爲小人朱伯厚王脩感意氣微恩尙能蹈履名節况吾等荷賀拔公國士之遇寧可自同衆人乎因涕泣歔欷從之者五十人乃詣悅詐降悅信之因請收葬岳言辭慷慨悅壯而許之貴乃收岳屍還營與寇洛等奔平涼共圖拒悅貴乃首議迎周文帝周文至以貴爲大都督領府司馬悅平行秦州事後以預立魏文帝勳進爵爲公梁仚定稱亂河右以貴爲隴西行臺討破之從復弘農沙苑進爵中山郡公河橋之戰貴與怡峯爲左軍戰不利先還及高仲密以北豫州降周文迎之與東魏人戰於芒山貴爲左軍失律坐免官尋復官爵後拜柱國大將軍賜姓乙弗氏六官建爲太保大宗伯改封南陽郡公周孝閔帝踐阼遷大冢宰進封楚國公邑萬戶初貴與獨孤信等皆與文帝等夷及晉公護攝政貴自以元勳每懷怏怏與信謀殺護爲開府宇文盛告被誅

善字僧慶貴之從祖兄也少好學美容儀沉毅有遠量尒朱天光討邢杲万俟醜奴以爲長史普泰初爲大行臺尚書封山北縣伯天光拒齊神武於韓陵敗見殺善請收葬其屍齊神武義而許之賀拔岳總關中迎善復以爲長史岳爲侯莫陳悅所殺善共諸將翊戴周文帝魏孝武西遷改封襄城縣伯歷位尚書左右僕射進爵爲公善性温恭有器局雖未居端右而愈自謙退其職務克舉則曰某官之力有罪責則曰善之咎也時人稱其有公輔量大統九年從戰芒山屬大軍不利善爲敵所獲卒於東魏建德初周齊通好齊人乃歸其柩其子詢表請贈謚詔贈大將軍大都督四州諸軍事岐州刺史謚曰敬

李賢字賢和自云隴西成紀人漢騎都尉陵之後也陵沒匈奴子孫因居北狄後隨魏南遷復歸汧隴曾祖富魏太武時以子都督討兩山屠各歿於陣贈寧西將軍隴西郡守大統末以賢兄弟著勳追贈司空公賢幼有志節不妄舉動嘗出遊逢一老人鬚眉皓白謂曰我年八十觀士多矣未有如卿卿必爲台牧努力勉之九歲從師受業略觀大指而已或譏其不精答曰賢豈能領徒授業至如忠孝之道實銘於心問者慚服十四遭父憂撫訓諸弟友愛甚篤魏永安

中万俟醜奴據岐涇等州反孝莊遣尒朱光擊破之光令都督長孫邪利行原州事以賢爲主簿累遷高平令賀拔岳爲侯莫陳悅所害周文帝西征賢與其弟遠穆等密應侯莫陳崇以功授都督仍守原州及大軍至秦州悅棄城走周文命兄子導追之以賢爲先鋒至牽屯山及之以功授假節撫軍將軍大都督魏孝武西遷周文令賢率騎迎衞封上邽縣公俄授左大都督還鎮原州大統三年州人豆盧狼害都督大野樹兒等據州城反賢率敢死士一戰敗之狼斬關遁走賢追斬之八年授原州刺史周文之奉魏太子西巡至原州遂幸賢第讓齒而坐行鄉飲酒禮後帝復至原州令賢乘路車備儀服以諸侯會遇禮相見然後幸賢第歡宴終日凡是親族頒賜有差恭帝元年進爵西河郡公後以弟子植被誅賢坐除名保定二年詔復賢官爵仍授瓜州刺史武帝及齊王憲之在襁褓不利居宮中周文令於賢家處之六載乃還宮因賜賢妻吳姓宇文氏養爲姪女賜與甚厚及武帝西巡原州幸賢第詔曰朕昔冲幼爰寓此州使

持節驃騎大將軍開府儀同三司大都督瓜州諸軍事瓜州刺史賢斯士良家勳德兼著受委居朕輔導積年念其規弼功勞甚茂今巡撫居此不殊代邑舉目依然益增舊想賢雖無屬籍朕處之若至親凡厥昆季乃至子姪等可並預宴賜於是令中侍上士尉遲愷往瓜州降璽書勞賢賜衣一襲及被褥並御所服十三環金帶一要中廐馬一疋金裝鞍勒雜綵五百段銀錢一萬賜賢弟申國公穆亦如之子姪男女中外諸孫三十四人各賜衣一襲拜賢錫庫狄樂爲儀同賢門生昔經侍奉者二人授大都督四人授帥都督六人別將奴已免賤者五人授軍主未免賤者十二人酬替放之四年王師東討西道空虛慮羌渾侵擾乃授賢河州總管河州舊非總管至是創置賢乃大營屯田以省運漕多設斥候以備寇戎於是羌渾斂迹五年宕昌寇邊乃於洮州置總管府以鎮遏之遂廢河州總管改授賢洮州總管屬羌寇侵擾賢頻破之虜遂震懾不敢犯塞俄廢洮州總管還於河州置總管府復以賢爲之武帝思賢舊恩徵拜大將軍於京師薨帝親臨哀動左右贈使持節柱國大將軍大都督十州諸軍事原

州刺史諡曰桓子端嗣端位開府儀同三司從平齊戰沒贈上大將軍追封襄陽公諡曰果端弟吉儀同三司吉弟孝軌開府儀同大將軍升遷縣伯後封奇章公孝軌弟詢

詢字孝詢深沉有大略頗涉書記仕周累遷司衞上士武帝幸雲陽宮委以留府事衞王直作亂焚肅章門詢於內益火故賊不得入武帝善之累遷英果中大夫屢以軍功加位大將軍賜爵平高郡公隋文帝爲丞相尉遲迥作亂遣韋孝寬擊之以詢爲元帥長史委以心膂軍至永橋諸將不一詢密啓請重臣監護文帝令高頻監軍與頻同心惟詢而已及迥平進位上柱國改封隴西郡公開皇初歷位隰州總管以疾徵還京師卒帝悼惜者久之諡曰襄子元方嗣

詢弟崇字永隆英果有籌算膽力過人周元年以父賢勳封迴樂縣侯時年尚小拜爵日親族相賀崇獨泣下賢問之對曰無勳於國幼少封侯當報主恩不得終於孝養是以悲耳賢由此大奇之起家州主簿非其好也辭不就職求爲將兵都督隨宇文護伐齊以功最授儀同三司歷位少侍伯大夫少承御大夫

攝太子宮正周武平齊引參謀議以勳加授開府封襄陽縣公尋改封廣宗縣公隋文帝爲丞相加授上開府儀同大將軍懷州刺史進爵郡公尉遲迥反遣使招之崇初欲相應後知叔父穆以并州附文帝慨然太息曰合家富貴數十人遇國有難竟不能扶傾繼絕何面目處天地間乎韋孝寬亦疑之與俱臥起其兄詢時爲元帥長史每諷諭之崇由是亦歸心焉及迥平授徐州總管進位上柱國開皇三年除幽州總管突厥犯塞崇輒破之奚霫契丹等讋其威略爭來內附後突厥大爲侵掠崇率步騎三千拒之轉戰十餘日師人多死遂保于沙城突厥圍之死亡略盡突厥降之謂曰降者封爲特勤崇知不免令其士卒曰吾喪師徒罪當萬死今効命以謝國家看吾死且可降賊方便散走還見至尊道此意也乃挺刃突賊復殺二人沒於陣贈六州諸軍事豫州刺史諡曰壯

子敏嗣

敏字樹生文帝以其父死王事養於宮中及長襲爵廣宗公起家左千牛美姿容善騎射工歌儛弦管開皇初周宣帝后樂平公主有女娥英妙擇婚對敕貴

公子弟集弘聖宮者日以百數公主選取敏禮儀如尚帝女後將侍宴公主謂
敏曰我以天下與至尊唯一女夫當爲汝求柱國若授餘官愼無謝及進見上
上親御琵琶遣敏歌舞大悅謂公主曰敏何官對曰一白丁耳謂敏曰今授儀
同敏不答上曰不滿爾意耶今授開府又不謝上曰公主有大功於我我何得
向其女壻惜官今授卿柱國敏洒拜而蹈舞遂於坐發詔授柱國以本官宿衞
後避煬帝諱改封經城縣公歷豳金華岐數州刺史多不莅職常留京師往來
宮內侍從遊宴賞賜超於功臣大業初轉衞尉卿樂平公主將薨遺言於煬帝
曰妾唯一女不自憂死深憐之湯沐乞迴與敏帝從之竟食五千戸攝屯衞將
軍楊玄感反後城闕大與敏之策也轉將作監從征高麗領新城道軍加光祿
大夫十年帝復征遼東遣敏黎陽督運時或言敏一名洪兒帝疑洪字當讖嘗
面告之冀其引決敏由是大懼數與金才善衡等屏人私語宇文述知而奏之
竟與渾同誅其妻宇文氏尋亦賜鴆而終賢弟遠
遠字萬歲幼有器局嘗與羣兒爲戰鬬戲指麾便有軍陣之法郡守見而異之

召使更戲羣兒散走遠持杖叱之復爲向陣意氣雄壯殆甚於前郡守曰此小兒必爲將帥非常人也及長涉獵書傳魏正光末天下鼎沸敕勒賊胡琛侵逼原州遠昆季率勵鄉人欲圖拒守而衆情頗有異同遠乃按劍喻以節義因曰有異同遠議者請斬之衆懼乃聽命相與盟歃深壁自守無援城陷其徒多被害唯遠兄弟並爲人所匿得免遠乃使賢晦迹和光潛身間行入朝求援魏朝嘉之授武騎常侍俄轉別將及介朱天光西伐配遠精兵爲鄉導天光欽遠才望除爲長城郡守後以應侯莫陳崇功還高平郡守周文見而悅之令居麾下及魏孝武西遷封安定縣伯魏文帝嗣位之始思享遐年以遠字可嘉令扶帝升殿進爵爲公仍領左右從征竇泰復弘農並有殊勳授都督原州刺史周文謂遠曰孤有卿若身之有臂本州之榮乃私事爾遂令遠兄賢代行州事沙苑之役遠功居最進爵陽平郡公尋除大丞相府司馬參軍國機務時河東初復人情未安周文以河東爲國之要乃領授河東郡守遠敦獎風俗勸課農桑肅遏姦非兼修守禦之備曾未朞月百姓懷之周文降書勞問徵爲侍中遷太子

少師東魏北豫州刺史高仲密請舉州來附周文以仲密所據遼遠難爲應接諸將皆憚此行遠曰北豫遠在賊境高歡又屯兵河陽常理而論實難救援但不入獸穴不得獸子若以奇兵出其不意事或可濟脫有利鈍故是兵家之常如其顧望不行便無克定之日周文喜曰李萬歲所言差強人意乃授行臺尚書前驅東出周文率大軍繼進遠乃潛師而往拔仲密以歸仍從周文戰於芒山時大軍不利遠獨整所部爲殿尋授都督義州弘農等二十一郡諸軍事遠善撫馭有幹略戰守之備無不精銳每厚撫境外之人使爲間諜敵中動靜必先知之至有事泄被誅亦不以爲悔嘗獵於莎柵見石於叢薄中以爲伏兎射之鏃入寸餘視之乃石周文聞而異之賜書曰昔李將軍親有此事公今復爾可謂世載其德矣東魏將段孝先趣宜陽以送糧爲名實有窺窬之意遠密知其計遣兵襲破之孝先遁走周文賜所乘馬及金帶牀帳衣被等幷綵二千匹拜大將軍頃之除尚書左僕射固辭周文不許遠不得已方拜職周文又以第十一子代王達令遠子之其見親待如此時周文嫡嗣未建明帝居長已有成

德孝閔處嫡年尚幼沖乃謂羣公曰孤欲立子以嫡恐大司馬有疑大司馬卽
獨孤信明帝敬后父也衆未有答遠曰立子以嫡不以長略陽公爲嗣公何疑
焉若以信爲嫌請卽斬信便起拔劍周文亦起曰何事至此信又自陳說遠乃
止於是羣公並從遠議遠出外拜謝信曰臨大事不得不爾信亦謝遠曰今日
賴公決此大議六官建授小司寇周孝閔帝踐阼進位柱國大將軍復鎭弘農
遠子植文帝時已爲相府司錄參掌朝政及晉公護執權密欲誅護頗泄護乃
出植爲梁州刺史尋而廢帝召遠及植還朝遠恐有變沉吟良久乃曰大丈夫
寧爲忠鬼安能作叛臣乎遂就徵至京師護以遠功名素重猶欲全宥之謂曰
公兒遂有異謀可早爲之所乃以植付遠遠素愛植植又有口辯云初無此謀
遠信之詰朝將植謁護護謂植已死乃曰陽平公何意自來左右云植亦在門
外護大怒曰陽平公不信我矣召入命遠同坐令帝與植相質於遠前植辭窮
謂帝曰本爲此謀欲安社稷利至尊耳今日至此何事云云遠聞之自投於牀
曰若爾誠合萬死於是護乃害植並逼遠自殺建德元年晉公護誅贈本官加

太保謚曰忠隋開皇初追贈上柱國改謚曰懷植及諸弟並加贈謚植弟基字
仲和幼有聲譽美容儀善談論涉獵羣書尤工騎射周文令尚義歸公主以父
勳封建安縣公累遷大都督進爵清河郡公及魏廢帝卽位之後猜隙彌深時
周文諸子年皆幼冲章武公導中山公護復東西作鎮唯託意諸壻以爲心膂
基與義城公李暉常山公于翼等俱爲武衞將軍分掌禁旅魏帝深憚之故密
謀遂泄魏恭帝卽位進爲敦煌郡公尋進位驃騎大將軍開府儀同三司拜陽
平國世子六官建授御正中大夫周孝閔帝踐阼出爲浙州刺史尋爲兄植合
坐死以王壻又爲季父穆所請得免武成二年除江州刺史旣被譴謫常憂憤
不得志保定元年卒於位穆尤所鍾愛每哭輒悲慟謂所親曰好兒捨我去門
戶豈是欲與宣政元年追贈使持節上開府儀同大將軍曹徐譙三州刺史敦
煌郡公謚曰孝子威嗣威字安人又改襲遠爵陽平郡公加上開府大象末進
至柱國封公賢弟穆
穆字顯慶少明敏有度量文帝入關便給事左右深被親遇穆亦小心謹肅未

嘗懈怠及侯莫陳悅害賀拔岳周文自夏州赴難而悅黨史歸據原州猶爲悅守周文令侯莫陳崇襲之穆時先在城中與兄賢遠應崇遂禽歸以功授都督從迎魏孝武封永平縣子又領鄉兵禽竇泰復弘農並有戰功沙苑之捷穆言歎今日已喪膽矣請速逐之則歡可禽也周文不聽論前後功進爵爲公芒山之戰周文馬中流矢驚逸墜地敵人追及左右皆散穆下馬以策擊周文背因大罵曰籠陳軍士爾曹主何在爾獨住此敵人見其輕侮不疑是貴人遂捨而過穆以馬授周文遂俱逸是日微穆周文已不濟矣既而與穆相對而泣自是恩盼更隆顧左右曰成我事者其此人乎擢授武衞將軍儀同三司進封安武郡公前後賞賜不可勝計周文嘆其忠節曰人所貴唯命穆遂輕命濟孤爵位玉帛未足爲報乃特賜鐵券恕以十死進驃騎大將軍開府儀同三司侍中初芒山之敗穆授周文驄馬後中廐有此色者悉以賜之又賜穆嗣子惇安樂郡公姊一人爲郡君自餘姊妹並爲縣君兄弟子姪及緦麻已上親幷舅氏皆霑厚賜其褒崇如此從解玉璧圍拜安定國中尉歷同州刺史太僕卿從于謹平

江陵以功別封一子長城縣侯尋進位大將軍賜姓拓拔氏又擊曲沔蠻破之
俄除原州刺史拜世子惇爲儀同三司以賢子爲平高郡守遠子爲平高縣令
並加鼓吹穆自以叔姪一家三人皆牧宰鄉里恩遇過隆固辭不拜周文不許
後入爲雍州刺史兼小冢宰周孝閔帝踐阼又封一子爲升遷縣伯穆請迴授
賢子孝軌許之及兄子植謀害宇文護被誅穆亦坐除名先是穆知植非保家
主每勸遠除之遠不能用及遠臨刑泣謂穆曰顯慶吾不用汝言以至此將柰
何穆以此獲免及其子弟亦免官時植弟基當從坐戮穆求以子惇怡等代死
辭理酸切聞者莫不動容護矜之遂特免基死明帝卽位拜驃騎大將軍開府
儀同三司大都督復爵安武郡公拜直州刺史武成中子弟免官爵者悉復之
累遷大司空天和二年進封申國公舊爵迴授一子建德元年遷太保尋出爲
原州總管四年武帝東征令穆別攻軹關及河北諸縣並破之後以帝疾班師
棄而不守六年進位上柱國除并州總管時東夏初平人情尚擾穆靖以鎮守
百姓懷之大象元年加邑至九千戶遷大左輔總管如舊二年詔加太傅仍總

管及隋文作相尉遲迥舉兵遣使招穆穆鎖其使上其書穆子士榮以穆所居天下精兵處陰勸穆應之穆弗聽曰周德既衰愚智共悉天時若此豈能違天乃遣使謁隋文帝並上十三環金帶蓋天子服也以微申其意時迥子誼爲朔州刺史亦執送京師迥令其署行臺韓長業攻陷潞州執刺史趙威署城人郭子勝爲刺史穆遣兵討獲子勝文帝嘉之以穆勞同破鄴城第一勳加三轉聽分授其二子榮才及賢子孝軌榮及才並儀同大將軍孝軌進開府儀同大將軍又別封子雄爲容國公穆又密表勸進文帝既受禪詔曰公既舊德且又父黨敬惠來旨便以今月十三日恭膺天命俄而穆來朝文帝降坐禮之拜太師贊拜不名真食成安縣三千戶穆子孫雖在襁褓悉拜儀同其一門執象笏者百餘人貴盛當時無比穆上表乞骸骨詔曰公年既耆舊筋力難煩今勒所司敬蠲朝集如有大事須共謀謨別遣侍臣就第詢訪時太史奏當有移都事帝以初受命甚難之穆乃上表極言宜移都之便帝素嫌臺城制度迮小又宮內多鬼祆蘇威嘗勸遷上不納遇太史奏狀意乃惑之至是省穆表帝曰天道聰

明已有徵應太師人望復抗此請則可矣遂從之歲餘下詔穆自今已後雖有愆罪但非謀逆縱有百死終不推問開皇六年薨時年七十七遺命以不得陪駕岱宗爲恨詔遣黃門侍郎監護喪事贈十州諸軍事冀州刺史謚曰明賜以石椁前後部羽葆鼓吹轀輬車百寮送之郭外詔太常卿牛弘齎哀冊文祭以太牢長子惇字士獻周文帝令功臣長子並與略陽遊處惇於輩流中特被引接每有遐方服翫珍奇無不班賜封安樂郡公位驃騎大將軍開府儀同三司鳳州刺史先穆卒子筠襲祖爵惇弟怡位儀同三司贈渭州刺史怡弟雅少有識量仕周以軍功封西安縣男位荆州總管開皇初進爵爲公雅弟恆位鹽州刺史封曲陽侯恆弟榮位合州刺史長城縣公榮弟直位車騎將軍歸政縣侯直弟雄位柱國驃騎將軍密國公雄弟渾仁壽初筠忽憢嗇遣兄子善衡賊之求盜不得文帝大怒盡追其親族初筠與從父弟瞿曇有隙渾遂證瞿曇殺之而善衡獲免筠死帝議立嗣鄖公蘇威奏筠不軌請絕其封帝不許乃以渾嗣

渾字金才姿貌瓌偉美鬚髯起家左侍上士尉遲迥反於鄴時穆在幷州隋文

帝甚慮迥遣渾乘驛詣穆穆遽令渾入京奉熨斗曰願執柄以慰天下也文帝
大悅又遣渾詣韋孝寬所而述穆意會鄴平以功授上儀同三司封武安郡公
開皇中晉王廣出藩渾以驃騎將軍領親信從往揚州及筠死渾規欲紹之謂
妻兄太子左衞率宇文述曰若得襲封當以國賦之半每歲相奉述因入白皇
太子奏文帝竟詔渾襲申公以奉穆嗣大業六年追改穆封爲郕公渾仍襲焉
累加光祿大夫遷右驍騎衞大將軍渾既紹父業日增豪侈二歲後不以奉物
分述述大恚因醉謂其友人于象賢曰我竟爲金才所賣死且不忘渾聞之由
是結隙及帝討遼東有方士安伽陁謂帝曰李氏應爲天子宜盡誅天下李姓
述知之因構渾於帝曰臣與金才夙親聞其數與李敏善衡等日夜屏語或終
夕不寢渾大臣也家世隆盛身捉禁兵不宜然帝曰卿可覔其事述乃遣武賁
郎將裴仁基表告渾反卽日遣述掩其家遣左丞元文都御史大夫裴蘊雜推
之數日不得反狀帝更遣述推述入獄中召出敏妻宇文氏謂曰夫人帝甥也
何患無賢夫李敏金才名當袄讖夫人當自求全因教言金才嘗告敏云汝應

圖籙當爲天子今王上好兵勞擾百姓此亦天亡隋時也若復度遼吾與汝必爲大將軍每軍二萬餘兵固以五萬人矣又發諸房子姪內外親婭並募從征吾家子弟決爲主帥分領兵馬散在諸軍吾與汝前發襲取御營子弟響赴一日之間天下定矣述口自傳授令敏妻寫表封云上密述持入奏云已得金才反狀並有敏妻密表帝覽之泣曰吾宗社幾傾賴親家公而獲全耳於是誅渾敏等自餘無少長皆徙嶺表

梁禦字善通其先安定人也後因官北邊遂家於武川改姓紇豆陵氏高祖侯力提從魏太武征討位揚武將軍定陽侯禦少好學進趣詳雅及長更好弓馬尒朱天光西討知禦有志略引爲左右共平關隴除益州刺史第一領人酋長封白水縣侯從賀拔岳鎮長安及岳被害禦與諸將同謀翊戴周文帝周文既平秦隴欲引兵東下雍州刺史賈顯持兩端通使於齊神武周文知其意以禦爲大都督雍州刺史領前軍先行及與顯相見因說顯顯即出迎周文禦遂入鎮雍州大統元年進爵信都縣公授尚書右僕射從周文復弘農破沙苑加侍

中開封儀同三司進爵廣平郡公出爲東雍州刺史爲政舉大綱而已人庶稱之薨於州臨終唯以國步未康爲恨言不及家贈太尉尚書令雍州刺史諡曰武昭子睿

睿字特德少沉敏有行檢周文帝時以功臣子養宮中復命與諸子遊處七歲襲爵廣平郡公累加儀同三司本州大中正開府改封五龍郡公渭州刺史周閔帝受禪徵爲御伯出爲中州刺史鎮新安以備齊齊人來寇睿輒挫之帝甚嘉歎拜大將軍以禦佐命功進爵蔣國公入爲司會後從齊王憲拒齊將斛律明月於洛陽每戰有功遷小冢宰歷敷州刺史涼安二州總管俱有惠政進位柱國隋文帝總百揆代王謙爲益州總管行至漢川西謙反攻始州睿不得進文帝命睿爲行軍元帥率軍總管于義張威達奚長儒梁昇石孝義步騎二十萬討之謙遣開府李三王守通谷睿使張威擊破之進至龍門謙將趙儼秦會擁衆十萬據嶮爲營周亘三十里睿令將士銜枚出自間道四面奮擊力戰破之遂鼓行而進謙將敬豪守劍閣梁巖拒平林並懼而來降謙又命高阿那瓌

達奚惎等以盛兵攻利州聞睿將至惎分兵據開遠睿遣上開府託拔宗趣劍閣大將軍宇文夐指巴西大將軍趙達水軍入嘉陵遣張威王倫賀若震于義韓相貴阿那惠等分道攻惎自午及申破之惎奔歸于謙睿逼成都謙令達奚惎乙弗虔守城親帥精兵五萬背城結陳睿擊敗之謙將入城惎虔以城降謙將麾下三十騎遁走新都令王寶執之睿斬謙于市劍南悉平進位上柱國總管如故賜物五千段奴婢一千口金二千兩銀三千兩邑千戶睿時威振西州夷獠歸附唯南寧首帥爨震恃遠不賓睿上疏曰南寧州漢牂柯之地近代已來分置與古雲南建寧朱提四郡戶口殷衆金寶富饒二河有駿馬明珠益寧出鹽井犀角晉太始七年以益州曠遠分置寧州至僞梁南寧州刺史徐文盛被湘東徵赴荊州屬東夏尚阻未遑遠略土人爨瓚遂竊據一方國家遙授刺史其子震相承至今而震臣禮多虧貢賦不入如聞彼人苦其苛政思被皇風幸因平蜀士衆不煩重興師狎獠既訖即請略定南寧文帝深納之然以天下初定恐人心不安故未之許後竟遣史萬歲討平之並因睿之策也睿威惠兼

著人夷悅服聲望逾重文帝陰憚之薛道衡從軍在蜀說睿勸進文帝大悅及受禪顧待彌隆睿復上平陳策帝善之下詔曰昔公孫隗囂漢之賊也光武與其通和稱爲皇帝尉佗之於高祖初猶不臣孫晧之答晉文書尚云白或尋款服或即滅亡王者體大義存遵養雖陳國來朝未盡蕃節如公大略誠須責罪尚欲且緩其誅宜如此意淮海未滅必興師旅若命承襲終當相屈以身許國無足致辭也睿乃止睿時見突厥方強恐爲邊患復陳鎮守之策十餘事帝嘉歎久之荅以厚意睿時自以周代舊臣久居重鎮內不自安屢請入朝於是徵還京師及引見上爲之興命睿升殿握手極歡睿退謂所親曰功遂身退今其時也遂謝病闔門自守不交當時帝賜以板輿每有朝覲必令三衞輿上殿睿初平王謙之始自以威名太盛恐爲時所忌遂大受金賄以自穢由是勳簿多不以實詣朝堂稱屈者前後百數人上令有司案驗其事主者多獲罪睿懼上表陳謝請歸大理上慰喻遣之十五年從至洛陽而卒諡曰襄子洋嗣歷位嵩徐二州刺史武賁郎將大業六年詔追改睿封爲戴公命以洋襲焉

論曰賀拔岳變起倉卒侯莫陳悅意在兼幷于時人有離心士無固志寇洛撫循散亂抗禦仇讎全師而還敵人絕覬覦之望度德而處霸王建匡合之謀趙貴居二關之險周室定二分之功彼此一時其功固不細也李賢和兄弟屬亂離之際居戎馬之間志略從橫忠勇奮發頻摧勍敵屢涉艱危及逢時遇主策名委質荷生成之恩蒙國士之遇俱縻好爵各著勳庸遂得任兼文武聲彰出內位高望重光國榮家跗萼連暉聊椒繁衍冠冕之盛當時莫與比焉自周迄隋鬱爲西京盛族雖金張在漢不之尚也然而周文始崩嗣君冲幼內則功臣放命外則強寇臨邊晉公以猶子之親膺負圖之託遂能撫寧家國開翦異端革魏興周遠安邇悅功勤已著過惡未彰李植受遇先朝宿參機務慮威權之去己懼將來之不容生此厲階成茲貝錦乃以小謀大由疏間親主無昭帝之明臣有上官之訴嫌隙既兆釁故因之啓冢宰無君之心成閔帝廢弑之禍植之由也李遠闕義方之訓又無先見之明以至誅夷非爲不幸梁禦豫奉與王參謀締構驅馳畢力夷險備嘗雖遠志未申亦云遇其時矣穆及梁睿皆周室

功臣隋文王業初基俱受腹心之寄故穆首登師傅睿終膺殊寵觀其見機而動抑亦人之先覺然方魏朝之貞烈有愧王淩比晉室之忠臣終慚徐廣穆之子孫特爲隆盛朱輪華轂凡數十人見忌當時禍難遄及得之非道可不戒歟

北史卷五十九

北史卷五十九考證

李敏傳數與金才善衡等○下文敏弟穆穆子渾字金才又穆傳內有善衡乃渾之兄子也

遠傳本州之榮乃私事爾○爾監本譌尒今改正

穆傳仁壽初筠忽燒齋遣兄子善衡賊之○隋書穆長子惇惇子筠其叔父渾忿其慢齋陰遣兄子善衡賊之

渾傳二歲後不以奉物分述○奉隋書作俸

北史卷五十九考證

唐　李延壽　撰

列傳第四十八

李弼 曾孫密　宇文貴 子忻 愷　侯莫陳崇 子穎 崇兄順　王雄 子謙

李弼字景和隴西成紀人六世祖振慕容垂黃門郎父永魏太中大夫贈涼州刺史弼少有大志膂力過人屬魏亂謂所親曰大丈夫生世會須履鋒刃平寇難以取功名安能碌碌依階以求仕初爲別將從尒朱天光西討破赤水蜀以功封石門縣伯又與賀拔岳討万俟醜奴万俟道洛王慶雲皆破之賊咸畏之曰莫當李將軍前也及天光赴洛弼隸侯莫陳悅征討屢有剋捷及悅害賀拔岳周文帝自平涼討悅弼諫悅令解兵謝之悅惶惑計無所出弼知悅必敗周文帝至悅乃棄秦州南出據險以自固是日弼密通於周文許背悅至夜弼乃勒所部云悅欲向秦州命皆裝束弼妻悅之姨也時爲悅所親委衆咸信之人皆散走弼慰輯之遂擁以歸周文悅由此敗周文謂曰公與吾同心天下不足

平也大統初進位驃騎大將軍開府儀同三司從平竇泰斬獲居多周文以所乘騅馬及泰所著牟甲賜弼又從平弘農與齊神武戰於沙苑弼軍爲敵所乘弼將其麾下九十騎橫截之賊分爲二因大破之以功進爵趙郡公四年從周文東討洛陽弼爲前驅東魏將莫多婁貸文率衆至穀城弼倍道而前進軍士鼓譟曳柴揚塵貸文以爲大軍至遂走弼追斬貸文傳首大軍翌日又從周文與齊神武戰河橋身被七創遂爲所獲陽隕絶於地睨其傍有馬因躍上得免歷位司空太保柱國大將軍廢帝元年賜姓徒何氏六官建拜太傅大司徒及晉公護執政朝之大事皆與于謹及弼等參議周孝閔帝踐阼除太師進封趙國公邑萬戸前後賞賜鉅萬弼每征討朝受命夕便引路略不問私事亦未嘗宿於家兼性沈雅有深識故能以功名終薨於位明帝即舉哀比葬三臨其喪發卒穿冢結大路龍旂陳軍至墓謚曰武尋追封魏國公配食文帝廟庭子曜居長以次子暉尚文帝女義安長公主故遂以爲嗣暉初賜爵義城郡公嘗臥疾期年文帝憂之賜錢一千萬供其藥石之費魏恭帝二年加驃騎大將軍開

府儀同三司出爲岐州刺史從文帝西巡率公卿子弟別爲一軍後襲趙國公
改襲魏國公天和六年進位柱國建德元年出爲梁州總管時渠蓬二州生獠
積年侵暴至州綏撫並來歸附璽書勞之暉弟衍字拔豆少專武藝慷慨有志
略仕周爲義州刺史封真鄉公王謙作亂以行軍總管從梁睿擊平之進上大
將軍隋開皇元年以行軍總管討平叛蠻進位柱國後拜安州總管以疾還京
卒子仲威嗣衍弟綸最知名有文武才用以功臣子少居顯職位至司會中大
夫開府儀同三司封河陽郡公爲聘齊使主卒子長雅嗣尚隋文帝女襄國公
主位內史侍郎河州刺史檢校秦州總管綸弟晏開府儀同三司趙郡公從平
齊歿并州子懔以晏死王事即襲其官爵曜既不得嗣朝廷以弼功重封曜邢
國公位開府子寬幹略過人自周及隋數經將領位柱國蒲山郡公號爲名將
弼弟㩁字雲傑長不盈五尺性果決有膽氣魏永安元年以兼別將從介朱榮
破元顥榮誅隨介朱兆入洛及魏孝武西遷㩁從都督元斌之與齊神武戰敗
遂與斌之奔梁後得逃歸進封晉陽縣子尋爲周文帝帳內都督從復弘農破

沙苑擲時跨馬運矛衝堅陷陣隱身鞍甲之中敵人見之皆避此小兒不知擲之形貌正自如此周文初亦聞擲驍悍未見其能至是方嗟歎之謂曰但問膽決如何何必要須八尺之軀也以功進爵爲公武成初從豆盧寧征稽胡進爵汝南郡公出爲總管延綏丹三州諸軍事延州刺史卒官無子以弼子椿嗣位開府儀同大將軍右宮伯改封河東郡公

密字法主蒲山公寬之子也才兼文武志氣雄遠少襲爵蒲山公養客禮賢無所愛吝與楊玄感爲刎頸交後更折節耽學尤好兵書誦皆在口師事國子助教包愷受史記漢書愷門徒皆出其下大業初授親衞大都督以疾歸及玄感有逆謀召密令與弟玄挺赴黎陽以爲謀主密進三計曰今天子遠在遼外公長驅入薊直扼其喉前有高麗退無歸路不戰而禽此計上也又關中四塞衞文昇不足爲意今率衆務早入西萬全之勢此計中也若隨近先向東都以引歲月此計之下也玄感曰公下計乃上策矣今百官家口並在東都若不取之安能動物且經城不拔何以示威密計不行玄感既至東都自謂功在朝夕及

獲韋福嗣既非同謀設籌皆持兩端玄感後使作檄文固辭不肯密揣知其情請斬之玄感不從密退謂所親曰楚公好反而不欲勝吾屬今爲虜矣後玄感將西入福嗣竟亡歸東都時李雄勸玄感速稱尊號玄感以問密密以爲不可玄感笑而止及宇文述來護等軍且至玄感謂密計將安出密曰元弘嗣統強兵於隴右今可揚言其反遣使迎公因此入關可得紿衆玄感遂用密謀號令西至陝縣圍弘農不拔西至閿鄉追兵至玄感敗密間行入關與玄感從叔詢相隨匿馮翊詢妻家尋爲隣人告被捕與其黨俱送帝所在途與其衆謀逃其徒多金密令出示使者曰吾等死日此金留付公幸用相瘞其餘卽皆報德使者利金遂相許及出關密每夜宴飲行次邯鄲夜宿村中密等七人皆穿墻而遁與王仲伯亡抵平原賊帥郝孝德孝德不甚禮之備遭饑饉削樹皮而食之仲伯潛歸天水密詣淮陽舍於村中變姓名稱劉智遠聚徒教授經數月鬱鬱不得志爲五言詩詩成泣下數行時人有怪之以告太守趙他下縣捕之密亡抵其妹夫雍丘令丘君明君明從子懷義後告之密得遁去君明竟坐死密投

東郡賊帥翟讓乃因王伯當以策干讓遣說諸小賊所至輒降讓始敬焉召與
計事密以兵衆無糧勸讓直趣滎陽休兵館穀然後爭利讓從之乃掠下滎陽
太守郇王慶及通守張須陁以兵討讓讓數爲須陁敗將遠避之密勸讓列陣
以待密以奇兵掩擊大破之斬須陁於陣讓於是令密建牙別統所部復說讓
以廓清天下爲事令掩據興洛倉發粟以振窮乏於是與讓以義寧元年春出
陽城北踰方山自羅口襲興洛倉破之開倉振百姓越王侗遣武賁郎將劉長
恭討密密城洛口周回四十里以居之讓上密號爲魏公設壇場即位稱元年
以房彥藻爲左長史邴元真爲右長史楊德方爲左司馬鄭德韜爲右司馬拜
讓爲司徒封東郡公長白山賊孟讓掠東郡燒豐都市而歸密攻下鞏縣獲縣
長柴孝和拜爲護軍武賁郎將裴仁基以武牢歸密密因遣仁基與孟讓襲破
回洛倉據之俄而德韜德方俱死復以鄭頲爲左司馬鄭虔象爲右司馬柴孝
和說密令裴仁基守回洛翟讓據洛口身率精銳西襲長安不然他人我先密
曰此誠上策然我之所部並山東人既見未下洛陽恐不肯西入孝和請行閒

觀隙乃與數十騎至陜縣賊歸之者萬餘人密時兵鋒甚銳每入死與官軍連
戰會密爲流矢所中臥於營內東都出兵擊之密衆大潰棄回洛倉歸洛口孝
和之衆聞密敗各分散而去孝和輕騎歸密煬帝遣王世充率江淮勁卒五萬
討密敗之孝和溺洛水死密甚傷之世充營於洛西與密相拒百餘日武陽郡
丞元寶藏黎陽賊帥李文相洹水賊帥張昇清河賊帥趙君德平原賊帥郝孝
德並歸密共襲破黎陽倉據之周法明舉江黃之地以附密齊郡賊帥徐圓朗
任城大俠徐師仁淮陽太守趙他等前後款附以千百數翟讓所部王儒信勸
讓爲太宰總衆務以奪密權兄寬復謂讓曰天子止可自作安得與人汝若不
作我當爲之密聞惡之會讓拒世充軍退數百步密與單雄信等赴之世充敗
走讓欲乘勝破其營會日暮固止之明日讓與數百人至密所欲爲宴樂其所
將左右各就食諸門並設備讓不覺密引讓入坐令讓射引滿將發密遣壯士
蔡建自後斬之遂殺其兄寬及儒信等從者亦有死焉讓部將徐世勣爲亂兵
所斫中重創密止之僅得免雄信等皆叩頭求哀密並釋而慰之於是詣讓營

遣王伯當邴元真單雄信等告以殺讓意令世勣雄信伯當分統其衆世充夜
襲倉城密拒破之斬武賁郎將費青奴世充復營洛北於洛水構浮橋悉衆擊
密密拒之不利而退世充因薄其城下密擊之大潰爭橋橋陷溺水者數萬人
武賁郎將楊威王辨霍世舉劉長恭梁德重董智通等皆沒於陣世充僅而獲
免不敢還東都遂走河陽其夜大雪餘衆死亡殆盡密乃修金墉故城居之衆
三十餘萬攻上春門留守韋津出戰被執其黨勸密即尊號密不許及義士圍
東都密出軍爭之交綏而退俄而宇文化及弒逆自江都北指黎陽密拒之會
越王侗稱尊號遣使授密太尉尚書令東南道大行臺行軍元帥魏國公令先
平化及然後入朝輔政化及至黎陽徐世勣守倉城不下密共化及隔水語密
數之曰卿本匈奴皁隸破野頭耳父與兄弟皆受隋恩豈容躬行殺虐今若速
來歸義尚可全後嗣化及默然俯仰良久乃瞋目大言曰共你論相殺事何須
作書傳雅語密謂從者曰化及庸懦如此忽欲圖帝王吾當折杖驅之知其糧
且盡因僞與之和化及大喜恣其兵食冀密饋之會密下有人獲罪亡投之具

言密情化及大怒又食盡迺與密戰於童山下自辰達酉密中流矢頓於汲縣化及掠汲郡北趣魏縣以輜重留於東郡遣其刑部尚書王軌守之軌以郡降密以軌爲滑州總管密引兵而西遣記室參軍李儉朝於東都執弑帝人于弘達以獻越王侗侗以儉爲司農少卿使召密入朝密至温縣聞世充已殺元文都盧楚等乃歸金墉城世充既擅權乃厚賜將士時密兵少衣世充乏食乃請交易邴元真等各求私利遽勸密密許焉初東都絶糧人歸密者日有數百至此得食降人益少密悔而止密雖據倉無府庫兵數戰不賞又厚撫初附兵於是衆心漸怨時邴元真守洛口倉性貪鄙宇文温每謂密曰不殺元真公難未已密不答而元真知之謀叛楊慶聞而告密密因疑焉會世充悉衆來戰密留王伯當守金墉自就偃師北阻芒山以待之世充令數百騎度御河密遣裴行儼等逆之會日暮行儼孫長樂程齩金等驍將十數人皆重創密甚惡之世充夜濳濟詰朝而陣密方覺之狼狽出戰敗績馳向洛口世充夜圍偃師守將鄭頲爲其部下翻城而降世充密將入洛口倉城元真已遣人引世充密陰知之

不發其事欲待世充兵半度洛水然後擊之密候騎不時覺比將出戰世充軍悉已濟密引騎而遁元真以城降世充密衆漸離將如黎陽人或曰殺翟讓之際徐世勣幾死其心安可保密乃止時王伯當棄金墉城保河陽密自武牢濟歸之謂曰久苦諸君我今日自刎以謝衆衆皆泣莫能仰視密復曰諸君幸不相棄當共歸關中密身雖愧無功諸君必保富貴其府掾柳爕曰明公與長安宗族有疇昔之遇雖不陪起義然阻東都斷隋歸路使唐國不戰而得京師此公之功也衆咸曰然密遂歸朝封邢國公拜光祿卿尋奉使出關安撫至熊州而逃叛見殺

宇文貴字永貴其先昌黎大棘人也徙居夏州父莫豆干保定中以貴勳追贈柱國大將軍少傅夏州刺史安平郡公貴母初孕貴夢老人抱一子授之曰賜爾是子俾壽且貴及生形類所夢故以永貴字之貴少從師受學嘗輟書歎曰男兒當提劍汗馬以取公侯何能爲博士也魏正光末破六韓拔陵圍夏州刺史源子邕嬰城固守以貴爲統軍後從尒朱榮禽葛榮於滏口加別將又從元

天穆平邢杲轉都督元顥入洛貴率鄉兵從尒朱榮有功封華融縣侯除郢州刺史入爲武衞將軍關內大都督從魏孝武西遷進爵化政郡公貴善騎射有將帥才周文帝又以宗室甚親委之大統初與獨孤信入洛陽東魏潁州長史賀若統據潁川來降東魏遣將堯雄趙育是云寶率衆二萬攻潁川貴自洛陽率步騎二千救之軍次陽翟雄等去潁川四十里東魏行臺任祥又率衆四萬將與雄合諸將咸以彼衆我寡不可爭鋒貴曰若賀若一陷吾輩坐此何爲遂入潁川雄等稍進貴率千人背城爲陣與雄合戰貴馬中流矢乃短兵步鬬雄大敗輕走趙育於是降任祥聞雄敗遂不敢進貴乘勝逼祥敗之是云寶亦降師還魏文帝在天游園以金巵置侯上令公卿射中者卽賜之貴一發而中帝笑曰由基之妙正當爾耳進侍中驃騎大將軍開府儀同三司十六年遷中外府左長史進位大將軍宕昌王梁彌定爲宗人獠甘所逐來奔又有羌酋傍乞鐵忽因梁仚定反後據有渠株川擁隸數千家與渭州人鄭五醜同反周文令貴與豆盧寧討之貴等禽斬鐵忽及五醜寧又別擊獠甘破之乃納彌定幷於

渠株川置岷州朝廷重功遂於粟坂立碑以紀其績廢帝三年詔貴代尉遲迥鎮蜀時隆州人開府李光易反於鹽亭攻圍隆州而隆州人李拓亦聚衆反開府張道應之貴乃命開府叱奴與牧隆州又令開府成亞擊拓及道降之並送京師除益州刺史未就拜小司徒先是蜀人多劫盜貴乃召任俠傑健者署爲游軍二十四部令其督捕由是頗息周孝閔帝踐祚進位柱國拜御正中大夫武成初與賀蘭祥討吐谷渾軍還進封許國公邑萬戶舊爵回封一子遷大司空行小冢宰歷大司徒遷太保貴好音樂耽奕碁留連不倦然好施愛士時人頗以此稱之保定末使突厥迎皇后天和二年還至張掖薨贈太傅謚曰穆子善嗣善弘厚有武藝大象末位上柱國封許國公隋文帝受禪遇之甚厚拜其子穎上儀同及善弟愷誅並廢於家善未幾卒穎大業中位司農少卿後沒李密善弟忻

忻字仲樂幼而敏慧爲童兒時與羣輩戲輒爲部伍進止行列無不用命者年十二能左右馳射驍捷若飛恆謂所親曰自古名將唯以韓白衞霍爲美談吾

察其行事未足多尙使與僕並時不令豎子獨擅高名年十八從周齊王憲討
突厥以功拜儀同三司賜爵與固縣公韋孝寬以忻驍勇請與鎭玉壁以戰功
加開府進爵化政郡公從武帝攻拔晉州齊後主親總兵六軍憚之欲旋忻諫
曰以陛下之聖武乘敵人之荒縱何往而不尅若齊人更得令主君臣協力未
易平也帝從之乃戰遂大尅及帝攻陷幷州先勝後敗帝爲賊所窘挺身而遁
諸將多勸帝還忻勃然曰破城士卒輕敵微有不利何足爲懷今破竹形已成
柰何棄之而去帝納其言明日復戰拔晉陽齊平進位大將軍尋與烏丸軌破
陳將吳明徹於呂梁進位柱國除豫州總管隋文帝龍潛時與忻情好甚協及
爲丞相恩顧彌隆尉遲迥作亂以忻爲行軍總管隨韋孝寬擊之時兵屯河陽
帝令高熲馳驛監軍與熲密謀進取者唯忻而已迥遣子惇盛兵武陟忻擊走
之進臨相州迥遣精甲三千伏野馬岡忻以五百騎襲之斬獲略盡進至草橋
迥又拒守忻以奇兵破之直趣鄴下迥背城結陣大戰官軍不利時鄴城士庶
觀戰者數萬人忻謂左右曰事急矣吾當以權道破之於是射觀者走之轉相

騰籍聲如雷霆忻乃傳呼曰賊敗矣衆復振齊力急擊之迥軍大敗及平鄴以功遷上柱國文帝謂曰尉遲迥傾山東之衆連百萬之師公舉無遺算策無全陣誠天下英傑也進封英國公自是每參帷幄出入臥內禪代之際忻有力焉後拜左領軍大將軍寵顧彌重忻解兵法馭戎齊整當時六軍有一善事雖非忻建在下輒相謂曰此必英公法也其見推服如此後改封杞國公上嘗欲令忻擊突厥高熲曰忻有異志不可委以大兵乃止忻既佐命功臣頻經將領甚有威名上由是微忌之以譴去官與梁士彥昵狎數相往來士彥時亦怨望陰圖不軌忻謂士彥曰帝王豈有常乎相扶即是公於蒲州起事我必從征兩陣相當然後連結天下可圖也謀泄伏誅家口籍沒忻弟愷愷字安樂在周以功臣子年三歲賜爵雙泉伯七歲進封安平公愷少有器局諸兄並以弓馬自達愷獨好學博覽書記解文多伎藝爲名公子累遷御正中大夫儀同三司隋文帝爲丞相加上開府近師中大夫及踐阼誅宇文氏愷亦將見殺以與周本別又兄忻有功故見赦後拜營宗廟副監太子左庶子廟成別封甑山縣公及還

都上以愷有巧思詔領營新都副監高熲雖總大綱凡所規畫皆出於愷及決
渭水達河以通運漕詔愷總督其事後拜萊州刺史甚有能名坐兄忻誅除名
於家久不得調會朝廷以魯班故道久絕不行令愷修之旣而上建仁壽宮右
僕射楊素言愷有巧思於是檢校將作大匠歲餘拜仁壽宮監授儀同三司尋
爲將作少監文獻皇后崩愷與楊素營山陵上善之復爵安平郡公煬帝卽位
遷都洛陽以愷爲營東都副監尋遷將作大匠愷揣帝心在宏侈於是東都制
度窮極壯麗帝大悅進位開府拜工部尚書及長城之役詔愷規度之時帝北
巡欲誇戎狄令愷爲大帳其下坐數千人帝大悅賜物千段又造觀風行殿上
容衞者數百人離合爲之下施輪軸推移倏忽有若神功戎狄見之莫不驚駭
帝彌悅前後賞賜不可勝紀是時將復古制明堂議者皆不能決愷博考羣籍
爲明堂圖樣奏之又以張衡渾象用三分爲一度裴秀輿地以一寸爲千里臣
之此圖以一分爲一尺推而演之又引於時議者或以綺井爲重屋或以圓楣
爲隆棟將爲臆說事不經見今錄其疑難爲之通釋皆出證據以相發明爲議

曰臣愷謹按淮南子曰昔者神農之御天下也甘雨以時五穀蕃植春生夏長秋收冬藏月省時考終歲獻貢以時嘗穀祀於明堂明堂之制有蓋而無四方風雨不能襲燥濕不能傷遷延而入之臣愷以爲上古朴略剏立典刑尚書帝命驗曰帝者承天立五府以尊天重象赤曰文祖黃曰神斗白曰顯紀黑曰玄矩蒼曰靈府注云唐虞之天府夏之世室殷之重屋周之明堂皆同矣尸子曰有虞氏曰總章周官考工記曰夏后氏世室堂脩二七博四脩一注云脩南北之深也夏度以步合堂脩十四步其博益以四分脩之一則堂博十七步半也臣愷案三王之世夏最爲古從質尚文理應漸就寬大何因夏室乃大殷堂相形爲論理恐不爾記云堂脩二七博四脩一若夏度以步則應脩七步注云今堂脩十四步乃是增益記文殷周二堂獨無加字便是義類例不同山東禮本輒加二七之字何得殷無加尋之文周闕增筵之義研窮其趣或是不然讎校古書並無二字此乃桑間俗儒信情加減黃圖議云夏后氏益其堂之大百四十四尺周人明堂以爲兩杼間馬宮之言止論堂之一面據此爲準則三代堂

基並方得爲上圓之制諸書所說並爲下方鄭注周官獨爲此義非直與古違
異亦乃乖背禮文尋文求理深恐未愜尸子曰殷人陽館考工記曰殷人重屋
堂脩七尋堂崇三尺四阿重屋注云其脩七尋五丈六尺放周夏則其博九尋
七丈二尺又曰周人明堂度九尺之筵東西九筵南北七筵堂崇一筵五室凡
室二筵禮記明堂位曰天子之廟複廟重檐鄭注云複廟重屋也注玉藻云天
子廟及路寢皆如明堂制禮圖云於內室之上起通天之觀觀八十一尺得宮
之數其聲濁君之象也大戴禮曰明堂者古有之凡九室室有四戶八牖以茅
蓋上圓下方外水曰璧雍赤綴戶白綴牖堂高三尺東西九仞南北七筵其宮
方三百步凡人疾六畜疫五穀災生於天道不順天道不順生於明堂不飾故
有天災則飾明堂周書曰明堂方百一十二尺高四尺階博六尺三寸室居內
方百尺室內方六十尺高八尺博四尺作洛曰明堂太廟路寢咸有四阿重亢
重廊孔氏注云重亢累棟重廊累屋禮圖曰秦明堂九室十二階各有所居呂
氏春秋曰有十二堂與月令同並不論尺丈臣愷案十二階雖不與禮合一月

一階非無理思黄圖曰堂方百四十四尺坤之策也方象地屋圓楣徑二百一十六尺乾之策也圓象天室九宮法九州太室方六丈法陰之變數十二堂法十二月三十六戸法極陰之變數七十二牖法五行所得日數八達象八風法八卦通天臺徑九尺法乾以九覆六高八十一尺法黄鍾九九之數二十八柱象二十八宿堂高三尺土階三等法三統堂四向五色法四時五行殿門去殿七十二步法五行所行門堂長四丈取太室三之二垣高無蔽目之照牖六尺其外倍之殿垣方在水內法地陰也水四周於外象四海圓法陽也水闊二十四丈應二十四氣水內徑三丈應覲禮經武帝元封二年立明堂汶上無室其外略依此制泰山通義今亡不可得而辨也元始四年八月起明堂辟雍長安城南門制度如儀一殿垣四面門八觀水外周堤壤高四方和會築作三旬五年正月六日辛未始郊太祖高皇帝以配天二十二日丁亥宗祀孝文皇帝於明堂以配上帝及先賢百辟卿士有益者於是秩而祭之親扶三老五更袒而割牲跪而進之因班時令宣恩澤諸侯宗室四夷君長匈奴西國侍子悉奉貢

助祭禮圖曰建武三十年作明堂堂上圓下方圓法天方法地十二堂法日辰九室法九州八窗象八風八九七十二法一時之王室有二戶二九十八戶法土王十八日內堂正壇高三尺土階三等胡伯始注漢官云古清廟蓋以茅今蓋以瓦瓦下藉茅以存古制東京賦曰乃營三宮布政頒常複廟重屋八達九房造舟清池惟水泱泱薛綜注云複重廟覆謂屋平覆重棟也續漢書祭祀志曰明帝永平二年祀五帝於明堂五帝坐各處其方黃帝在未皆如南郊之位光武位在青帝之南少退西南各一犢奏樂如南郊臣愷案詩云我將祀文王於明堂也我將我享維羊維牛據此則備大牢之祭今云一犢恐與古殊自晉以前未有鴟尾其門墻壁水一依本圖晉起居注裴頠議曰尊祖配天其義明著廟宇之制理據未分直可爲一殿以崇嚴祀其餘雜碎一皆除之臣愷案天垂象聖人則之辟雍之星既有圖狀晉室方構不合天文既闕重樓又無壁水空堂乖五室之義直殿違九階之文非古欺天一何過甚後魏於北臺城南造圓墻在壁水外門在水內迴立不與墻相連其堂上九室三三相重不依古制

室間通巷違舛處多其室皆用墼累極成褊陋後魏樂志曰孝昌二年立明堂議者或言九室或言五室詔斷從五室後元叉執政復改爲九室遭亂不成宋起居注曰孝武大明五年立明堂其墻宇規範擬則太廟唯十二間以應期數依漢汶上圖儀設五帝位太祖文皇帝對饗鼎俎簠簋一依商禮梁武即位之後移宋時太極殿以爲明堂無室十二間禮疑議云祭用純漆俎瓦樽文於郊質於廟上一獻用清酒平陳之後臣得目觀遂量步數記其尺丈猶見焚燒殘柱毀破之餘入地一丈儼然如舊柱下以樟木爲跗長丈餘闊四尺許兩兩相並凡安數重宮城處所乃在郭內雖湫隘卑陋未合規摹但祖宗之靈得崇嚴祀周齊二代闕而不修大饗之典於焉靡記自古明堂圖唯有二本一是宗周劉熙阮諶劉昌宗等作三圖略同一是後漢建武三十年作禮圖有本不詳撰人臣遠尋經傳傍求子史研究衆說總撰今圖其樣以木爲之下爲方堂堂有五室上爲圓觀觀有四門帝可其奏會遼東之役事不果行以度遼之功進位金紫光祿大夫其年卒官帝甚惜之謚曰康撰東都圖記二十卷明堂圖議二

卷釋疑一卷見行於世長子儒童游騎尉少子温起部承務郎

侯莫陳崇字尚樂代武川人也其先魏之別部居庫斛真水祖元以良家子鎮武川代因家焉父興殿中將軍羽林監後以崇著勳追贈柱國太保清河郡公崇少驍勇善馳射謹慤少言年十五隨賀拔岳與尒朱榮征葛榮後從岳入關破赤水蜀又從岳力戰破万俟醜奴崇與輕騎逐北至涇州長坑及之賊未成列崇單騎入賊中於馬上生禽醜奴遂大破之封臨涇縣侯及岳為侯莫陳悅所害崇與諸將同謀迎周文帝文帝至軍原州刺史史歸猶為悅守周文遣崇襲歸直到城下即據城門時李遠兄弟在城內先知崇來中外鼓譟伏兵悉起遂禽歸斬之以崇行原州事仍從平悅別封廣武縣伯累遷儀同三司改封彭城郡公從禽竇泰復弘農破沙苑戰河橋又別討平稽胡累戰皆有功進位柱國大將軍六官建拜大司空周孝閔踐阼進封梁國公加太保歷大宗伯大司徒保定三年從武帝幸原州時帝夜還京師竊怪其故崇謂所親人常昇曰吾比日聞卜筮者晉公今年不利車駕今忽夜還不過是晉公死耳於是皆傳之

或有發其事者帝集諸公卿於大德殿責崇崇惶懼謝罪其夜護遣使將兵就
崇宅逼令自殺葬禮如常儀謚曰躁護誅改謚曰莊閔子芮嗣位柱國從武帝
東伐率衆守太行道幷州平授上柱國仍從平鄴拜大司馬隋文大業初以譴
詔流配嶺南芮弟穎
穎字遵道少有器量風神警發爲時輩所推魏大統末以父軍功賜爵廣平侯
累遷開府儀同三司周武帝時從滕王逌擊龍泉文城叛湖穎與柱國豆盧勣
分路而進穎懸軍五百餘里破其三柵先是稽胡叛亂輒略邊人爲奴婢至是
詔胡有厭匿良人者誅籍沒其妻子有人言爲胡村所隱匿者勣將誅之穎曰
將在外君命有所不行諸胡固非悉反但相迫脅爲亂今慰撫自可不戰而定
如即誅之轉相驚恐爲難不細未若召其渠帥以隱匿者付之令自歸首則羣
胡可安勣從之諸胡爭降附北土以安遷司武加振威中大夫隋文帝受禪加
上開府進爵昇平郡公平陳之役以行軍總管從秦王俊出魯山道與行軍總
管段文振度江安集歸附再遷瀛州刺史甚有惠政後坐與秦王俊交通免官

百姓送者莫不流涕因相與立碑頌頴清德後拜邢州刺史仁壽中吏部尚書牛弘持節巡撫山東以頴爲第一上優詔褒揚時朝廷以嶺南刺史縣令多貪鄙蠻夷怨叛妙簡清吏於是徵頴入朝上與言及平生以爲歡笑即日進位大將軍拜桂州總管十七州諸軍事及至官大崇恩信人夷悅服煬帝即位頴兄梁國公芮坐事徙邊朝廷恐頴不自安徵還京師後拜恆山太守其年嶺南閩越多不附帝以頴前在桂州有惠政爲南方所信伏拜南海太守卒官謚曰定子虔會最知名

崇兄順少豪俠有志度初事尒朱榮爲統軍普泰元年封木縣子後從魏孝武入關順與周文帝同里閈素相友善且崇先在關中周文見之甚歡進爵彭城郡公及梁仚定圍逼河州以順爲大都督與趙貴討破之即行河州事大統四年魏文帝東討順與太尉王盟僕射周惠達等留鎮長安時趙青雀反盟及惠達奉魏太子出次渭北順於渭橋與賊戰頻破之魏文帝還執順手曰渭橋之戰卿有殊力便解所服金鏤玉梁帶賜之南岐州氐羌符安壽遂率部落一千

家款附時順弟崇又封彭城郡公遂改封順河間郡公六年加驃騎大將軍開府儀同三司行西夏州事改封平原郡公周孝閔帝踐阼拜少師進位柱國其年薨崇弟瓊歷位荆州總管上柱國封脩武郡公瓊弟凱以軍功賜爵下蔡縣男崇以平原州功賜爵靈武縣侯詔聽轉授凱孝閔踐阼進位開府儀同三司進爵爲公天和中爲司會中大夫建德二年爲聘齊使主

王雄字雄胡布頭太原人也父崙以雄著勳追贈柱國大將軍少傅安康郡公雄儀貌魁梧少有謀略魏末從賀拔岳入關除金紫光祿大夫少武西遷封臨真縣伯大統中進爵武威郡公累遷大將軍行同州事恭帝元年賜姓可頻氏周孝閔帝踐阼授少傅進位柱國大將軍武成初進封庸國公邑萬戶出爲涇州總管保定四年從晉公護東征至邙山與齊將斛律明月戰退走左右皆散矢又盡唯餘一奴一矢在焉雄案矟不及明月者丈餘曰惜爾不得殺但生將爾見天子明月反射雄中額抱馬走至營薨贈使持節太保同華等二十州諸軍事同州刺史諡曰忠子謙

謙字敕萬性恭謹無他才能以父功封安樂縣伯保定二年父雄封庸國公以武威郡公回封謙安樂伯回封第三弟震雄死朝議以謙父殞行陣特加殊寵授柱國大將軍襲爵庸國公建德五年武帝東征謙力戰進位上柱國六年授益州總管十八州諸軍事及宣帝崩隋文帝輔政以梁睿爲益州總管時謙使司錄賀若昂奉表詣闕昂還具陳京師事謙以父子受國恩將圖匡復遂舉兵署置官司總管長史乙弗虔益州刺史達奚惎勸謙憑險觀變隆州刺史高阿那肱爲謙畫三策曰公親率精銳直指散關蜀人知公有勤王之節必當各思效命此上策也出兵梁漢以顧望天下此中策也坐守劍南發兵自衛此下策也謙參用其中下之策梁睿未至大劍謙先遣兵鎮始州隋文帝即以睿爲行軍元帥便發利鳳文秦成諸州兵討之謙所署柱國達奚惎高阿那肱大將軍乙弗虔楊安任峻侯翁景晜等衆號十萬盡銳攻利州總管楚國公豆盧勣拒戰將四旬惎等諸軍聞睿將至衆遂潰謙所署大將軍符子英攻巴州又爲刺史呂珍所破睿乘其弊縱兵深入惎虔密遣使詣睿請爲內應以贖罪謙不知

惎虔之反己也並令守成都謙先無籌略且所任用多非其才及聞睿兵奄至惶懼計無所出乃自率衆逆戰又以惎虔之子爲左右軍行數十里左右軍皆叛謙奔新都縣令王寶執而斬之傳首京師惎虔以成都降隋文帝以惎虔首謀令殺之於蜀市餘衆並散阿那肱尋亦被誅

論曰李弼懷佐時之略逢興運之期締構艱難綢繆顧遇方面宣其庸績帷幄盡其謀猷非唯攀附成名抑亦材謀自取密遭風雲之會奮其鱗翼思封函谷將割鴻溝期月之間衆數十萬威行萬里聲動四方雖事屈興王運乖天眷而雄名克振何其壯歟然志性輕狡終致傾覆固其宜也宇文貴負將帥之材蘊剛銳之氣遭逢喪亂險阻備嘗自致高位亦云美矣忻武藝之風名高一代及晚節遇禍雖鳥盡弓藏然亦器盈斯概夷戮非爲不幸愷學藝兼該思理通贍規矩之妙參蹤班爾當時制度咸取則焉其起仁壽宮營建洛邑要求時幸窮侈極麗使文皇失德煬帝亡身危亂之原抑亦由此至於考覽書傳定明堂圖雖意過其通有足觀者侯莫陳崇以勇悍之氣逢戰爭之秋輕騎啓高平之扉

迮馬得長坑之俊以宏材遠略附鳳攀龍茂績元勳位居上袞而識慚明哲遂以凶終惜哉王雄身參佐命謙寵列山河及投袂勤王志匡社稷雖忠君之効未宣與夫懷祿圖存者異也初魏孝莊帝以尒朱榮有翊戴之功拜榮柱國大將軍位在丞相上榮敗後此官遂廢大統三年魏文帝復以周文帝建中興之業始命爲之其後功參佐命望實俱重者亦居此職自大統十六年已前任者凡有八人周帝位總百揆都督中外軍事魏廣陵王欣元氏懿戚從容禁闥而已此外六人各督二大將軍分掌禁旅當爪牙禦侮之寄當時榮盛莫與爲比故今之稱門閥者咸推八柱國家今并十二大將軍錄之於左使持節太尉柱國大將軍大都督尙書左僕射隴右行臺少師隴西郡開國公李諱使持節太傅柱國大將軍大宗師大司徒廣陵王元欣使持節柱國大將軍大都督大宗伯趙郡開國公李弼使持節柱國大將軍大都督大司馬河內郡開國公獨孤信使持節柱國大將軍大都督大司寇南陽郡開國公趙貴使持節柱國大將軍大都督大司空常山郡開國公于謹使持節柱國大將軍大都督少傅彭城

郡開國公侯莫陳崇與周文帝爲八柱國使持節大將軍大都督少保廣平王
元贊使持節大將軍大都督淮安王元育使持節大將軍大都督齊王元廓使
持節大將軍大都督平原郡開國公侯莫陳順使持節大將軍大都督北州諸
軍事秦州刺史章武郡開國公宇文導使持節大將軍大都督雍州諸軍事雍
州刺史高陽郡開國公達奚武使持節大將軍大都督陽平郡開國公李遠使
持節大將軍大都督范陽郡開國公豆盧寧使持節大將軍大都督化政郡開
國公宇文貴使持節大將軍大都督荊州諸軍事荊州刺史博陵郡開國公賀
蘭祥使持節大將軍大都督陳當郡開國公楊忠使持節大將軍大都督岐州
諸軍事岐州刺史武威郡開國公王雄是爲十二大將軍每大將軍督二開府
凡爲二十四員分開國領是二十四軍每一團儀同二人自相督率不編戶貫
都十二大將軍十五日上則門欄陛戟警晝巡夜十五日下則教旗習戰無他
賦役每兵唯辦弓刀一具月簡閱之甲槊戈弩並資官給自大統十六年以前
十二大將軍外念賢及王思政亦拜大將軍然賢作牧隴右思政出鎮河南並

不在領兵之限此後功臣位至柱國及大將軍者衆矣不限此秩無所統御六柱國十二大將軍之後有以位次嗣掌其事者而德望素在諸公之下並不得預於此例

北史卷六十

北史卷六十考證

宇忻傳迥遣子惇威兵武陟忻擊走之○兵監本訛共今改從南本

陳崇兄順傳崇以平原州功○原字下監本訛缺一字今從南本

賜爵靈武縣侯○侯監本訛候今改正

王雄傳惟餘一奴一矢在焉○監本訛作一如一失任焉今從南本改正

謙傳益州刺史達奚惎勸謙憑險觀變○惎監本訛甚今改從南本

史臣論警晝巡夜○晝監本訛晝今改正

北史卷六十考證

北史卷六十一

唐　李　延　壽　撰

列傳第四十九

王盟 子勱 孫誼　獨孤信 子羅　竇熾 子榮定 兄子毅

賀蘭祥　叱列伏龜　閻慶 子毗

史寧 子雄 祥　權景宣

王盟字仵明德皇后之兄也其先樂浪人六世祖波前燕太宰祖珍魏黃門侍郎贈幷州刺史樂浪公父羆伏波將軍以良家子鎮武川因家焉魏正光中破六韓拔陵攻陷諸鎮盟亦爲其所擁拔陵平後流寓中山復以積射將軍從蕭寶夤西征寶夤僭逆盟遂逃匿人間及尒朱天光入關盟從之隨賀拔岳禽万俟醜奴平秦隴常先登力戰及周文帝平侯莫陳悅除盟原州刺史孝武至長安封魏昌縣公大統三年徵拜司空轉司徒迎文帝悼后於蠕蠕加侍中還太尉魏文帝東征以留後大都督行雍州事節度關中諸軍趙青雀之亂盟與開

府李諱輔太子出頓渭北事平進長樂郡公賜姓拓跋氏遷太保九年進位太傅加開府儀同三司盟姿度弘雅仁而汎愛雖居師傅禮冠羣后而謙恭自處未嘗以勢位驕人魏文帝甚尊重之及疾數幸其第親問所欲十一年薨贈本官謚曰孝定

子勱字醜與性忠果有材幹年十七從周文帝入關及平秦隴定關中周文嘗謂曰爲將坐見成敗者上也被堅執銳者次也勱曰意欲兼被之周文大笑尋拜散騎常侍賜爵梁甫縣公大統初爲千牛備身直長領左右出入臥內小心謹厚魏文帝常曰王勱可謂不二心臣也沙苑之役勱以都督領禁兵居左翼當其前者死傷甚衆勱亦被傷重遂卒於行間周文深悼焉贈使持節太尉尚書令十州諸軍事雍州刺史追封咸陽郡公謚曰忠武子弼襲爵尚魏安樂公主位大都督通直散騎常侍勱弟懋字小興盟之西征也以懋尚幼留在山東永平中始入關與盟相見遂從征伐大統初賜爵安平縣子後進爵爲公累遷右衛將軍于時疆埸交兵未申喪紀服齊斬者並墨縗從事及盟薨懋上表辭

位乞終喪制魏文帝不許累遷開府儀同三司侍中左衛將軍領軍將軍懋温和小心敬慎宿衞宮禁十有餘年勤恪當官未嘗有過廢帝二年除南岐州刺史賜爵安寧郡公後拜小司寇卒於官子悅嗣位大將軍同州刺史改封濟南郡公盟兄子顯幼而敏悟沉靜少言初爲周文帳內都督累遷驃騎大將軍開府儀同三司光祿卿鳳州刺史賜爵洛邑縣公進位大將軍卒子誼

誼字宜君少有大志便弓馬博覽羣言周閔帝時爲左中侍上士時大冢宰宇文護執政帝拱默無所關預有朝士於帝側微不恭誼勃然而進將擊之其人惶懼請罪乃止自是朝臣無敢不肅遷御正大夫父艱毀瘠過禮廬於墓側負土成墳武帝卽位累遷內史大夫封楊國公從帝伐齊至幷州帝既入城反爲齊人所敗左右多死誼率麾下驍雄赴之齊平自相州刺史徵爲大內史汾州稽胡亂誼擊之帝弟越王盛譙王儉雖爲總管並受誼節度賊平封一子開國公帝臨崩謂皇太子曰王誼社稷臣宜處以機密不須遠任皇太子卽位是爲宣帝憚誼剛正出爲襄州總管及隋文帝爲丞相鄖州總管司馬消難舉兵反

帝以誼爲行軍元帥討之未至而消難奔陳于時北至商洛南拒江淮東西二千餘里巴蠻多叛共推渠帥蘭洛州爲主洛州自號河南王以附消難北連尉遲迥誼分兵討之旬月皆平帝遣使勞問冠蓋不絶以第五女妻其子奉孝尋拜大司徒誼自以與帝有舊亦歸心焉及隋受禪顧遇彌厚帝親幸其第與之極歡太常卿蘇威議以爲戶口滋多人田不贍欲減功臣之地以給人誼奏曰百官者歷世勳賢方蒙爵土一旦削之未見其可帝以爲然竟寢威議帝將幸岐州誼諫曰陛下初臨萬國人情未洽何用此行上戲之曰吾昔與公位望齊等一朝屈節爲臣或當恥愧是行也振揚威武欲以服公心耳誼笑而退尋奉使突厥帝嘉其稱旨進郢國公未幾其子奉孝卒踰年誼上表言公主少請除服御史大夫楊素劾誼曰臣聞喪服有五親疎異節喪制有四降殺殊文王者之所常行故曰不易之道也而儀同王奉孝既尚蘭陵公主以去年五月身喪始經一周而誼便請除釋竊以雖曰王姬終成下嫁之禮公則主之猶在移天之義況復三年之喪自上達下及期釋服在禮未詳然夫婦之則人倫攸始喪

紀之制人道至大茍不重之取笑君子故鑽燧改火責以居喪之速朝祥暮歌譏以忘哀之早然誼雖不自彊爵位已重欲無禮其可得乎乃薄俗傷教爲父則不慈輕禮易喪致婦於無義若縱而不正恐傷風俗有詔不問然恩禮稍薄誼頗怨望或告誼謀反帝令案其事主者奏誼有不遜之言實無反狀帝賜酒而釋之時上柱國元諧亦頗失意誼數與往來言論醜惡胡僧告之公卿奏誼大逆不道罪當死帝見誼愴然曰朕與公舊同學甚相憐愍將奈國法何於是詔曰誼有周之世早預人倫朕共遊庠序遂相親好然性懷險薄巫覡盈門鬼言怪語稱神道聖朕受命之初深存戒約口云改悔心實不悛乃說四天王神道誼應受命書有誼讖天有誼星桃鹿二川岐州之下歲在辰巳與帝王之業密令卜問伺殿省之災又說其身是明王聖主信用左道所在詿誤自言相表當王不疑此而赦之將或爲亂禁暴除惡宜伏國刑帝復令大理正趙綽謂誼曰時命如此將若之何乃賜死於家時年四十六

獨孤信雲中人也本名如願魏初有四十六部其先伏留屯者爲部落大夫與

魏俱起祖侯尼和平中以良家子自雲中鎮武川因家焉父庫者為領人酋長少雄豪有節義北州咸敬服之信美容儀善騎射正光末與賀拔度等同斬衛可瓌由是知名後為葛榮所獲信既少年自脩飾服章軍中號為獨孤郎及尒朱氏破葛榮以信為别將從征韓婁信匹馬挑戰禽賊漁陽王表賜周後以破元顥黨賜爵受德縣侯遷武衛將軍賀拔勝出鎮荆州乃表信為大都督及勝弟岳為侯莫陳悅所害勝乃令信入關撫岳餘衆屬周文帝已統岳兵與信鄉里少相友善相見甚歡因令信入洛請事至雍州大使元毗又遣信還荆州尋徵入朝魏孝武雅相委任及孝武西遷事起倉卒信單騎及之於瀍澗孝武嘆曰武衛遂能辭父母捐妻子從我世亂識忠良豈虛言哉進爵浮陽郡公時荆州雖陷東魏人心猶戀本朝乃以信為衛大將軍都督三荆州諸軍事兼尚書右僕射東南道行臺大都督荆州刺史以招懷之既至東魏刺史辛纂出戰信縱兵擊纂大敗之都督楊忠等前驅斬纂於是三荆遂定東魏又遣其將高敖曹侯景等奄至信以衆寡不敵遂率麾下奔梁居三載梁武帝方許信還北信

父母既在山東梁武帝問信所往答以事君無二梁武義之禮送甚厚大統三年至長安以虧損國威上書謝罪魏文帝付尚書議之七兵尚書陳郡王玄等議以爲既經恩降請赦罪復職詔轉驃騎大將軍加侍中開府尋拜領軍將軍仍從復弘農破沙苑改封河內郡公俘虜中有信親屬始得父凶問乃發喪行服尋起爲大都督與馮翊王元季海入洛陽潁豫襄廣陳留之地並款附四年東魏將侯景等圍洛陽信據金墉城隨方拒守旬有餘日及周文帝至瀍東景等退走信與李遠爲右軍戰不利東魏遂有洛陽六年侯景寇荊州周文令信與李弼出武關景退即以信爲大使慰撫三荊尋除隴右十一州大都督秦州刺史先是守宰闇弱政令乖方人有冤訟歷年不能斷決及信在州事無擁滯示以禮教勸以耕桑數年之中公私富實流人願附者數萬家周文以其信著遐邇故賜名爲信七年岷州刺史赤水蕃王梁仚定舉兵反詔信討之仚定尋爲其部下所殺而仚定子弟仍收其餘衆信乃勒兵向萬年頓三交谷口賊併力拒守信因詭道趣稠松嶺賊不虞信兵之至望風奔潰乘勝逐北徑至城下

賊並出降加授太子太保芒山之戰大軍不利信與于謹帥散卒自後擊之齊神武追騎驚擾諸軍因此得全及涼州刺史宇文仲和據州不受代周文令信率開府怡峯討之仲和嬰城固守信夜令諸將以衝梯攻其東北信親率壯士襲其西南遲明克之禽仲和虜其六千戸送于長安拜大司馬十三年大軍南討時以蠕蠕爲寇令信移鎭河陽十四年進位柱國大將軍錄前後功贈封聽回授諸子於是第二子善封魏寧縣公第三子穆必要縣侯第四子藏義寧縣侯邑各一千戸第五子順武成縣侯第六子陁建忠縣伯邑各五百戸信在隴右歲久啓求還朝周文不許或有自東魏來者又告其母凶問信發喪行服信陳哀苦請終禮制又不許於是追贈信父庫者司空公追封信母費連氏常山郡君十六年遷尙書令六官建拜大司馬周孝閔帝踐阼遷大宗伯進封衞國公邑萬戸趙貴誅後信以同謀坐免居無幾晉公護又欲殺之以其名望素重不欲顯其罪過逼令自盡於家時年五十五信美風度雅有奇謀大略周文初啓霸業唯有關中之地以隴右形勝故委信鎭之既爲百姓所懷聲震鄰國東

魏將侯景之南奔梁也魏收爲檄梁文矯稱信據隴右不從宇文氏乃云無關西之憂欲以委梁人也又信在秦州嘗因獵日暮馳馬入城其帽微側詰旦而吏人有戴帽者咸慕信而側帽焉其爲隣境及士庶所重如此子羅先在東魏乃以次子善爲嗣及齊平羅至而善卒又以羅主嗣信長女周明敬后第四女元貞后第七女隋文獻后周隋及皇家三代皆爲外戚自古以來未之有也隋文帝踐極乃下詔褒贈信太師上柱國十州諸軍事冀州刺史封趙國公邑一萬戶諡曰景追贈信父庫者使持節太尉上柱國六州諸軍事定州刺史封趙國公邑一萬戶諡曰恭信母費連氏贈太尉趙恭公夫人

羅字羅仁父信隨魏孝武入關中羅遂爲高氏所囚及信爲宇文護誅羅始見釋寓居中山孤貧無以自給齊將獨孤永業以宗族故哀之爲買田宅遺以資畜初信入關後復娶二妻郭氏生子六人善穆藏順陁整崔氏生隋獻皇后及齊亡隋文帝爲定州總管獻皇后遣人求羅得之相見悲不自勝侍御者皆泣於是厚遺車馬財物未幾周武帝以羅功臣子久淪異域徵拜楚安郡太守以

疾去官歸京師諸弟見羅少長貧賤每輕侮不以兄禮事之然性長者亦不與諸弟校競長短后由是重之文帝爲丞相拜羅儀同常置左右既受禪詔追贈羅父其諸弟以羅母沒齊先無夫人號不當承襲上以問后后曰羅誠嫡長不可誣也於是襲爵趙國公以其弟善爲河內郡公穆爲金泉縣公藏爲武平縣公陁爲武喜縣公整爲千牛備身擢拜羅爲左領將軍遷左衞將軍前後賞賜不可勝計出爲涼州總管進位上柱國徵拜左武衞大將軍煬帝嗣位改封蜀國公未幾卒官謚曰恭子纂嗣位河陽都尉纂弟武都大業末亦爲河陽都尉庶長子開遠字文化及之弒逆也裴虔通率賊入城象殿宿衞兵士皆從逆開遠時爲千牛與獨孤盛力戰閤下爲賊所執賊義而捨之

善字伏陁幼聰慧善騎射以父封勳封魏寧縣公魏廢帝元年又以父勳授驃騎大將軍開府儀同三司加侍中進爵長城郡公周孝閔帝踐阼除河州刺史以父負釁久廢於家保定三年乃授龍州刺史天和六年襲爵河內郡公從帝東討以功授上開府尋除兗州刺史政在簡惠百姓安之卒於州贈使持節柱

國五州諸軍事定州刺史子覽嗣位右候衛大將軍大業末卒

陁字黎邪仕周胥附上士坐父徙蜀十餘年宇文護誅始歸長安隋文帝受禪拜上開府領左右將軍累遷延州刺史陁性好左道其外祖母高氏先事貓鬼已殺其舅郭沙羅因轉入其家上微聞而不信會獻皇后及楊素妻鄭氏俱有疾召醫視之皆曰此貓鬼疾上以陁后之異母弟陁妻楊素之異母妹由是意陁所爲陰令其兄左監門郎將穆以情喻之上又遣左右諷陁陁言無有上不說左轉遷州刺史出怨言上令左僕射高熲納言蘇威大理正皇甫孝緒大理丞楊遠等雜案之陁婢徐阿尼言本從陁母家來常事貓鬼每以子日夜祀之言子者鼠也其貓鬼每殺人者所死家財物潛移於畜貓鬼家陁嘗從家中索酒其妻曰無錢可酤陁因謂阿尼曰可令貓鬼向越公家使我足錢阿尼便呪之居數日貓鬼向素家後上初從并州還陁於園中謂阿尼曰可令貓鬼向皇后所使多賜吾物阿尼復呪之遂入宮中楊遠乃於門下外省遣阿尼呼貓鬼阿尼於是夜中置香粥一盆以匙扣而呼曰貓女可來無住宮中久之阿尼色

正青若被牽拽者云貓鬼已至上以其事下公卿奇章公牛弘曰祅由人興殺其人可以絶矣上令犢車載陁夫妻將賜死於其家陁弟司勳侍中整詣闕求哀於是免陁死除名以其妻楊氏爲尼先是有人訟其母爲人貓鬼所殺者上以爲祅妄怒而遣之及此詔誅被訟行貓鬼家陁未幾而卒煬帝卽位追念舅氏聽以禮葬乃下詔贈正議大夫帝意猶不已復贈銀青光祿大夫二子延福延壽陁弟整位幽州刺史大業初贈金紫光祿大夫平鄉侯

竇熾字光成扶風平陵人後漢大鴻臚章之後也章子統靈帝時爲鴈門太守避竇武之難亡奔匈奴遂爲部落大人後魏南徙子孫因家代賜姓紇豆陵武累世仕魏皆至大官父略平遠將軍以熾著勳贈少保柱國大將軍建昌公熾性嚴明有謀略美鬚髯身長八尺二寸少從范陽祈忻受毛詩左氏春秋略通大義善騎射膂力過人魏正光末北鎮擾亂乃隨略避地定州投葛榮榮欲官略略不受榮疑其有異志遂留略於冀州將熾及熾兄善隨軍及尒朱榮破葛榮熾乃將家隨榮於并州時葛榮別帥韓婁等據薊城不下以熾爲都督從驃

騎將軍侯深討之熾手斬婁以功拜揚烈將軍魏孝武即位蠕蠕等諸蕃並遣使朝貢帝臨軒宴之有鴟飛鳴於殿前帝素知熾善射因欲矜示遠人乃給熾御箭兩隻命射之鴟乃應弦而落諸蕃人咸歎異焉帝大悅尋隨東南道行臺樊子鵠追尒朱仲遠奔梁時梁主又遣元樹入寇據譙城子鵠令熾擊破之封行唐縣子尋進爵上洛縣伯時帝與齊神武構隙以熾有威重堪處爪牙任拜閤內大都督遷朱衣直閤遂從帝西遷仍與其兄善至城下與武衞將軍高金龍戰於千秋門敗之因入宮城取御馬四十匹幷鞍勒進之行所帝大悅賜熾及善駿馬各二匹駑馬十匹大統元年別封真定縣公從周文帝禽竇泰復弘農破沙苑皆有功河橋之戰諸將退走熾時獨從兩騎爲敵人追至芒山熾乃下馬背山抗之俄而敵衆漸多矢下如雨熾騎士所執弓並爲敵人所射破熾乃總收其箭以射之所中人馬應弦而倒敵乃相謂曰得此三人未足爲功乃稍引退熾因其怠遂突圍得出又從太保李弼討白額稽胡破之高仲密以北豫州來赴熾從周文援之至洛陽會東魏人據芒山爲陣周文命留輜重於瀍

曲率輕騎奮擊中軍與右軍大破之悉虜其步卒熾獨追至石濟而還大統十
三年進使持節驃騎大將軍開府儀同三司加侍中出爲涇州刺史莅職數年
政號清靜改封安武縣公魏廢帝元年除原州刺史熾抑挫豪右申理幽滯在
州十載甚有政績州城北有泉水熾屢經游踐嘗與僚吏宴於泉側因酌水自
飲曰吾在此州唯當飲水而已及去職後人吏感其遺惠每至此泉者莫不懷
之恭帝元年進爵廣武郡公屬蠕蠕寇廣武熾與柱國趙貴分路討之蠕蠕引
退熾度河至麴伏川追及大破之武成二年拜柱國大將軍周明帝以熾前朝
舊臣勳望兼重欲獨爲造第熾辭以天下未平干戈未偃不宜輒發徒役周明
不許尋而帝崩事方得寢保定元年進封鄧國公邑一萬戶別食資陽縣一千
戶收其租賦天和五年自大宗伯爲宜州刺史先是周文田於渭北令熾與晉
公護分射走兔熾一日獲十七頭護十一頭護恥不及因以爲嫌至是熾又以
周武年長有勸護歸政之議護惡之故左遷焉及護誅徵拜太傅熾既朝之元
老名望素隆至於軍國大謀常與參議嘗有疾周武帝幸其第問之因賜金石

之藥其見禮如此帝於大德殿將謀伐齊熾年已衰老乃扼腕曰臣雖朽邁請執干櫓首啓戎行得一覩誅翦鯨鯢廓清寰宇省方觀俗登岳告成然後歸魂泉壤無復餘恨帝壯其志節遂以熾第二子武當公恭爲左二軍總管齊平之後帝乃召熾歷觀相州宮殿熾拜賀曰陛下眞不負先帝矣帝大悅進位上柱國宣政元年兼雍州牧及周宣營建東京以熾爲京洛營作大監宮苑制度皆取決焉大象初改食樂陵縣邑戶如舊隋文帝入輔政停洛陽宮作熾請入朝屬尉遲迥舉兵熾乃移入金墉與洛州刺史平涼公元亨同心固守仍權行洛陽鎭事相州平熾方入朝屬文帝初爲相國百寮皆勸進自以累世受恩遂不肯署牋時人皆高其節及帝踐極拜太傅加殊禮贊拜不名開皇四年八月薨時年七十八贈八州諸軍事冀州刺史謚曰恭熾事親孝奉諸兄以悌順聞及其望位隆重而子孫皆處列位遂爲當時盛族子茂嗣茂有第十三人恭威最知名恭位至大將軍從周武平齊封贊國公除西兗州總管以罪賜死熾兄善以中軍大都督南城公從魏孝武西遷仕至太僕衞尉卿汾北華瀛三州刺史

驃騎大將軍開府儀同三司永富縣公謚曰忠子榮定嗣
榮定沉深有器局容貌魁偉美鬚髯便弓馬初爲魏文帝千牛備身周文帝見
而奇之授平東將軍賜爵宜君縣子後從周文與齊人戰於北芒周師不利榮
定與汝南公宇文神慶帥精騎擊却齊師以功拜上儀同尋復以軍功進位開
府襲爵永富縣公除忠州刺史從平齊加上開府拜前將軍俠飛中大夫其妻
則隋文帝長姊安成長公主也文帝少與之情契甚厚榮定亦知帝有人君之
表尤相推結及帝作相領左右宮伯使鎮守天臺總統露門內兩廂仗衞常宿
禁中遇尉遲迥初平朝廷頗以山東爲意拜榮定爲洛州總管以鎮之前後賜
縑四千匹西涼女樂一部及受禪來朝賜馬三百匹部曲八十戶遣之坐事除
名公主曰天子姊乃作田舍兒妻上不得已尋拜右武候大將軍上數幸其第
恩錫甚厚每令尚食局日供羊一口珍味稱是以佐命功拜上柱國歷位寧州
刺史右武侯大將軍秦州總管賜吳樂一部突厥沙鉢略寇邊爲行軍元帥率
總管出涼州與虜戰於高越原兩軍相持地無水士卒渴甚至刺馬血而飲死

者十二三榮定仰天太息俄而澍雨軍復振於是進擊數挫其鋒突厥憚之請盟而去賜縑萬匹進爵安豐郡公復封子憲爲安康郡公賜縑五千匹歲餘拜右武衞大將軍帝欲以爲三公榮定上書固辭陳畏懼之道帝乃止前後賞賜不可勝計及卒帝爲之廢朝令左衞大將軍元旻監護喪事賻絹三千匹上謂侍臣曰吾每欲致榮定於三事其人固讓不可今欲賜之重違其志於是贈冀州刺史陳國公謚曰懿子抗嗣抗美容儀性通率長於巧思父卒後恩遇彌厚所賜錢帛金寶亦以鉅萬位定州刺史檢校幽州總管煬帝即位漢王諒反以爲抗與通謀由是除名以其弟慶襲封陳公慶亦有姿容性和厚頗工草隸初封永富郡公位河東太守衞尉卿大業末爲南郡太守爲盜賊所害慶弟璡亦工草隸頗解鍾律歷位穎川南郡扶風太守熾兄子毅

毅字天武父岳早卒及毅著勳追贈大將軍冀州刺史毅深沉有器度事親以孝聞魏孝武初起家員外散騎侍郎時齊神武擅朝毅慨然有徇主之志從孝武西遷封奉高縣子從禽竇泰復弘農戰沙苑皆有功進爵安武縣公恭帝元

年進授驃騎大將軍開府儀同三司大都督改封永安縣公出爲幽州刺史周孝閔帝踐阼進爵神武郡公保定三年拜大將軍時與齊人爭衡戎車歲動並交結突厥以爲外援突厥已許納女於周齊人亦甘言重幣遣使求婚狄人便欲有悔朝廷乃令楊薦等累使結之往返十餘方復前好至是雖期往逆猶懼改圖以毅地兼勳戚素以威重乃令爲使及毅至齊使亦在焉突厥君臣猶有貳志毅抗言正色以大義責之累旬乃定卒以皇后歸朝議嘉之別封成都縣公進位柱國歷同州刺史蒲金二州總管加上柱國入爲大司馬隋開皇初拜定州總管累居藩鎮咸得人和二年薨於州贈襄郢等六州刺史謚曰肅毅性溫和每以謹慎自守又尙周文帝第五女襄陽公主特爲朝廷所委信雖任兼出內未嘗有矜惰之容時人以此稱焉子賢嗣

賢字託賢志業通敏少知名宣政元年授使持節儀同大將軍開皇中襲爵神武公除遷州刺史毅第二女卽大唐太穆皇后武德元年詔贈毅司空使持節總管荊郢等十州諸軍事荊州刺史杞國公又追贈賢子紹宣秦州刺史并襲

賢爵紹宣無子仍以紹宣兄子德藏嗣
賀蘭祥字盛樂其先與魏俱起有乞伏者爲賀蘭莫何弗因以爲氏後有以良家子鎮武川者遂家焉父初真少知名爲鄉閭所重尚文帝姊建安長公主保定二年追贈太傅柱國常山郡公祥年十一而孤居喪合禮長於舅氏特爲周文帝所愛雖在戎旅常博延儒生教以書傳周文初入關祥與晉公護俱在晉陽後乃遣使迎致之解褐奉朝請少有膽氣志在立功尋擢補都督恆居帳下從平侯莫陳悅又迎魏孝武以前後功封撫夷縣伯仍從擊潼關獲東魏將薛長儒又攻回洛拔之還拜左右直長進爵爲公大統九年從周文與東魏戰於芒山進位驃騎大將軍開府儀同三司加侍中十四年除都督荊州刺史進爵博陵郡公先是祥嘗行荊州事雖未期月頗有惠政至是重往百姓安之由是漢南流人襁負至者日有千數遠近蠻夷莫不款附祥隨機撫納咸得其歡心時盛夏亢陽祥親巡境內觀政得失見有發掘古冢暴露骸骨乃謂守令曰此豈仁者爲政邪命所在收葬之卽日澍雨是歲大有年境內多古墓其俗好行

發掘至是遂息祥雖周文密親性甚清素州境南接襄陽西通岷蜀物產所出多諸珍異既與梁通好行李往來公私贈遺一無所受梁雍州刺史岳陽王蕭詧欽其風素乃以竹屏風絺綌之屬及經史贈之祥難違其意取而付諸所司周文後聞之並以賜祥十六年拜大將軍周文以涇渭溉灌之處渠堰廢毀乃令祥修造富平堰開渠引水東注於洛功用既畢人獲其利魏廢帝二年行華州事後改華州為同州仍以祥為刺史尋拜尚書左僕射六官建授小司馬周孝閔帝踐阼進位柱國大司馬時晉公護執政祥與護中表少相親愛軍國之事護皆與祥參謀及誅趙貴廢閔帝祥有力焉武成初吐谷渾侵涼州詔祥與宇文貴總兵討之祥乃遣其軍司檄吐谷渾與渾廣定王鍾留王等戰破之因拔其洮陽洪和二城以其地為洮州撫安西土振旅而還進封涼國公薨贈太師同岐等十二州諸軍事同州刺史諡曰景有七子敬讓璨師寬知名敬少歷顯職封化隆縣侯後襲爵涼國公位柱國華州刺史讓大將軍鄭州刺史河東郡公璨開府儀同三司宣陽郡公建德五年從於并州戰歿贈上儀同大將

軍追封清都公師尚明帝女位上儀同大將軍幽州刺史博陵郡公寬開府儀同大將軍武始公入隋歷汴鄭二州刺史並著政績祥弟隆大將軍襄樂縣公隋文帝與祥有舊開皇初追贈上柱國

叱列伏龜字摩頭陁代郡西部人也其先爲部落大人魏初入附遂世爲第一領人酋長至龜五世龜容貌瓌偉腰帶十圍進止詳雅兼有武藝嗣父業復爲領人酋長魏孝昌三年以別將從長孫承業西征累遷金紫光祿大夫從遷洛授都督遂爲齊神武所寵任加授大都督沙苑之敗隨例來降周文帝以其豪門解縛禮之仍以邵惠公女妻之大統四年封長樂縣公自此常從征討亟有戰功歷侍中驃騎大將軍開府儀同三司恆州刺史卒子椿嗣椿字千年明帝時位驃騎大將軍開府儀同三司改封永世縣公天和初除左宮伯進位大將軍

閻慶字仁度河陰人也曾祖善仕魏歷龍驤將軍雲州鎮將因家雲州之盛樂郡祖提持節車騎大將軍敦煌鎮都大將父進有謀略勇冠當時正光中拜龍

驃將軍屬衛可瓌作亂攻圍威樂進率衆拒守以功拜威樂郡守慶幼聰敏重然諾風儀端肅望之儼然隨父固守威樂頗有力焉拜別將後以軍功拜步兵校尉中堅將軍既而齊神武舉兵入洛魏孝武西遷慶謂所親曰高歡將有篡逆之謀豈可苟安目前受其控制也遂以大統三年自宜陽歸闕稍遷後將軍封安次縣子以功進爵爲伯慶善於綏撫士卒未休未嘗先舍故能盡其死力屢獲勳勞累遷散騎常侍驃騎大將軍開府儀同三司雲州大中正加侍中賜姓大野氏周孝閔帝踐阼出爲河州刺史進爵石保縣公州居河外地接戎夷慶留心撫納頗稱簡惠就拜大將軍進爵太安郡公入爲小司空歷雲寧二州刺史慶性寬和不苛察百姓悅之天和五年進位柱國晉公護母慶之姑也護雖擅朝而慶未嘗阿附及護誅武帝以此重之詔慶第十二子毗尚帝女清郡公主慶雖位望隆重婚連帝室常以謙慎自守時以此稱之建德二年抗表致事優詔許焉慶既衰老恆嬰沉痼宣帝以其先朝耆舊特異恆倫乃詔靜帝至第問疾賜布千段醫藥所須令有司供給大象二年拜上柱國隋文帝踐極又

令皇太子就第問疾仍供醫藥之費開皇二年薨年七十七贈司空七州諸軍事荊州刺史諡曰成長子常先慶卒次子毗嗣

毗七歲襲爵石保縣公及長儀貌矜嚴頗好經史受漢書於蕭該略通大旨能篆書草隸尤善爲當時之妙周武帝見而悅之命尚清都公主宣帝即位拜儀同三司隋文帝受禪以技藝侍東宮數以瑰麗之物取悅於皇太子由是甚見親待每稱之於上尋拜車騎宿衞東宮上嘗遣高熲大閱於龍臺澤諸軍部伍多不齊整唯毗一軍法制肅然熲言之於上特蒙賜帛俄兼太子宗衞率長史尋加尚儀同太子服翫之物多毗所爲及太子廢毗坐杖一百與妻子俱配爲官奴婢二歲放免煬帝嗣位盛修軍器以毗性巧練習舊事詔典其職尋授朝請郎毗立議輦輅車輿多所增損擢拜起部郎帝嘗大備法駕嫌屬車太多顧謂毗曰開皇之日屬車十二乘於事亦得今八十一乘以牛駕車不足以益文物朕欲減之從何爲可毗曰臣初定數共宇文愷參詳故實據漢胡伯始蔡邕等議屬車八十一乘此起於秦遂爲後式故張衡賦云屬車九九是也次及法

駕三分減一爲三十六乘此漢制也又據宋孝建時有司奏議晉遷江左唯設
五乘尚書建平王宏曰八十一乘義兼六國三十六乘無所準憑江左五乘儉
不中禮但帝王文物旂旒之數爰及冕玉皆用十二今宜準此設十二乘開皇
平陳因以爲法今憲章往古大駕依秦法駕依漢小駕依宋以爲差等帝曰何
用秦法大駕宜三十六法駕宜十二小駕除之毗硏精故事皆此類也長城之
役毗總其事及帝有事恆岳詔毗營立壇場尋轉殿內丞從幸張掖郡高昌王
朝於行所詔毗持節迎勞遂將護入東都尋以母憂去職未期起令視事將興
遼東之役自洛口開渠達涿郡以通漕毗督其役明年兼領右翊衞長史營建
臨朔宮及征遼東以本官領武賁郎將典宿衞時軍圍遼東城帝令毗詣城下
宣諭賊弓弩亂發流矢中所乘馬毗顏色不變辭氣抑揚卒事而去還殿內少
監又領將作少監後復從帝征遼東會楊玄感作逆帝班師從至高陽郡卒帝
甚悼惜之贈殿內監
史寧字永和建康袁氏人也曾祖豫仕沮渠氏爲臨松令魏平涼州祖灌隨例

遷於撫寧鎮因家焉父遵初爲征虜府鎧曹參軍杜洛周構逆六鎮自相屠陷遵遂率鄉里奔恆州其後恆州爲賊所敗遵後歸洛陽拜樓煩郡守及寧著勳贈散騎常侍征西大將軍涼州刺史諡曰貞寧少以軍功累加持節征東將軍金紫光祿大夫賀拔勝爲荊州刺史寧以本官爲勝軍司隨勝部會荊蠻騷動三鵶路絕寧先驅平之因撫慰蠻左翕然降附尋除南郢州刺史及勝爲大行臺表寧爲大都督攻梁下溠戍破之封武平縣伯又攻拔梁齊興鎮等九城未及論功屬孝武西遷東魏遣侯景寇荊州寧隨勝奔梁梁武帝引寧至香蹬前謂之曰觀卿風表終是富貴我當使卿衣錦還鄉寧答曰臣世荷魏恩位爲列將天長喪亂本朝傾覆不能北面事逆賊幸得息肩有道儻如明詔欣幸實多因涕泣橫流梁武爲之動容在梁二年勝乃與寧密圖歸計寧曰朱异既爲梁主所信任請往見之勝然其言寧乃見异申以投分之言微託思歸之意辭氣雅至异亦嗟挹爲奏梁主果許勝等歸大統二年自梁歸進爵爲侯久之還車騎將軍行涇州事時賊帥莫折後熾寇掠居人寧率州兵與行原州事李賢討

破之轉東義州刺史東魏亦以胡梨苟爲東義州刺史寧僅得入州梨苟亦至寧逆擊破之斬其洛安郡守馮善道州既隣接疆埸百姓流移寧留心撫慰咸來復業轉涼州刺史寧未至而前刺史宇文仲和據州作亂詔獨孤信與寧討之寧先至涼州爲陳禍福城中吏人皆相率降附仲和仍據城不下尋亦剋之後遷驃騎大將軍開府儀同三司加侍中進爵爲公十六年宕昌叛羌獠甘作亂逐其王彌定而自立幷連結傍乞鐵忽及鄭五醜等詔寧率軍與宇文貴豆盧寧等討之寧別擊獠甘而山路險阻纔通單騎獠甘已分其黨立柵守險寧進兵攻之遂破其柵獠甘將百騎走投生羌鞏廉玉彌定遂得復位寧以未獲獠甘遂進軍大破之生獲獠甘徇而斬之幷執鞏廉玉送闕所得軍實悉分賞將士寧無私焉師還召寧率所部鎮河陽寧先在涼州戎夷服其威惠還鎮之後邊人並思慕之魏廢帝元年復除梁甘瓜三州諸軍事涼州刺史初蠕蠕與魏和親後更離叛尋爲突厥所破殺其王阿那瓌部落逃逸者仍奉瓌之子孫抄掠河右寧率兵邀擊獲瓌子孫二人幷其種落酋長自是每戰破之前後數

萬人進爵安政郡公二年吐谷渾通使於齊寧擊獲之就拜大將軍寧後遣使
詣周文帝請事周文即以所服冠履衣被及弓箭甲等賜寧謂其使人曰爲我
謝涼州孤解衣以衣公推心以委公善始令終無損功名也時突厥木汗可汗
假道涼州將襲吐谷渾周文令寧率騎隨之軍至番禾吐谷渾已覺奔於南山
木汗將分兵追之令俱會於青海寧謂木汗曰樹敦賀真二城是吐谷渾巢穴
今若拔其本根餘種自然離散此上策也木汗從之即分爲兩軍木汗從北道
向賀真寧趣樹敦渾娑周王率衆逆戰寧擊斬之踰山履險遂至樹敦樹敦是
渾之舊都多諸珍藏而渾主先已奔賀真留其征南王及數千人固守寧進兵
攻之僞退渾人果開門逐之因回兵奮擊門未及闔寧兵遂得入生獲其征南
王俘虜男女財寶盡歸諸突厥渾賀羅拔王依險爲柵欲塞寧路寧攻破之木
汗亦破賀真虜渾主妻子大獲珍物寧還軍於青海與木汗會木汗握寧手歎
其勇決并遺所乘良馬令寧於帳前乘之木汗親自步送突厥以寧所圖必破
皆畏憚之咸曰此中國神智人也及將班師木汗又遺寧奴婢一百口馬五百

匹羊一萬口寧及還州尋被徵入朝屬周文帝崩寧悲慟不已乃請赴陵所盡哀弁告行師剋捷周孝閔帝踐阼拜小司徒出爲荆州刺史荆襄浙郢等五十二州及江陵鎮防諸軍事寧有謀畫識兵權臨敵指撝皆如其策甚得當時之譽及在荆州頗自奢縱貪濁不修法度嘗出有人訴州佐屈法寧還付被訟者治之自是有事者不敢復言聲名大損於西州保定三年卒於州謚曰烈子雄嗣

雄字世武少勇敢膂力過人便弓馬有算略年十四從寧於牽屯山奉迎周文帝仍從校獵弓無虛發周文歎異之尋尚周文女永富公主除使持節驃騎大將軍開府儀同三司累遷駕部中大夫司馭中大夫從柱國枹罕公辛威鎮金城遂卒於軍時年二十四雄弟祥

祥字世休少有文武才幹仕周太子車右中士襲爵武遂縣公隋文帝踐阼拜儀同領交州事進爵陽城郡公在州頗有惠政轉驃騎將軍伐陳之役從宜陽公王世積出九江道破陳師進拔江州文帝大悅下詔慰勉之進位上開府尋

拜蘄州刺史還蘄州總管徵拜左領軍將軍復以行軍總管從晉王廣破突厥於靈武遷右衛將軍仁壽中率兵屯弘化以備胡煬帝時在東宮遺祥書論舊行兵時事申以恩旨祥爲書陳謝太子甚親遇之及即帝位漢王諒作亂遣其將綦毋良自滏口徇黎陽塞白馬津余公理自太行下河內帝以祥爲行軍總管軍於河陰久不得濟祥謂軍吏曰余公理輕而無謀又新得志謂其衆可恃恃衆必驕且河北人先不習兵所謂擁市人而戰不足圖也乃令軍中修攻具公理使諜知之果屯兵於河陽內城以備祥祥於是艤船南岸公理聚甲當之祥乃簡精銳於下流潛度公理拒之未成列祥縱擊大破之東趣黎陽討綦良綦良棄軍走其衆大潰進位上大將軍賜縑綵七千段女妓十人良馬二十匹轉太僕卿帝嘗賜祥詩曰伯喪朝寄重夏侯親遇深貴耳唯聞古賤口詎知今早欄勁草質久有背淮心掃逆黎山外振旅河之陰功已書王府留情太僕箴祥上表辭謝帝手詔曰昔歲勞公問罪河朔賊爾日塞兩關之路據倉阻河公竭誠奮勇一舉而剋故聊示所懷亦何謝也尋遷鴻臚卿從征吐谷渾祥出玉門

道擊虜破之進位右光祿大夫拜右驍衛大將軍及征遼東出蹋頓道不利由是除名俄拜燕郡太守被賊高開道所圍城陷開道甚禮之會開道與羅藝通和送祥於涿郡卒於塗子義隆永年令祥弟雲字世高亦以父勳賜爵武平縣公歷位司職下大夫儀同大將軍萊州刺史雲弟威字世儀亦以父勳賜爵武當縣公

權景宣字暉遠天水顯親人也父曇騰魏隴西郡守贈秦州刺史景宣少聰悟有氣俠宗黨皆歎異之年十七魏行臺蕭寶夤見而奇之表爲輕車將軍及寶夤敗景宣歸鄉里周文帝平隴右擢爲行臺郎中孝武西遷授鎮遠將軍步兵校尉加平西將軍秦州大中正大統初轉祠部郎中景宣曉兵權有智略從周文拔弘農破沙苑皆先登陷陣轉外兵郎中從開府于謹援洛陽景宣督課糧儲軍以周濟時初復洛陽將修繕宮室景宣率徒三千先出採運會東魏兵至司州牧元季海等以衆少拔還屬城悉叛道路擁塞景宣將二十騎且戰且走從騎略盡景宣輕馬突圍手斬數級馳而獲免因投人家自匿景宣以久藏非

詐乃僞作周文書招募得五百餘人保據宜陽聲言大軍續至東魏將段琛等率衆至九曲憚景宣不敢進景宣恐琛審其虛實乃將腹心自隨詐云迎軍因得西道與儀同李延孫相會攻拔孔城洛陽以南尋亦來附周文卽留景宣守張白塢節度東南義軍東魏將王元軌入洛景宣與延孫等擊走之以功授大行臺左丞進屯宜陽攻襄城拔之獲郡守王洪顯周文嘉之徵入朝錄前後功封顯親縣男除南陽郡守郡隣敵境舊制發人守防三十五處多廢農桑而姦宄猶作景宣至並除之唯修起城樓多備器械寇盜斂迹人得肆業焉百姓稱之立碑頌德周文特賞粟帛以旌其能還廣州刺史侯景舉河南來附景宣從僕射王思政經略應接既而侯景南叛恐東魏復有其地以景宣爲大都督豫州刺史鎭樂口東魏亦遣張伯德爲刺史伯德令其將劉貴平率其戍卒及山蠻屢來攻逼景宣兵不滿千人隨機奮擊貴平乃退走進授使持等車騎大將軍儀同三司頻川陷後周文以樂口等諸城道路阻絕悉令拔還襄州刺史杞秀以狠狽獲罪景宣號令嚴明戎旅整肅所部全濟獨被優賞仍留鎭荊州委

以鵶南之事初梁岳陽王蕭詧將以襄陽歸朝仍勒兵攻梁元帝於江陵詧叛
將杜岸乘虛襲之景宣乃率騎三千助詧因是乃送其妻王氏及子寮入質景
宣又與開府楊忠取梁將柳仲禮拔安陸隨郡久之隨州城人吳士英殺刺史
黃道王因聚為寇景宣以英小賊可以計取之若聲其罪恐同惡者衆迺與英
書僞稱道王凶暴歸功英等英等果信之遂相率而至景宣執而戮之獲其黨
與進攻應城拔之獲夏侯珍洽於是應禮安隨並平朝議以景宣威行南服迺
授幷安肆郢新應六州諸軍事幷州刺史尋進驃騎大將軍開府儀同三司加
侍中兼督江北司二州諸軍事進爵為伯唐州蠻田魯嘉自號豫州伯引致齊
兵大為人害景宣又破之獲魯嘉以其地為郡轉安州刺史梁定州刺史李洪
遠初款後叛景宣惡其懷貳密襲破之虜其家口及部衆洪遠脫身走免自是
酋帥懾服無敢叛者燕公于謹征江陵景宣別破梁司空陸法和司馬羊亮於
溳水又遣別帥攻拔魯山多造舟艦益張旗幟臨江欲度以懼梁人梁將王琳
在湘州景宣遺書喻以禍福琳遂遣長史席豐因景宣請舉州款附周孝閔帝

踐阼徵爲司憲中大夫尋除基都硤平四州五防諸軍事江陵防主加大將軍保定四年晉公護東討景宣別略河南齊豫州刺史王士良永州刺史蕭世怡並以城降景宣以開府謝徹守永州開府郭彥守豫州以士良世怡及降卒一千人歸諸京師尋而洛陽不守乃棄二州拔其將士而還至昌州而羅陽蠻反景宣回軍破之還次霸上晉公護親迎勞之天和初授荆州刺史總管十七州諸軍事進爵千金郡公陳湘州刺史華皎舉州款附表請援兵敕景宣統水軍與皎俱下景宣到夏口陳人已至而景宣以任遇隆重遂驕傲縱恣多自矜伐兼納賄貨指麾節度朝出夕改將士憤怒莫肯用命及水軍始交一時奔北戰艦器仗略無孑遺時衞公直總督諸軍以景宣負敗欲繩以軍法朝廷不忍加罪遣使就軍赦之尋遇疾卒贈河渭鄯三州刺史諡曰恭子如璋嗣位至開府膠州刺史如璋弟仕玠儀同大將軍廣川縣侯

論曰王盟始以親黨升朝終而才能進達勤宣運始位列周行實參迹於功臣蓋弗由於恩澤誼文武奇才以剛正見忌有隋受命鬱爲名臣末路披猖信有

終之克鮮獨孤信威申南服化洽西州信著遐方光昭隣國雖不免其身慶延于後三代外戚何其盛歟竇熾儀表魁梧器識雄遠入參朝政則嘉謀屢陳出總藩條則惠政斯洽毅忠肅奉上温恭接下茂實彰於本朝義聲播於殊俗並以國華人望論道當官榮映一時慶流來葉及熾遲疑勸進有送故之心雖王公恨恨何以加此榮定以功懋賞以勞定國保其祿位貽厥子孫盛矣賀蘭祥叱列伏龜閻慶等雖階緣戚屬各以功名自終而毗制造之功亦足傳於後葉史寧權景宣並以將帥之才受內外之寵總戎薄伐著剋敵之功布政莅人垂稱職之譽若此者豈非有國之良翰歟然而史在末年貨財虧其雅志權亦晚節矜驕喪其威聲惜矣楊諒干紀祥獨剋之効亦足稱云爾

北史卷六十一

北史卷六十一考證

王誼傳喪制有四降殺殊文○降一本作隆

竇熾傳以功拜揚烈將軍○揚監本訛楊今改正

遂不肯署牋○監本訛牋今改正

榮定傳右武候大將軍○候監本訛侯今改正

賜吳樂一部○監本缺一字今從南本增入

閻毗傳上嘗遣高熲大閱於龍臺澤○熲監本訛頍今改從周書

亂氣抑揚○揚監本訛楊今改正

史寧傳是吐谷渾巢穴○穴監本訛冗今改正

祥傳特衆必驕○必監本訛而今改從南本

貴耳唯聞古○唯監本訛啡今改正

北史卷六十一考證

西元二〇二〇年十一月一日重製一版

北史（附考證）冊四（唐李延壽撰）

平裝六冊基本定價肆仟伍佰元正
（郵運匯費另加）

發行人　張敏君
發行處　中華書局
臺北市內湖區舊宗路二段一八一巷八號五樓（5FL., No. 8, Lane 181, JIOU-TZUNG Rd., Sec 2, NEI HU, TAIPEI, 11494, TAIWAN）
客服電話：886-2-8797-8396
公司傳真：886-2-8797-8909
匯款帳戶：華南商業銀行西湖分行
179100026931
印　刷：維中科技有限公司
海瑞印刷品有限公司

No. N1052-4

國家圖書館出版品預行編目(CIP)資料

北史/(唐)李延壽撰. -- 重製一版. -- 臺北市 :
中華書局, 2020.11
冊 ;　公分
ISBN 978-986-5512-32-3(全套 : 平裝)

1.北史

623.601　　109016727